これからこうなる 消費者行政

消費者庁の仕組みと所管法令のポイント

弁護士・東京経済大学現代法学部教授
村 千鶴子 編著

ぎょうせい

まえがき

　2009年6月5日、消費者庁及び消費者委員会設置法及び関連法の3法が公布された。

　これまで日本には、消費者行政を一元的に行う省庁は存在しなかった。その必要性が指摘されてはいたが具体的に検討されることはないまま、産業育成を中心とした縦割り行政の中で、消費者行政が担われるのにとどまっていた。

　一方、近年、建築偽装、食品偽装表示、商品事故による死亡や重傷事故の放置と拡大、多種多様な悪質商法の多発などにより、消費生活の安全・安心は根底から揺さぶられる状況となっていた。

　国民生活審議会では2007年11月から「生活安全プロジェクト（行政のあり方の総点検）」の検討が進められ、11月に自由民主党政務調査会のもとに消費者問題調査会が設置、2008年2月には首相の私的諮問機関「消費者行政推進会議」が設置された。同年6月13日の第8回消費者行政推進会議でのとりまとめを経て、消費者行政推進基本計画が閣議決定され、9月に法案が国会に上程された。

　消費者庁設置による消費者行政一元化は、消費者行政における歴史的な重大な転換であり、実効性ある仕組みづくりが求められる。

　消費生活にかかわる法律は、各省庁にまたがり多岐にわたるが、その中から、基本計画では、消費者庁に移管する法令として29法令を挙げている。本書では、消費者庁に移管される29法令についての概要を紹介する。

　2009年8月

村　千鶴子

【目 次】

まえがき

第1章 どうなる消費者行政
―消費者行政一元化の動きの概要 …………………… 1
1 これまでの消費生活行政の状況………………………………… 2
　1）1968年まで……………………………………………………… 2
　2）1968年～2000年まで………………………………………… 3
　3）2000年「消費者契約法」制定以後………………………… 5
　4）2004年「消費者基本法」制定……………………………… 6
2 多方面にわたる消費者法の現状
　―消費者基本法の消費者政策ごとの主要な関係法令………… 8
　1）安全の確保関係（基本法11条）…………………………… 8
　2）消費者契約の適正化等関係（基本法12条）……………… 9
　3）計量の適正化関係（基本法13条）…………………………10
　4）規格の適正化関係（基本法14条）…………………………11
　5）広告その他の表示の適正化等関係（基本法15条）………11
　6）公正自由な競争の促進等関係（基本法16条）……………11
3 消費者庁新設の背景……………………………………………12
　1）こんにゃくゼリーによる死亡事故…………………………12
　2）瞬間湯沸かし器による一酸化炭素中毒死…………………14
4 消費者行政一元化への動き……………………………………18
5 消費者行政推進会議取りまとめのポイント…………………20
6 消費者行政推進基本計画の原則と柱
　―消費者庁設置の原則と柱………………………………………22
　1）消費者庁設置の原則…………………………………………22

目 次

　2）消費者庁設置の3つの柱……………………………………22
 7　消費者庁関連法案の概要………………………………………25
　1）はじめに………………………………………………………25
　2）消費者庁及び消費者委員会設置法…………………………25
　　（1）　法律の目的 ……………………………………………25
　　（2）　法律の目次 ……………………………………………26
　　（3）　消費者庁の設置並びに任務及び所掌事務等 ………26
　　（4）　消費者委員会 …………………………………………28
　3）消費者庁及び消費者委員会設置法の施行に伴う関係法律の
　　　整備に関する法律……………………………………………30
　　（1）　法律の目的 ……………………………………………30
　　（2）　一部改正された法律 …………………………………30
　4）消費者安全法…………………………………………………31
　　（1）　法律の目的 ……………………………………………31
　　（2）　法律の目次 ……………………………………………32
　　（3）　基本理念 ………………………………………………32
　　（4）　国及び地方公共団体の責務 …………………………33
　　（5）　事業者の努力など ……………………………………34
　　（6）　基本方針 ………………………………………………34
　　（7）　消費生活相談等 ………………………………………35
　　（8）　消費生活センターの設置等 …………………………36
　　（9）　消費者事故等に関する情報の集約等 ………………37
　　（10）消費者被害の発生又は拡大の防止のための措置 ……38
　　（11）まとめ …………………………………………………42

第2章　地方自治体における消費者行政…………………………43
 1　消費者保護基本法と地方自治体における消費者行政…………44

2　消費生活条例の整備……………………………………………46
　3　地方自治体における相談業務の状況………………………48
　4　業法の自治事務との関係……………………………………51
　5　国民生活センターの役割と重要性…………………………53
　6　地方自治体の消費生活行政の充実・強化…………………54
　7　これからの地方自治体における消費者行政………………55
　　1）地方自治体への権限委任…………………………………57
　　2）消費生活相談………………………………………………57
　　　（1）　都道府県の事務 ………………………………………57
　　　（2）　市町村の事務 …………………………………………58
　　　（3）　国及び国民生活センターの援助 ……………………58
　　3）消費生活センターの設置等………………………………58
　　　（1）　都道府県の消費生活センター設置 …………………59
　　　（2）　市町村の消費生活センター設置 ……………………59
　　　（3）　消費生活センターの事務に従事する人材の確保等 …60
　　4）消費者事故等に関する情報の集約等……………………60
　　　（1）　消費者事故等の発生に関する情報の通知 …………60
　　　（2）　消費者事故等に関する情報の集約及び分析等 ……61
　　5）消費者被害の発生又は拡大の防止のための措置………62
　　6）都道府県知事による要請…………………………………62
　　7）衆議院・参議院附帯決議…………………………………63
　　8）消費者行政活性化基金……………………………………66
　　9）3年間の集中的強化など…………………………………68

第3章　所管（移管）法律のポイント ………………………69
　1　消費者基本法……………………………………………………70
　2　国民生活センター法……………………………………………74

目　次

3　消費生活用製品安全法…………………………………77
4　有害物質含有家庭用品規制法
　　（有害物質を含有する家庭用品の規制に関する法律）………83
5　食品衛生法……………………………………………87
6　食品安全基本法………………………………………93
7　景品表示法（不当景品類及び不当表示防止法）……………97
8　日本農林規格（JAS）法
　　（農林物資の規格化及び品質表示の適正化に関する法律）…101
9　家庭用品品質表示法…………………………………… 106
10　健康増進法…………………………………………… 111
11　住宅品質確保法
　　（住宅の品質確保の促進等に関する法律）………………… 116
12　特定商取引法（特定商取引に関する法律）……………… 120
13　特定電子メール法
　　（特定電子メールの送信の適正化等に関する法律）……… 126
14　国民生活安定緊急措置法……………………………… 130
15　買占め及び売惜しみ防止法
　　（生活関連物資等の買占め及び売惜しみに対する緊急
　　措置に関する法律）………………………………… 133
16　物価統制令…………………………………………… 135
17　貸金業法……………………………………………… 138
18　割賦販売法…………………………………………… 143
19　宅地建物取引業法…………………………………… 149
20　旅行業法……………………………………………… 155
21　消費者契約法………………………………………… 159
22　電子消費者契約法（電子消費者契約及び電子承諾通知に
　関する民法の特例に関する法律）………………………… 165

23　製造物責任法……………………………………………… 169
24　無限連鎖講防止法（無限連鎖講の防止に関する法律）…… 172
25　出資法
　　（出資の受入れ、預り金及び金利等の取締りに関する法律）…176
26　金融商品販売法（金融商品の販売等に関する法律）……… 179
27　特定商品預託法
　　（特定商品等の預託等取引契約に関する法律）…………… 184
28　個人情報保護法（個人情報の保護に関する法律）………… 187
29　公益通報者保護法………………………………………… 192

第4章　関連資料………………………………………　197

1　消費者行政推進基本計画
　　〜消費者・生活者の視点に立つ行政への転換〜…………… 198
2　これまでの消費者行政の問題点と消費者庁の創設を通じた対
　　応………………………………………………………… 216
3　消費者庁及び消費者委員会創設後の消費者行政のイメージ…217
4　消費者庁関連3法の関係について……………………… 218
5　消費者庁及び消費者委員会組織図……………………… 219
6　「経済危機対策」関連事業（地方消費者行政活性化）…… 220
7　消費者庁及び消費者委員会設置法……………………… 221
8　消費者安全法…………………………………………… 226
9　消費者庁及び消費者委員会設置法の施行に伴う関係法律の
　　整備に関する法律……………………………………… 237
10　消費者庁設置法案、消費者庁設置法の施行に伴う関係法律の
　　整備に関する法律案及び消費者安全法案に対する附帯決議
　　（衆議院消費者問題に関する特別委員会）……………… 277

目次

11　消費者庁設置法案、消費者庁設置法の施行に伴う関係法律の整備に関する法律案及び消費者安全法案に対する附帯決議（参議院消費者問題に関する特別委員会）……………………… 280
12　消費者安全法施行令………………………………………… 285

第1章

どうなる消費者行政
―消費者行政一元化の動きの概要

1 これまでの消費生活行政の状況

1）1968年まで

　国民の暮らしには、衣食住などの広範囲にわたる問題がかかわっている。こうした暮らしをめぐる様々な問題についての法律整備や行政における取組みは、第二次世界大戦以前にも、全くなかったわけではなく、部分的には取組みはなされていたものもあった。

　たとえば、国民の生活の基本である食品衛生の分野では、公衆衛生の観点から明治33年に「飲食物其ノ他ノ物品取締ニ関スル法律」が施行され、昭和22年に失効するまでは食品衛生行政の基礎とされていた。同法の取締りは、内務省令により警察に委任されていたため、警察官によって実施されていた。国レベルにおいては、昭和13年に厚生省が設置されたのに伴い厚生省の所管とされることとなったものの、地方においては終戦まで警察部署において取締りが行われていたといった実状であり、現在の、消費者政策の視点はおよそ欠如したものであった。

　第二次世界大戦後には、物価の暴騰を抑制するための物価統制令、経済秩序の混乱に伴う庶民の金銭不安に付け込むヤミ金やいかがわしい利殖商法を取り締まるための出資法などが定められた。

　1960年に東京で起こったニセ牛缶事件がきっかけとなり、1962年に独占禁止法の特別法として景品表示法が制定された。これは、消費者が商品を選択する上での表示の重要性が問題視され、立法化さ

れることになった歴史的な事件として位置づけられているが、はじめて消費者にとっての表示の重要性が着目され、消費者の視点からの法律整備がなされるに至ったものとして位置づけることができるものであった。この事件以後は、食品以外の商品分野においても、表示の重要性に着目される表示の適正化について、個別的な業法の中でも徐々に検討されるようになる。

しかし、行政の施策の上で、まだ「消費者行政」としての明確な位置づけはなされていたわけではなかった。

2）1968年～2000年まで

日本において消費者行政が明確に法律で位置づけられ行政の責務として明確化されたのは、1968（昭和43）年の消費者保護基本法の制定によってであった。同法により消費者保護が国の責務であることが明確化された。さらに同法の制定と同時に地方自治法が改正され、消費者行政が地方自治体法における自治事務として明確に位置づけられた。

ただし、消費者保護基本法では、消費者は、保護の対象として位置づけられており、消費者の権利は定められず、権利の主体とはされなかった。消費者行政は、消費者を保護する施策であると位置づけられたわけである。

こうした状況の下で、日本における消費者法は、産業振興を主たる目的とする監督官庁が所管する業法の中に、部分的に、消費者被害が深刻化し社会問題となった問題については消費者保護の視点を盛り込むというものにとどまることとなった。そこでの基本的な考え方は、監督官庁が業法によって事業者に対する規制を行うことによって事業者の適正化が図られれば、反射的に消費者は保護されることになるとするものである。

業法は、取引の種類、業態などによった縦割りであり、各業法相互の整合性を図るシステムは設けられておらず、実際に法律や規制を実施する部署などが相互に情報を共有し連携をとって整合性を確保する取組みやシステムの確保は全く構築されなかった。複雑多様な錯綜した業法の中に、部分的に消費者保護の視点がもりこまれているものであることから、消費者行政政策の全容は、大変難解であるばかりでなく、内容的にも消費者保護の観点からはきわめて不十分であり、新たな問題に対する機動性にも欠けるものであった。
　このように、消費者生活の視点から一元的に法律を整備し、消費者政策を進めるという観点はもたれることがなく、産業政策の一環として業法の中に盛り込まれるにとどまっていたのである。
　業法に基づく消費者政策には、消費者を権利の主体として捉えて消費者の観点から整合性のある消費者法の整備を進めることがきわめて困難であるという問題点のほかにも大きな問題があった。それは、業法による消費者政策では、事業者に対する法的規制によって消費者被害を抑止するというものにとどまり、消費者被害が発生した場合の消費者の救済や、業法に違反して不当な利得を得た事業者に対する「違法な利得の吐き出し制度」は設けられていなかったことである。
　業法による規制は、監督官庁の指導監督に従っていれば企業として保護育成するものという基本的な仕組みによるものである。さらに、いわゆる「護送船団方式」をとっていた。そのため、ある意味では、事業者の自立や自己責任を妨げる一面を持ち、産業育成の観点からも欠点があるといわざるをえないものであった。さらに、事業者が違法行為を行って行政から改善するよう指導されたり、業務停止処分を受けた場合であっても、被害を受けた消費者の救済は制度の中に組み込まれてはいなかった。これは、つまり、業法に違反

する行為により得た不当な利得を、違法行為を行った事業者にそのまま温存させる内容となっていたことを意味する。

3）2000年「消費者契約法」制定以後

こうした状況に変化が生じたのは、1990年半ばから進められた「規制緩和」の流れへの方向転換によってである。

規制緩和は、従来の業法による事業者に対する規制による産業の保護育成に対する緩和という形で進められることとなった。典型的なものが開業規制として認可制度や許可制度を設けることによって、その産業に対する新規参入を厳しく規制し、許認可された事業者に対しては監督官庁が事前規制を強く行うことによって、護送船団方式で事業者の保護育成を図るというものである。

典型的なものとしては、金融に関する「銀行」「証券会社」「保険会社」に関するそれぞれの業法による規制があげられる。規制緩和の流れの中で金融に関する規制緩和は、「金融ビッグバン」として推進された。

事前規制から事後チェックへの転換を図り、規制緩和と自己責任を推進するために、様々な業法の改正が進められた。主には、開業規制の緩和をはじめとする、行政による各種の規制の緩和が進められた。安全・危害に関する行政規制も、第三者認証制度や事業者による自己認証制度に改正するなど、全体的に規制緩和が推進されることとなった。建物の耐震偽装問題で批判を浴びた建築基準法による建築確認制度の民間委託も、規制緩和の流れの中で、安全基準の空洞化に対する危惧を無視して推進された結果であるという一面もあることが指摘されている。

こうした流れの中で、国は「規制緩和は弱肉強食を許すものではない」「強い企業のやりたい放題を放置するものではな」く、公正

な競争を確保するための環境整備を図り、弱者である消費者の被害を防止すると共に、消費者の自立を促進するためには、事業者と消費者との情報格差・交渉力格差を是正する必要があるとして、1995年から国民生活審議会において立法化についての検討が進められ、2000年に「消費者契約法」が制定された。

従来の消費者法が監督官庁による民間事業者に対する規制のための「業法＝行政法」であったのに対して、消費者契約法は、契約当事者である事業者と消費者との間の契約に関する民法の特別法であり、当事者間ルール（民事ルール）として位置づけられるものである。

消費者契約法では、被害を被った消費者が、消費者契約法に基づいて契約を取り消したり、不当条項の無効を主張して事業者に対して適正な取扱いを求めることによって、自ら被害を回復するための主体となるものとして位置づけられた。

規制緩和のために改正が進められる業法の中にも、事業者が法律規制を守らなかった場合の民事責任を導入するものが徐々に増えていくようになった。たとえば、2004年に特定商取引法改正で盛り込まれた「契約の取消制度」、金融商品販売法に導入された「元本欠損部分に関する事業者の損害賠償責任」などはその典型的なものである。

4）2004年「消費者基本法」制定

2004年には、消費者保護基本法が36年ぶりに大改正された。改正では、法律の名称も消費者基本法と改められた。改正の最も重要な点は、消費者の権利が明確化されたことである。

消費者基本法では、消費者を権利の主体として捉え、消費者行政を消費者の自立支援のためのものであると位置づけた。さらに、消

費者保護基本法では、消費者政策として、①危害の防止、②計量の適正化、③規格の適正化、④表示の適正化、⑤公正自由な競争の確保、⑥啓発活動及び消費者教育の推進、⑦消費者の意見の政策等への反映、⑧試験・検査等の施設の整備、⑨苦情処理体制の整備等、を定めていたが、消費生活センターなどに寄せられる消費者苦情・相談の9割前後を占めるものが取引関係の問題であることに鑑みて、「取引の適正化」を追加すると共に、下記のように改正した。

　①安全の確保、②消費者契約の適正化、③計量の適正化、④規格の適正化、⑤広告その他の表示の適正化、⑥公正自由な競争の促進等、⑦啓発活動及び消費者教育の推進、⑧消費者の意見の反映及び政策決定についての透明性の確保、⑨苦情処理及び紛争解決の促進。

　さらに、消費者政策を推進するための体制強化として、消費者政策会議による消費者基本計画の制度を導入した。

　ただし、消費者基本法には、消費者行政の一元化については、全く触れられていない。

2 多方面にわたる消費者法の現状
—消費者基本法の消費者政策ごとの主要な関係法令

　以上のように、日本における消費者法は、これまで業法として整備されてきた。そのために、消費者被害が深刻化し社会問題化したものについて、その業界を所管する監督官庁の企画立案によって業法が立法化されたり、業法の改正が図られるかたちで整備されてきた。

　なお、消費者被害が多発していても、適切な所管庁がないなどのすき間部分に起こる問題であったり、所管する省庁が複数にまたがっていて調整が難しい場合には、法律の整備はされないまま放置されたり、立法化が大幅に遅れた上に内容的にも不十分なものとなる場合が少なくない。

　消費生活にかかわる法律は多岐にわたる。消費者基本法の①安全の確保、②消費者契約の適正化、③計量の適正化、④規格の適正化、⑤広告その他の表示の適正化、⑥公正自由な競争の促進等、の分野ごとに、様々な業法が定められている。基本法の消費者政策の項目別に、主要な法律としては次のようなものがある（出典、2008年5月8日日弁連意見書「『消費者庁』が所管すべき法律等についての意見書」）。

1）安全の確保関係（基本法11条）
　食品安全基本法

食品衛生法
農薬取締法
牛海綿状脳症対策特別措置法（ＢＳＥ対策特別措置法）
牛の固体識別のための情報の管理及び伝達に関する特別措置法
　　（牛肉トレーサビリティ法）
飼料の安全性の確保及び品質の改善に関する法律（飼料安全法）
消費生活用製品安全法
液化石油ガスの保安の確保及び取引の適正化に関する法律
ガス事業法
電気用品安全法
有害物質を含有する家庭用品の規制に関する法律
道路運送車両法
薬事法
独立行政法人医薬品医療機器総合機構法
化学物質の審査及び製造等の規制に関する法律（化審法）
建築基準法

２）消費者契約の適正化等関係（基本法12条）
消費者契約法
特定商取引に関する法律（特定商取引法）
特定商品等の預託等取引契約に関する法律（特定商品預託法）
無限連鎖講の防止に関する法律（無限連鎖講防止法）
出資の受入れ、預り金及び金利等の取締りに関する法律
　　（出資法）
割賦販売法
貸金業法
利息制限法

金融商品取引法
金融商品の販売等に関する法律（金融商品販売法）
商品取引所法
海外商品市場における先物取引の受託等に関する法律（海先法）
保険業法
銀行法
宅地建物取引業法
不動産特定共同事業法
旅行業法
偽造カード等及び盗難カード等を用いて行われる不正な機械式預貯金払戻し等からの預貯金者の保護等に関する法律
　　（預金者保護法）
住宅の品質確保の促進等に関する法律（住宅品確法）
特定住宅瑕疵担保責任の履行の確保等に関する法律（履行確保法）
犯罪による収益の移転防止に関する法律
携帯音声通信事業者による契約者等の本人確認等及び携帯音声通信役務の不正な利用の防止に関する法律
　　（携帯電話不正利用防止法）
前払式証票の規制等に関する法律（プリペイドカード法）
製造物責任法
ゴルフ場等会員契約の適正化に関する法律
電子消費者契約及び電子承諾通知に関する民法の特例に関する法律（電子消費者契約法）

3）計量の適正化関係（基本法13条）

計量法

4）規格の適正化関係（基本法14条）

農林物資の規格化及び品質表示の適正化に関する法律
　　（JAS法）
工業標準化法（JIS法）

5）広告その他の表示の適正化等関係（基本法15条）（注）

（注）下記のほか、取引の適正化に関する業法の多くは、広告および表示についての規制も定めている。

不当景品類及び不当表示防止法（景品表示法）
家庭用品品質表示法（品表法）
農林物資の規格化及び品質表示の適正化に関する法律
　　（JAS法）
食品衛生法
健康増進法
住宅の品質確保の促進等に関する法律（住宅品確法）

6）公正自由な競争の促進等関係（基本法16条）

私的独占の禁止及び公正取引の確保に関する法律（独占禁止法）
不当景品類及び不当表示防止法（景品表示法）

3 消費者庁新設の背景

　消費者庁一元化の流れのきっかけとなったのは、近年における深刻な消費者被害の多発である。
　食品などの偽装表示問題、住宅の耐震偽装問題、冷凍ギョーザ、こんにゃくゼリー、ファンヒーター、瞬間湯沸かし器、エレベーター、プールなどによる死亡事故、シュレッダーによる指切断事故などの重大事故、ローンやクレジットによる多重債務被害の深刻化、悪質住宅リフォームをはじめとする悪質訪問販売による被害、振り込め詐欺、多種多様な詐欺的利殖商法などの様々な悪質商法被害の増加など、消費者被害は多様化・深刻化が進んでいるが、効果的な対策が講じられないままに放置され、被害の拡大を招いている問題は少なくない。
　業法に基づく消費者行政による問題点を如実に示すいくつかの事例を見てみよう。

1）こんにゃくゼリーによる死亡事故

　一口サイズのプラスチック容器に入ったこんにゃくゼリーを食べた幼児がのどに詰まらせる事故が1994年に発生し、国民生活センターが死亡事故について公表し、注意を呼びかけた。翌95年にも2名の幼児がこんにゃくゼリーをのどに詰まらせた死亡事故が国民生活センターに寄せられたので、国民生活センターは再度公表し、マ

スコミでも報道された。その後、報道は下火になったものの、こんにゃくゼリーの誤飲による事故はなくなったわけではなく、高齢者や幼児・児童がのどに詰まらせたり、死亡する事故が継続的に発生していたが、ほとんどマスコミなどでも取り上げられなかった。このような状況の下で、2007年に、7歳の児童2名があいついで死亡する事故が起こった。国民生活センターでは、事故情報を取得する都度、2007年までの間に8回にわたって報道発表を行っているにもかかわらず、1995年以後は2007年の事故の発生までは、マスコミなどもほとんどといってよいほど報道していなかった。

　EUでは、一口サイズのゼリー菓子にこんにゃくを使用することの危険性が問題となったことから、2003年5月19日に、ゼリー菓子へのこんにゃく使用許可を撤回する決定を行っており、その後は、いわゆる「ミニカップゼリー」を含むゼリー菓子にこんにゃくを使用することは禁止されている。(出典：国民生活センターホームページ)

　しかし、日本では、1994年以降、死亡事故やのどに詰まらせる事故があいついで報告されているにもかかわらず、メーカーは製造販売を続けており、国も何らの対策を講ずることなく放置してきた。

　食品の安全などについては、厚生労働省が所管する「食品衛生法」と、農林水産省が所管する主として加工食品などに関する「JAS法」がある。

　こんにゃくゼリーをめぐる事故については、厚生労働省の言い分は「食品衛生法上は問題がない」というものであり、農林水産省の言い分は、「原材料表示にはなんら問題はない。JAS法では、食品の形状についての規制は設けていないので、メーカーに対する規制はできない」というものである。足掛け15年間にわたって死亡事故が発生し続けているにもかかわらず、国は、適切な対応をするこ

となく、メーカーが製造販売するものをそのまま放置し続けてきたわけである。

　食品行政にかかわる厚生労働省及び農林水産省にとっては、現行の所管法律に基づけば「うちの所管ではないから、うちに言われても関係ない」ということであり、メーカーとすると「所管庁からは改善するようにとの指導はされておらず、法令には違反していない。」ということだったのである。

　縦割り行政のなかで、どの所管の法律においても規制されていないものについては、生命が失われる深刻な被害が起こっていても、被害を集約して分析・検討を行い、政策に反映させようとする部局はなく、死亡事故発生は放置されることとなるということを示す典型的なケースである。

２）瞬間湯沸かし器による一酸化炭素中毒死

　2005年に東京都下の賃貸住宅で大学生が一酸化炭素中毒死する事故が発生した。原因は、ガス瞬間湯沸かし器の不完全燃焼による一酸化炭素中毒によるものであった。

　その後の調査で、同一メーカーの同種の機種では、1983年から一酸化炭素中毒による死亡事故が発生しており、2005年までの間に28件の事故が発生し、21名が死亡していたことが判明した。しかも、メーカーは、この事実については把握していたにもかかわらず、消費者に対しては一切危険性についての情報提供を行っておらず、リコールもしていなかった。そのため、消費者は、死亡事故が発生していることを知らないままに安全なものであるとの信頼の下に使用し続けており、こうした状況下で2005年に死亡事故が発生したのである。

3 消費者庁新設の背景

　その後の報道などによれば事故の原因は以下のとおりである。
　当該ガス瞬間湯沸かし器では、機種の劣化により安全装置部分のはんだ割れが生ずることがあり、その場合には、点火できなくなる。本件機種は、はんだ割れが生じやすい設計となっていたようである。
　はんだ割れがおこった場合の修理方法としては、安全装置部分を交換する必要があるとメーカーでは説明していた。一方、通産省（当時）では、家庭用品についての交換部品については、製品の製造から7年間と定めて指導していた。メーカーでは、通産省の指導に基づいて製品の製造日から8年で交換部品の製造・保存を打ち切っていた。そのため、修理業者等は、消費者から修理の依頼があっても、交換部品が入手できないため、安全装置の交換をすることができない実情にあった。そこで、修理業者はやむをえない処置として、安全装置が作動しないような修理を行っていたものであった。
　メーカーは、これらの修理は不正改造であり、メーカーの責任ではないと主張していた。そして、死亡事故が発生した段階では、メーカーは、販売業者や設置業者等に対して、不正改造を行わないように申し入れを行っていた、という。
　2005年に不正改造された同メーカーのガス瞬間湯沸かし器を使用して大学生が死亡する事故が起こったのは、次の事情によるものであった。
　賃貸住宅に設置されていたこの湯沸かし器は、1995年、安全装置内で「はんだ割れ」の不具合が生じ火が消えやすくなる状態に陥った。住民から修理依頼を受けた区内の同メーカーのサービスショップの作業員が安全装置が働かないようにする不正改造を行った。この当時には、すでに交換部品である安全装置の製造が中止されてい

たという報道もある。

　不正改造が行われた後に賃貸契約を結び、この部屋に住んだ大学生は、不正改造を知らないまま部屋に設置されていた瞬間湯沸かし器を使用していた。2005年11月28日に不完全燃焼が発生し、排気ファンが回らずに、ＣＯ中毒死したとみられているという。（参考：中日新聞2007年7月11日）

　ガス瞬間湯沸かし器の場合、消費生活用製品安全法により、製品の欠陥による事故の場合には、監督官庁である経済産業省（当時は通産省）への報告義務があり、リコールの制度もある。しかし、この事件のように、メーカーが「商品の欠陥によるものではなく、不正改造によるものである。不正改造を行ったのが誰かはわからない（ただし、新聞報道によれば、2005年の事故については、メーカーのサービスステーションの作業員による改造だったとの指摘がある）」と主張した場合には法律の規制は及ばないとされる。そのため、メーカーが商品の欠陥による事故ではないと主張するケースでは監督官庁が事故情報を収集することもなく、事故原因について分析調査をする法的義務付けもなく、リコール制度もないこととなり、対応については、メーカーに委ねられることになってしまう。

　上記事件でのメーカーの対応は、販売業者等に不正改造をしないように指示するのにとどまり、消費者に対する危険性についての情報提供や調査・リコールは行うことなく、消費者が使用するまま放置するというものであった。

　そのために、消費者は、仮に不正改造がなされていたとしても、不正改造の事実も危険性についても知る機会もないままに使用し続ける状況におかれていた。こうした状況では、2005年に発生した死亡事故を防ぐことは不可能だったといわざるを得ない。

　消費者にとっては、製品の欠陥なのか、設置業者の落ち度なの

か、修理業者の不正改造によるものなのかによる区別は関係がない。安全に使用できる状態であることが重要なのである。ところが、現行法では、欠陥商品による死亡事故等に対する規制に限られているため、メーカーが製品の欠陥によるものではないと主張すれば、放置されることになってしまっており、消費者の安全はないがしろにされ、再び死亡事故を引き起こすに至ったのである。(参考：毎日新聞2007年7月15日、朝日新聞2006年7月23日、読売新聞2006年7月22日、読売新聞2006年7月20日)

4 消費者行政一元化への動き

　2007年10月1日、福田総理は、所信表明演説で「国民の安全・安心を重視する政治への転換」を掲げ、「真に消費者や生活者の視点に立った行政に発想を転換し、…消費者保護のための行政機能の強化に取り組みます。」との意見を表明した。内閣総理大臣が政策提言において産業政策重視から「真に消費者や生活者の視点に立った行政に発想を転換」し、消費生活行政の強化に取り組むと表明したことは、初めてのことであり、画期的な方向転換を示すものであった。

　これを受けて、2007年11月30日に自由民主党政務調査会のもとに消費者問題調査会が設置された。同会は、2008年1月24日に調査の結果について「消費者行政のあり方に関する中間とりまとめ」として報告し、同年3月19日には「消費者行政のあり方に関する最終とりまとめ」を公表した。

　一方、消費生活の様々な場面で消費者の安心や安全を脅かす事態が進行する状況にあったことから、現状の的確な把握を踏まえた上で今後の政策について検討するために、2007年9月から、国民生活審議会総合企画部会において「安全安心プロジェクト」についての検討が進められていた。2008年3月27日同部会において「『生活安心プロジェクト』行政のあり方の総点検～消費者・生活者を主役とした行政への転換に向けて～」がとりまとめられた。同部会報告書

を受けて、同年4月には国民生活審議会「意見」がとりまとめられた。

　2008年2月12日、首相の私的諮問機関である消費者行政推進会議の第1回が開催され、消費者行政の一元化についての検討が急ピッチで進められることとなった。同年6月13日、第8回消費者行政推進会議において最終とりまとめがなされ、公表された。

　6月27日には、同とりまとめとほぼ同趣旨の内容の「消費者行政推進基本計画」（後掲資料参照）が閣議決定され、消費者庁設置に向けて作業が進められることとなった。

5 消費者行政推進会議取りまとめのポイント

消費者行政推進会議取りまとめのポイントは、以下の5点である。

① 消費者が何でも相談でき、誰もがアクセスしやすい相談窓口の全国ネットワークを構築する。
  ・共通の電話番号の設置、緊急事案に代表的な窓口が24時間365日対応
  ・地方自治体の消費生活センターを法的に位置づけ、国は相当の財源確保を措置するなど、地域の現場の体制を強化
② 相談窓口と行政の対応を直結し、トラブルに迅速な対応を行う。
  ・消費者に身近な問題を取り扱う法律を幅広く所管し、消費者の声に責任を持って執行まで一貫した対応を行う。
③ 消費者行政の「司令塔」として、各省庁の取組みを強力に主導する。
  ・各省庁への強力な勧告権の活用による迅速な対応を促進する。
  ・専門的知見の活用等各省庁との協力体制を構築。二重行政は回避する。
  ・緊急時において政府一体となった迅速な対応の指揮を可能とする。

④ 消費者の目線に立って、各省庁の縦割りを越え幅広い分野を対象に新法等を企画立案する。
　・各省庁のすき間に落ちる事案に漏れのない対応を図るための新法の制定を行う。
　・事故情報報告・公表、食品表示、消費者信用等の分野の横断的な体系化を行う。
　・既存の法律の常時見直し。被害者救済のための法的措置の検討を行う。
⑤ 政策全般に消費者の声を反映する仕組み
　・消費者政策委員会（仮称）の設置や地方から政策を提案する仕組みを構築する。

6 消費者行政推進基本計画の原則と柱
―消費者庁設置の原則と柱

1）消費者庁設置の原則
　消費者行政推進基本計画においては、消費者庁設置のためには、以下の原則を満たすものとされている。
　①　「消費者にとって便利でわかりやすい」ものであること。
　②　「消費者・生活者がメリットを十分実感できる」ものであること。
　③　「迅速な対応」を行うこと。
　④　「専門性を確保」すること。
　⑤　消費者の声を反映させるなど「透明性を確保」すること。
　⑥　行政組織の肥大化を招かぬよう、機構、定員、予算の振り替えや定期的に政策を見直すなど、「効率性を確保」すること。

2）消費者庁設置の３つの柱
　消費者庁設置の柱として、次の３点が指摘されている。
　①　「消費者が頼れる分かりやすい一元的な相談窓口を設置」すること
　　　具体的には、地方の消費者生活センター等を一元的な相談窓口と位置付け、全国ネットワークを構築する。地方の消費者行政を抜本的に強化する。特に当面、思い切った取組みを行っていくこととし、そのために国は相当の財源確保に努めるほか、

国の直轄事業を充実させ、地方交付税上の措置や税制上の措置を検討する。
② 消費者庁の強力な機能の発揮を確保すること
　具体的には、消費者庁は、強力な総合調整権限、勧告権、幅広い企画立案機能や充実した調査・分析機能を担う。そのため、消費者行政担当大臣を置く。
　消費者・事業者などからの情報を一元的に集約・分析し、原因究明を行うことにより、政府一体として被害の拡大や再発防止、被害救済の実現を目指す。消費生活センターを法的に位置づけるとともにすき間事案に対応するための新法を検討する。
　「表示」、「取引」、「安全」に関する分野など消費者に身近な問題を取り扱う法律は、消費者庁が幅広く所管することとする。
　表示分野では、景品表示法、ＪＡＳ法、食品衛生法等を消費者庁が所管した上で、法執行の一部を各省庁に委任する。取引分野では、特定商取引法について消費者庁が所管するとともに、貸金業法などの業法については、企画立案を共管し、処分に対して勧告ができることとする。
　このほか、消費者庁が所管する法律以外の幅広い法律についても、引き続き消費者庁による関与について検討を行う必要があるとしている。
③ 消費者庁の体制の在り方について
　消費者庁は、総合調整等を担当する企画部門、個別作用法に係る調査・執行までを担う執行部門、緊急時の司令塔機能、情報収集・発信を担当する部門を設ける。
　さらに、消費者政策委員会を設置し、消費者の声を反映させる。消費者庁の規模としては、「消費者を主役とする政府の舵

取り役」を担うに相応しいものとするが、法律の移管等に伴い、機構、定員、予算を各府省庁から移し替えることとする。

　なお、基本計画で提言されていた、「消費者庁の中に消費者政策委員会を設置して消費者の意見を反映させる」とする点は衆議院において、内閣府本府に消費者庁とは独立した消費者委員会を設置する内容に修正された。これは民主党による「消費者権利院設置法案」とのすりあわせによる妥協案として導入されることとなったものである。

7　消費者庁関連法案の概要

1）はじめに

　消費者庁の設置に関連する法案は、「消費者庁設置法案」「消費者庁設置法の施行に伴う関係法律の整備に関する法律案」「消費者安全法案」の3法案が、2008年9月に第170回臨時国会に上程された。福田内閣の総辞職により臨時国会での審議は行われず継続審議となり、第171回通常国会で審議された。衆議院で民主党から修正案が提出され、法案提出時には「消費者庁の中に消費者政策委員会を置く」とする内容であったものを「消費者庁とは独立に内閣府本府に消費者委員会を置く」ことに修正したうえで全会一致で可決され、参議院で、2009年5月29日に成立し、6月5日に公布された。
　3法の概要は以下のとおりである。

2）消費者庁及び消費者委員会設置法

（1）法律の目的
　消費者庁の設置に関して定めた基本的な法律である。
　本法第1条では、目的について次のように定めている。「この法律は、消費者庁の設置並びに任務及びこれを達成するため必要となる明確な範囲の所掌事務を定めるとともに、その所掌する行政事務を能率的に遂行するため必要な組織を定めるとともに、消費者委員会の設置及び組織等を定めるものとする。」

(2) 法律の目次

法律の目次は以下のとおりである。

　　目次

　第1章　総則（第1条）

　第2章　消費者庁の設置並びに任務及び所掌事務等

　　第1節　消費者庁の設置（第2条）

　　第2節　消費者庁の任務及び所掌事務等（第3条—第5条）

　第3章　消費者委員会（第6条—第14条）

　附則

(3) 消費者庁の設置並びに任務及び所掌事務等

内閣府の外局として、消費者庁を設置する。消費者庁の長は、消費者庁長官とする。

消費者庁の任務は、「消費者基本法第2条の消費者の権利の尊重及び自立の支援その他の基本理念にのっとり、消費者が安心して安全で豊かな消費生活を営むことができる社会の実現に向けて、消費者の利益の擁護及び増進、商品及び役務の消費者による自主的かつ合理的な選択の確保並びに消費生活に密接に関連する物資の品質に関する表示に関する事務を行うこと」である。

消費者庁の所掌事務は、以下のとおりである。

① 消費者の利益の擁護及び増進に関する基本的な政策の企画及び立案並びに推進に関すること。

② 消費者の利益の擁護及び増進に関する関係行政機関の事務の調整に関すること。

③ 消費者の利益の擁護及び増進を図る上で必要な環境の整備に関する基本的な政策の企画及び立案並びに推進に関すること。

④ 消費者安全法の規定による消費者安全の確保に関すること。

⑤ 宅地建物取引業法の規定による宅地建物取引業者の相手方で

ある消費者の利益の保護に関すること。
⑥　旅行業法の規定による旅行者の利益の保護に関すること。
⑦　割賦販売法の規定による購入者である消費者の利益の保護に関すること。
⑧　消費生活用製品安全法第3章第2節の規定による重大製品事故に関する措置に関すること。
⑨　特定商取引に関する法律の規定による購入者である消費者の利益の保護に関すること。
⑩　貸金業法の規定による個人である資金需要者等の利益の保護に関すること。
⑪　特定商品等の預託等取引契約に関する法律の規定による預託者の利益の保護に関すること。
⑫　特定電子メールの送信の適正化等に関する法律の規定による特定電子メールの受信をする者の利益の保護に関すること。
⑬　食品安全基本法第21条第1項に規定する基本的事項の策定並びに食品の安全性の確保に関する関係者相互間の情報及び意見の交換に関する関係行政機関の事務の調整に関すること。
⑭　不当景品類及び不当表示防止法に規定する景品類又は表示の適正化による商品及び役務の消費者による自主的かつ合理的な選択の確保に関すること。
⑮　食品衛生法第19条第1項に規定する表示についての基準に関すること。
⑯　食品衛生法第20条に規定する虚偽の又は誇大な表示又は広告のされた食品、添加物、器具若しくは容器包装又はおもちゃの取締りに関すること。
⑰　農林物資の規格化及び品質表示の適正化に関する法律（ＪＡＳ法）第19条の13第1項から第3項までに規定する基準に関す

ること。
⑱　家庭用品品質表示法に規定する表示の標準となるべき事項に関すること。
⑲　住宅の品質確保の促進等に関する法律に規定する日本住宅性能表示基準に関すること（個人である住宅購入者等の利益の保護に係るものに限る。）。
⑳　健康増進法に規定する特別用途表示、栄養表示基準及び表示に関すること。
㉑　物価に関する基本的な政策の企画及び立案並びに推進に関すること。
㉒　公益通報者の保護に関する基本的な政策の企画及び立案並びに推進に関すること。
㉓　個人情報の保護に関する法律に規定する個人情報の保護に関する基本方針の策定及び推進に関すること。
㉔　消費生活の動向に関する総合的な調査に関すること。
㉕　所掌事務に係る国際協力に関すること。
㉖　政令で定める文教研修施設において所掌事務に関する研修を行うこと。
㉗　前各号に掲げるもののほか、法律（法律に基づく命令を含む。）に基づき消費者庁に属させられた事務

　また、消費者庁長官は、消費者庁の所掌事務を遂行するため必要があると認めるときは、関係行政機関の長に対し、資料の提出、説明その他の必要な協力を求めることができるものとされている。

（4）消費者委員会
　内閣府に消費者委員会を置く。消費者委員会は委員10人以内で組織する。衆参両議院の附帯決議では10名共民間人から登用し、うち3名は将来的に常勤とするよう検討することとされている。

委員会の委員は、独立してその職権を行う。

消費者委員会は、以下に掲げる重要事項に関し、自ら調査審議し、必要と認められる事項を内閣総理大臣に建議する。
① 消費者の利益の擁護及び増進に関する基本的な政策に関する重要事項
② 消費者の利益の擁護及び増進を図る上で必要な環境の整備に関する基本的な政策に関する重要事項
③ 景品類等の適正化による商品及び役務の消費者による自主的かつ合理的な選択の確保に関する重要事項
④ 物価に関する基本的な政策に関する重要事項
⑤ 公益通報者の保護に関する基本的な政策に関する重要事項
⑥ 個人情報の適正な取扱いの確保に関する重要事項
⑦ 消費生活の動向に関する総合的な調査に関する重要事項
⑧ そのほか、下記の法律の規定によりその権限に属させられた事項を処理すること。
　・消費者基本法
　・消費者安全法
　・割賦販売法
　・特定商取引に関する法律
　・特定商品等の預託等取引契約に関する法律
　・食品安全基本法
　・不当景品類及び不当表示防止法
　・食品衛生法
　・農林物資の規格化及び品質表示の適正化に関する法律
　・家庭用品品質表示法
　・住宅の品質確保の促進等に関する法律
　・国民生活安定緊急措置法

・個人情報の保護に関する法律

消費者委員会は消費者庁から独立して、消費者の目線から消費者行政を監視するために設置されたもので、画期的な制度である。

3） 消費者庁及び消費者委員会設置法の施行に伴う関係法律の整備に関する法律

（1）法律の目的

消費者庁設置法の施行に伴い、内閣府設置法その他の行政組織に関する法律及び食品衛生法その他の関係法律について、所要の規定を整備する必要があることから制定された法律である。整備の対象とされた法律は下記のとおりである。

（2）一部改正された法律
① 国家行政組織法
② 内閣府設置法
③ 厚生労働省設置法
④ 経済産業省設置法
⑤ 農林水産省設置法
⑥ 食品衛生法
⑦ 農林物資の規格化及び品質表示の適正化に関する法律
⑧ 宅地建物取引業法
⑨ 旅行業法
⑩ 割賦販売法
⑪ 家庭用品品質表示法
⑫ 不当景品類及び不当表示防止法
⑬ 消費者基本法
⑭ 消費生活用製品安全法
⑮ 有害物質を含有する家庭用品の規制に関する法律

⑯　国民生活安定緊急措置法
⑰　特定商取引に関する法律
⑱　貸金業法
⑲　特定商品等の預託等取引契約に関する法律
⑳　住宅の品質確保の促進等に関する法律
㉑　独立行政法人国立健康・栄養研究所法
㉒　消費者契約法
㉓　特定電子メールの送信の適正化等に関する法律
㉔　健康増進法
㉕　食品安全基本法
㉖　個人情報の保護に関する法律

4）消費者安全法

（1）法律の目的

　これまでの安全に関する規制は、所管庁による縦割りとなっていた。そのため、法令による規制がない部分や不十分な部分については、事故が起こった場合であっても情報収集を担当する部署すらない状況であり、事故の実情の把握すらなされず、事故の防止が図られることなく拡大するままに放置されている実状にあった。事業者においては、自主的に情報収集・原因究明・事故防止のための対策等の取組みをしないケースもあり、その結果、被害が拡大されるままに放置されることもあった。これに対する事業者の主張の中には、「所管庁から何らの指示がなかったものであり、事業者としては責任はない」とするものがあった。

　そこで、業法による規制が及ばない「すきま事案」についてもすべて横断的に消費生活における被害を防止し、その安全を確保するために制定されたものである。

本法第1条では、目的について次のように定めている。「この法律は、消費者の消費生活における被害を防止し、その安全を確保するため、内閣総理大臣による基本方針の策定について定めるとともに、都道府県及び市町村による消費生活相談等の事務の実施及び消費生活センターの設置、消費者事故等に関する情報の集約等、消費者被害の発生又は拡大の防止のための措置その他の措置を講ずることにより、関係法律による措置と相まって、消費者が安心して安全で豊かな消費生活を営むことができる社会の実現に寄与することを目的とする。」

(2) 法律の目次

法律の目次は以下のとおりである。

　　第1章　総則（第1条―第5条）
　　第2章　基本方針（第6条・第7条）
　　第3章　消費生活相談等
　　　第1節　消費生活相談等の事務の実施（第8条・第9条）
　　　第2節　消費生活センターの設置等（第10条・第11条）
　　第4章　消費者事故等に関する情報の集約等（第12条―第14条）
　　第5章　消費者被害の発生又は拡大の防止のための措置（第15条―第22条）
　　第6章　雑則（第23条―第26条）
　　第7章　罰則（第27条―第30条）
　　附則

(3) 基本理念

本法の基本理念として、①消費者安全の確保に関する施策の推進は、専門的知見に基づき必要とされる措置の迅速かつ効率的な実施により、消費者事故等の発生及び消費者事故等による被害の拡大を

防止することを旨として行われなければならないこと、②消費者安全の確保に関する施策の推進は、事業者による適正な事業活動の確保に配慮しつつ、消費者の需要の高度化及び多様化その他の社会経済情勢の変化に適確に対応し、消費者の利便の増進に寄与することを旨として行われなければならないこと、③国及び地方公共団体の緊密な連携の下、地方公共団体の自主性及び自立性が十分に発揮されるように行われなければならないこと、が定められている。

(4) 国及び地方公共団体の責務

国及び地方公共団体の責務として、①上記の基本理念にのっとり、消費者安全の確保に関する施策を総合的に策定し、及び実施する責務を有すること、②消費者安全の確保に関する施策の推進に当たっては、基本理念にのっとり、消費生活について専門的な知識及び経験を有する者の能力を活用するよう努めなければならないこと、③基本理念にのっとり、消費者事故等に関する情報の開示、消費者の意見を反映させるために必要な措置その他の措置を講ずることにより、その過程の透明性を確保するよう努めなければならないこと、④基本理念にのっとり、施策効果(当該施策に基づき実施し、又は実施しようとしている行政上の一連の行為が消費者の消費生活、社会経済及び行政運営に及ぼし、又は及ぼすことが見込まれる影響をいう。)の把握及びこれを基礎とする評価を行った上で、適時に、かつ、適切な方法により検討を加え、その結果に基づいて必要な措置を講ずるよう努めなければならないこと、⑤基本理念にのっとり、独立行政法人国民生活センター、消費生活センター、都道府県警察、消防機関、保健所、病院、消費者団体その他の関係者の間の緊密な連携が図られるよう配慮しなければならないこと、啓発活動、広報活動、消費生活に関する教育活動その他の活動を通じて、消費者安全の確保に関し、国民の理解を深め、かつ、その協力

を得るよう努めなければならないことが定められている。
（5）事業者の努力など
　事業者及びその団体は、消費者安全の確保に自ら努めるとともに、国及び地方公共団体が実施する消費者安全の確保に関する施策に協力するよう努めなければならない。
　また、消費者は、安心して安全で豊かな消費生活を営む上で自らが自主的かつ合理的に行動することが重要であることにかんがみ、事業者が供給し、及び提供する商品及び製品並びに役務の品質又は性能、事業者と締結すべき契約の内容その他の消費生活にかかわる事項に関して、必要な知識を修得し、及び必要な情報を収集するよう努めなければならない。
（6）基本方針
　消費者庁は、消費者安全の確保に関する「基本方針」を定め公表しなければならない。基本方針においては、次に掲げる事項を定める。
　① 消費者安全の確保の意義に関する事項
　② 消費者安全の確保に関する施策に関する基本的事項
　③ 他の法律（これに基づく命令を含む。）の規定に基づく消費者安全の確保に関する措置の実施についての関係行政機関との連携に関する基本的事項
　④ 消費者安全の確保に関する施策の施策効果の把握及びこれを基礎とする評価に関する基本的事項
　⑤ 前各号に掲げるもののほか、消費者安全の確保に関する重要事項

　基本方針は、消費者行政推進基本計画との調和が保たれたものでなければならない。
　また、基本方針を定めようとするときは、あらかじめ、消費者そ

の他の関係者の意見を反映させるために必要な措置を講ずるとともに、関係行政機関の長に協議し、及び消費者委員会の意見を聴かなければならない。

　都道府県知事は、消費者安全の確保に関する施策の推進に関して、内閣総理大臣に対し、事務の実施を通じて得られた知見に基づき、基本方針の変更の案を添えて、基本方針の変更についての提案をすることができる。内閣総理大臣は、変更提案がされた場合には、消費者委員会の意見を聴いて、当該変更提案を踏まえた基本方針の変更をする必要があると認めるときは、遅滞なく、基本方針の変更をしなければならない。

（7）消費生活相談等

　都道府県及び市町村による消費生活相談等の事務の実施について次のように定めている。

　都道府県は、次に掲げる事務を行う。

① 次項各号に掲げる市町村の事務の実施に関し、市町村相互間の連絡調整及び市町村に対する技術的援助を行うこと。

② 消費者安全の確保に関し、主として次に掲げる事務を行うこと。

　イ　事業者に対する消費者からの苦情に係る相談のうち、その対応に各市町村の区域を超えた広域的な見地を必要とするものに応じること。

　ロ　事業者に対する消費者からの苦情の処理のためのあっせんのうち、その実施に各市町村の区域を超えた広域的な見地を必要とするものを行うこと。

　ハ　消費者事故等の状況及び動向を把握するために必要な調査又は分析であって、専門的な知識及び技術を必要とするものを行うこと。

ニ　各市町村の区域を超えた広域的な見地から、消費者安全の確保のために必要な情報を収集し、及び住民に対し提供すること。
③　市町村との間で消費者事故等の発生に関する情報を交換すること。
④　以上に掲げる事務に附帯する事務を行うこと。
市町村は、次に掲げる事務を行う。
①　消費者安全の確保に関し、事業者に対する消費者からの苦情に係る相談に応じること。
②　消費者安全の確保に関し、事業者に対する消費者からの苦情の処理のためのあっせんを行うこと。
③　消費者安全の確保のために必要な情報を収集し、及び住民に対し提供すること。
④　都道府県との間で消費者事故等の発生に関する情報を交換すること。
⑤　以上に掲げる事務に附帯する事務を行うこと。
　国及び国民生活センターは、都道府県及び市町村に対し、以上の事務の実施に関し、情報の提供その他の必要な援助を行う。
（8）消費生活センターの設置等
　都道府県は、上記の事務を行うため、消費生活センターを設置しなければならない。消費生活センターには、上記の相談について専門的な知識及び経験を有する者を従事させ、事務の効率的な実施のために適切な電子情報処理組織その他の設備を備えているものであることなどの基準に適合するものであることが必要とされる。
　相談員の要件としては、（独）国民生活センターが付与する消費生活専門相談員、（財）日本消費者協会が付与する消費生活コンサルタント、（財）日本産業協会が付与する消費生活アドバイザーの

資格取得者又はこれらと同等以上の専門的な知識及び経験を有する者である。

　市町村は、必要に応じ、消費生活センターを設置するよう努めなければならない。消費生活センターには、上記の相談について専門的な知識及び経験を有する者を第8条第1項第2号イ及びロに掲げる事務に従事させるものであり、事務の効率的な実施のために適切な電子情報処理組織その他の設備を備えているものであることなどの基準に適合するものであることが必要とされる。

　また、都道府県及び消費生活センターを設置する市町村は、消費生活センターに配置された相談員の適切な処遇、研修の実施、専任の職員の配置及び養成その他の措置を講じ、相談員その他の消費生活センターの事務に従事する人材の確保及び資質の向上を図るよう努める。

（9）消費者事故等に関する情報の集約等

① 重大事故の場合

　行政機関の長、都道府県知事、市町村長及び国民生活センターの長は、重大事故等が発生した旨の情報を得たときは、直ちに、消費者庁に対し、その旨及び当該重大事故等の概要その他内閣府令で定める事項を通知しなければならない。

② 重大事故以外の場合

　重大事故以外の消費者事故等が発生した旨の情報を得た場合であって、当該消費者事故等の態様、当該消費者事故等に係る商品等又は役務の特性その他当該消費者事故等に関する状況に照らし、当該消費者事故等による被害が拡大し、又は当該消費者事故等と同種若しくは類似の消費者事故等が発生するおそれがあると認めるときは、内閣総理大臣に対し、消費者事故等が発生した旨及び当該消費者事故等の概要その他内閣府令で定め

る事項を通知する。
③　事故原因の集約と分析

消費者庁は、前条第１項又は第２項の規定による通知により得た情報その他消費者事故等に関する情報が消費者安全の確保を図るため有効に活用されるよう、迅速かつ適確に、当該情報の集約及び分析を行い、その結果を取りまとめる。

取りまとめた結果を、関係行政機関、関係地方公共団体及び国民生活センターに提供するとともに、消費者政策委員会に報告する。取りまとめた結果の概要は公表しなければならない。

情報の集約及び分析並びにその結果の取りまとめを行うため必要があると認めるときは、関係行政機関の長、関係地方公共団体の長、国民生活センターの長その他の関係者に対し、資料の提供、意見の表明、消費者事故等の原因の究明のために必要な調査、分析又は検査の実施その他の協力を求めることができる。また、消費者事故等の発生又は消費者事故等による被害の拡大の防止を図るため必要があると認めるときは、関係都道府県知事又は関係市町村長に対し、消費者事故等に関して必要な報告を求めることができる。

(10) 消費者被害の発生又は拡大の防止のための措置
①　消費者への注意喚起

消費者庁は、消費者事故等の発生に関する情報を得た場合において、当該消費者事故等による被害の拡大又は当該消費者事故等と同種若しくは類似の消費者事故等の発生（消費者被害の発生又は拡大）の防止を図るため消費者の注意を喚起する必要があると認めるときは、当該消費者事故等の態様、当該消費者事故等による被害の状況その他の消費者被害の発生又は拡大の防止に資する情報を都道府県及び市町村に提供するとともに、

これを公表する。

　公表をした場合には、国民生活センターに対し、消費者被害の発生又は拡大の防止に資する情報の消費者に対する提供に関し必要な措置をとることを求めることができる。

② 　他の法律の規定に基づく措置の実施に関する要求

　消費者庁は、消費者事故等の発生に関する情報を得た場合において、消費者被害の発生又は拡大の防止を図るために実施し得る他の法律の規定に基づく措置があり、かつ、消費者被害の発生又は拡大の防止を図るため、当該措置が速やかに実施されることが必要であると認めるときは、当該措置の実施に関する事務を所掌する大臣に対し、当該措置の速やかな実施を求めることができる。上記の措置の速やかな実施を求めたときは、当該大臣に対し、その措置の実施状況について報告を求めることができる。

③ 　事業者に対する勧告及び命令

　消費者庁は、商品等又は役務が消費安全性を欠くことにより重大事故等が発生した場合（当該重大事故等による被害の拡大又は当該重大事故等とその原因を同じくする重大事故等の発生の防止を図るために実施し得る他の法律の規定に基づく措置がある場合を除く。）において、重大消費者被害の発生又は拡大の防止を図るため必要があると認めるときは、当該商品等（当該商品等が消費安全性を欠く原因となった部品、製造方法その他の事項を共通にする商品等を含む。）又は役務を供給し、提供し、又は利用に供する事業者に対し、当該商品等又は役務につき、必要な点検、修理、改造、安全な使用方法の表示、役務の提供の方法の改善その他の必要な措置をとるべき旨を勧告することができる。

勧告を受けた事業者が、正当な理由がなくてその勧告に係る措置をとらなかった場合において、重大消費者被害の発生又は拡大の防止を図るため特に必要があると認めるときは、当該事業者に対し、その勧告に係る措置をとるべきことを命ずることができる。

命令をしようとするとき、命令の変更若しくは取消しをしようとするときは、あらかじめ、消費者委員会の意見を聴かなければならない。

④　譲渡等の禁止又は制限

消費者庁は、商品等が消費安全性を欠くことにより重大事故等が発生し、かつ、当該重大事故等による被害が拡大し、又は当該重大事故等とその原因を同じくする重大事故等が発生する急迫した危険がある場合（重大消費者被害の発生又は拡大の防止を図るために実施し得る他の法律の規定に基づく措置がある場合を除く。）において、重大消費者被害の発生又は拡大を防止するため特に必要があると認めるときは、必要な限度において、六月以内の期間を定めて、当該商品等（当該商品等が消費安全性を欠く原因となった部品、製造方法その他の事項を共通にする商品等を含む。）を事業として又は事業のために譲渡し、引き渡し、又は役務に使用することを禁止し、又は制限することができる。

上記の禁止若しくは制限をしようとするとき又は前項の規定による禁止若しくは制限の全部若しくは一部の解除をしようとするときは、あらかじめ、消費者委員会の意見を聴かなければならない。

⑤　回収等の命令

消費者庁は、事業者が上記の禁止又は制限に違反した場合に

おいては、当該事業者に対し、禁止又は制限に違反して譲渡し、又は引き渡した商品又は製品の回収を図ることその他当該商品等による重大消費者被害の発生又は拡大を防止するため必要な措置をとるべきことを命ずることができる。

⑥ 消費者委員の勧告

　消費者委員会は、消費者、事業者、関係行政機関の長その他の者から得た情報その他の消費者事故等に関する情報を踏まえて必要があると認めるときは、消費者被害の発生又は拡大の防止に関し必要な勧告を行うことができる。

⑦ 都道府県知事による要請

　都道府県知事は、当該都道府県の区域内における消費者被害の発生又は拡大の防止を図るため必要があると認めるときは、消費者庁に対し、当該要請に係る措置の内容及びその理由を記載した書面を添えて消費者安全の確保に関し必要な措置の実施を要請することができる。

　消費者庁は、上記の措置要請を受けた場合において、消費者被害の発生又は拡大の防止を図るために実施し得る他の法律の規定に基づく措置があるときは、当該措置の実施に関する事務を所掌する大臣に同項の書面を回付しなければならない。

　回付を受けた大臣は、消費者庁に対し、当該措置要請に係る措置の内容の全部又は一部を実現することとなる措置を実施することとするときはその旨を、当該措置要請に係る措置の内容の全部又は一部を実現することとなる措置を実施する必要がないと認めるときはその旨及びその理由を、遅滞なく、通知しなければならない。

　消費者庁は、上記の通知を受けたときは、その内容を、遅滞なく、当該措置要請をした都道府県知事に通知しなければなら

ない。
⑧ 報告、立入調査等
消費者庁は、この法律の施行に必要な限度において、事業者に対し、必要な報告を求め、その職員に、当該事業者の事務所、事業所その他その事業を行う場所に立ち入り、必要な調査若しくは質問をさせ、又は調査に必要な限度において当該事業者の供給する物品を集取させることができる。

(11) まとめ

消費者安全法は、シュレッダー事故やこんにゃくゼリーによる死亡事故などにも対応すべく定められたものである。緊急性のある重大事故の場合には消費者庁が譲渡禁止命令や回収命令ができる点は評価できる。

さらに、消費生活センター、消費生活相談などを位置づけた点でも画期的である。

第 2 章

地方自治体における消費者行政

1 消費者保護基本法と地方自治体における消費者行政

　地方自治体における消費者行政は、1968（昭和43）年に消費者保護基本法が制定されるとともに、同年地方自治法が改正され、消費者行政が自治事務として明確化されたことから、全国的に取組みが広がっていくこととなった。

　消費者保護基本法では、第3条において「地方公共団体の責務」として、「地方公共団体は、国の施策に準じて施策を講ずるとともに、当該地域の社会的、経済的状況に応じた消費者の保護に関する施策を策定し、及びこれを実施する責務を有する」と定められた。地方自治体の消費者行政における責務が、国の消費者行政に従っていれば良いというものではなく、その地域の社会的状況や経済的状況を把握し、その実状に応じたきめ細かな消費者行政を行う責務を負っていることを明確化したものであった。これは、地方自治体が消費者の暮らしに密着した基礎的自治体であることから、消費生活の実態をつぶさに把握することができ、また消費者と密着した施策が可能であることを踏まえたものであると考えられる。

　さらに、第15条の苦情処理体制の整備等に関する規定において、「1　事業者は、消費者との間の取引に関して生じた苦情を適切かつ迅速に処理するために必要な体制の整備等に努めなければならない。」として事業者の責務規定を定めたものに並べて、「2　市町村（特別区を含む。）は、事業者と消費者との間の取引に関して生じ

た苦情の処理のあつせん等に努めなければならない。」と定められた。

　第16条では、行政組織の整備及び行政運営の改善について「国及び地方公共団体は、消費者の保護に関する施策を講ずるにつき、総合的見地に立つた行政組織の整備及び行政運営の改善に努めなければならない。」と定められた。

　現実には、都道府県において消費生活センターなどの消費生活相談窓口が徐々に整備されていくこととなった。

　東京都では消費者保護基本法の制定に先んじて、1961年に消費者行政専管課を設置し、1964年には相談窓口を設置し、ついで兵庫県も相談窓口を開設したのを皮切りに徐々に相談窓口が整備されていった。市町村における相談窓口の設置は、県庁所在地や政令指定都市を中心にすすめられたが、その他の市町村での整備はなかなかすすまなかった。そのため、消費生活相談を中心とする消費者行政は都道府県が主として担っている状況が続いた。相談窓口では、お買い物相談や消費者被害に関する相談を取り扱っていたが、その後は取引に関する苦情相談が多くを占めるようになっていく。

2 消費生活条例の整備

　自治体が積極的に消費者行政を行おうとすると、消費生活条例の制定が必要とされることになる。行政の体制の整備、予算の獲得、事業者に対する規制、住民の意見を政策に反映させることなどのための制度の整備が必要だからである。

　消費者行政にかかわる最初の条例が制定されたのは、1972年の神戸市である。「神戸市民の環境を守る条例」に消費生活の保護に関する規定として危害の防止に関する規定が盛り込まれた。翌73年には表示に関する規制が、74年には包装に関する規制が導入された。

　1974年には、東京都で「東京都生活防衛条例」が制定された。これは、石油ショックによる物不足や価格の高騰による消費生活の混乱を防ぐために、その対策法として定められたものである。この条例は、1975年に公布された「東京都生活物資の危害の防止、表示等の事業行為の適正化及び消費者被害救済に関する条例」（旧・東京都消費生活条例）に吸収され、廃止された。旧・東京都消費生活条例は、消費者が権利の主体であり、東京都は消費者の権利を確立するための消費者政策を行う責務があることを明確化した権利条例であった。

　石油ショックによる物不足に伴う消費生活の混乱から、全国の地方自治体では条例の整備が進められた。2008年7月4日に長野県においても消費生活条例が制定され、2008年9月現在では、すべての

都道府県で消費生活条例が制定されている。

　石油ショックを契機に地方自治体の多くで設置された消費生活条例は、消費者を保護の対象とした消費者保護条例であった。

　2004年に消費者保護基本法が改正され消費者基本法と改められ、消費者の権利が明確化されたことから、全国の多くの地方自治体で消費生活条例の改正が進められ、保護条例から権利条例に改めると共に、取引の適正化を消費者政策の柱に盛り込むなどの改正が広範囲で行われた。長年消費生活条例がなかった長野県で消費生活条例の制定がされたのも、消費者基本法制定が大きなきっかけとなったものであった。

　現在では、市区町村のレベルでも消費生活条例が徐々に整備されつつある。

3 地方自治体における相談業務の状況

　地方自治体では、消費生活条例制定に先立って消費生活相談窓口を整備してきた。これは、すでに指摘したように、消費者保護基本法においても、改正された消費者基本法においても、消費生活相談は地方自治体の責務と位置づけられているものであり、消費生活の支援のために必要不可欠な重要な自治体の責務であるためである。

　全国の都道府県レベルでは、すべての都道府県に相談窓口が整備されている。市町村でも、政令指定都市を中心に相談窓口は整備されており、現在では政令指定都市以外の市区町村でも徐々に相談窓口の整備が進められている。

　しかし、一方では、バブル崩壊後の地方財政の縮小の流れの中で、消費者行政も年々縮小される状況にある。たとえば、大きな変化としては、消費者行政が単独の「課」だったものが、「係」や「グループ」になるなどし、予算や人員の削減が全国的に進んでいる実情にある。近年では、深刻で悪質な取引被害が多発し続けているにもかかわらず、2008年までは消費生活行政予算は、全国のほとんどの地方自治体で年々削減が続けられている実情にあった。

　そのため、自治体の中には消費者に対する被害防止のための啓発予算を削減するところが少なくなかった。予算の削減に伴い、従来自治体で住民のために行われてきた消費者講座や被害防止のための啓発資料の作成・配付が困難となった自治体もあった。どの自治体

でも、消費者講座の開催回数などは減少傾向にある。消費者被害の深刻化は進展している状況にあることは自明のことであるにもかかわらず、被害防止の取組みをすることが予算や職員の数が足りないために、きわめて困難な状況に陥っている自治体が存在していることは、被害防止の観点からすると、きわめて困った事態であるといわざるを得ない。

　消費者被害が深刻化する中で、消費生活相談の重要性はいうまでもないことである。地方自治体で消費生活相談を行うことの重要性は認識されていることから、相談業務は維持されているものの、予算の削減のために2008年までは相談窓口を縮小するなどの流れは続いていた。たとえば、都道府県が県内の数回所に支所をおいて相談対応していたものを、支所を廃止した自治体が複数ある。支所が廃止されたのに伴い、相談する身近な窓口がなくなった県民がいる地域がある。また、自治体によっては、外部委託に移行した自治体もある。消費者行政においては、消費者と密接なかかわりを持つ地方自治体の果す役割は大きく、自治体の消費者行政の後退は大きな問題となっていた。

　地方自治体における消費生活相談情報は、独立行政法人国民生活センターが収集する仕組みを持っている。国民生活センターは、収集したデータと国民生活センター相談部に寄せられる相談のデータなどを収集・分析して、国民に対する情報提供、広報、関連部署に対する要望を行っている。法律の改正などの場合には、内閣府を経由してデータを提出するという取組みを行っている。また、消費生活相談の現場で、相談担当者に対する様々な情報提供を行うという機能を果たしている。

　しかし、国民生活センターには何らの規制権限や関係省庁への勧告権限もなく、シュレッダー事故やこんにゃくゼリー死亡事故など

でも被害の拡大防止の上ではほとんど無力であった。

4 業法の自治事務との関係

　国の消費者行政は、これまで産業育成省庁による縦割りの「業法」によってまかなわれてきた。これらの業法は、従来は、都道府県に対して機関委任事務として多くの事務を自治体に委任してきた。

　2000年4月に地方分権の推進を図るための関係法律の整備等に関する法律（地方分権一括法）が施行され、機関委任事務が廃止されるに伴い、法定委任事務以外はすべて自治事務となった。これにより業法による都道府県知事への権限委任は、自治事務となった。

　したがって、業法による都道府県への権限委任があるものについては、都道府県においても、自治事務として行われている。たとえば、食品衛生法は保健所関係で、JAS法は農林関係で、宅地建物取引業法は住宅関係の部署で、というふうに都道府県においても縦割りとなっている。消費者行政の部局では、消費生活条例に基づいた業務と消費生活相談を行っているが、横断的なシステムを確立している都道府県は見当たらないのが実状ではないかと思われる。

　そのために、ミートホープ社による食品の偽装表示問題について北海道庁に対する公益通報が行われたときにも、行政の縦割りの問題があったためか、放置される事態となり、早期の対応に結びつかず被害の拡大を招くという事態を引き起こしたことが問題視されることとなった。

東京都では、東京都庁の部局における業務で消費生活にかかわるものをすべて洗い出した上で、全庁的な消費生活基本計画を策定している。2008年には5年計画の見直しを行ったところである。このような消費者行政のための全庁的な取組みは、国における消費者行政一元化の取組みと併行して、地方自治体レベルでも取り組む必要がある部分である。

5 国民生活センターの役割と重要性

　独立行政法人国民生活センターでは、全国の消費生活センターの相談情報の収集・分析、各地の消費生活相談担当者への様々な情報のフィードバック、商品テスト、相談員の養成やレベルアップのための講座など、消費生活行政についての重要な役割を担ってきた。
　消費生活相談に関しては、地方自治体の相談窓口であっせん等の困難なケースについてのバックアップシステムとしての経由相談などを行っている。今後の消費者行政の強化・充実のためには、国民生活センターの機能の充実が必要不可欠である。

6 地方自治体の消費生活行政の充実・強化

　消費生活政策においては、国の体制の整備が重要であることはいうまでもないが、消費者に密着している地方自治体における消費生活行政が充実していることが基本である。

　消費生活で生じている様々な問題についての情報を収集することができるのは、地方自治体の消費生活相談の窓口である。また、消費者に対して必要な情報をフィードバックする役割を効率的に果たすことができるのも地方自治体である。

　地方自治体において、消費者との接点として消費者行政を担って来たのが消費生活センターである。ただし、行政予算の縮減、小さな政府への流れの中で進められてきた行政の縮小の進行の中で、消費者行政予算も年々削減され、職員なども削減される状況が続いていた。消費生活センターの縮小は、消費生活行政の一元化と強化と相反するものである。消費生活行政の一元化と充実強化をすすめるためには、地方自治体における消費生活行政の充実強化が重要な課題である。

7 これからの地方自治体における消費者行政

　消費者庁の設置に伴い、地方自治体における消費者行政は消費者庁における消費者行政について重要な位置づけを占めているが、この点について法令において明確化した。地方自治体の消費者相談及び消費生活センターについては、消費者安全法において規定されている。従来は、消費者基本法において、地方自治体における自治事務として消費者苦情処理及び紛争解決の促進についての努力義務がある旨定められているのにとどまっていたが、消費者安全法では、消費生活センターなどでの消費生活相談業務、都道府県と市町村の事務分担の明確化、消費者庁における事務の一部について権限委任できることとしたこと、消費生活センターの設置義務づけ、相談窓口の充実強化の義務づけなど画期的な内容となっている。
　ここでは、地方自治体の消費者行政に関する部分について、どのような取扱いとなっているかを中心に取り上げる。
　まず、基本理念として、「消費者安全の確保に関する施策の推進は、国及び地方公共団体の緊密な連携の下、地方公共団体の自主性及び自立性が十分に発揮されるように行われなければならない。（3条3項）」と定めて、地方自治体の消費者行政を位置づけている。
　ついで、責務規定において（4条）、
　「国及び地方公共団体は、前条に定める基本理念（以下この条に

おいて「基本理念」という。）にのっとり、消費者安全の確保に関する施策を総合的に策定し、及び実施する責務を有する。

2 　国及び地方公共団体は、消費者安全の確保に関する施策の推進に当たっては、基本理念にのっとり、消費生活について専門的な知識及び経験を有する者の能力を活用するよう努めなければならない。

3 　国及び地方公共団体は、消費者安全の確保に関する施策の推進に当たっては、基本理念にのっとり、消費者の意見を反映させるために必要な措置その他の措置を講ずることにより、その過程の透明性を確保するよう努めなければならない。

4 　国及び地方公共団体は、消費者安全の確保に関する施策の推進に当たっては、基本理念にのっとり、施策効果（当該施策に基づき実施し、又は実施しようとしている行政上の一連の行為が消費者の消費生活、社会経済及び行政運営に及ぼし、又は及ぼすことが見込まれる影響をいう。第６条第２項第４号において同じ。）の把握及びこれを基礎とする評価を行った上で、適時に、かつ、適切な方法により検討を加え、その結果に基づいて必要な措置を講ずるよう努めなければならない。

5 　国及び地方公共団体は、消費者安全の確保に関する施策の推進に当たっては、基本理念にのっとり、独立行政法人国民生活センター、第10条第３項に規定する消費生活センター、都道府県警察、消防機関、保健所、病院、消費者団体その他の関係者の間の緊密な連携が図られるよう配慮しなければならない。

6 　国及び地方公共団体は、啓発活動、広報活動その他の活動を通じて、消費者安全の確保に関し、国民の理解を深め、かつ、その協力を得るよう努めなければならない。」

と定め、地方自治体の責務規定が、国と同様であることをも明

確化している。

1）地方自治体への権限委任

　消費者安全法第23条第2項において「前項の規定により消費者庁長官に委任された前条第1項の規定による権限に属する事務の一部は、政令で定めるところにより、都道府県知事又は消費生活センターを置く市町村の長が行うこととすることができる。」と定められている。

　あわせて、地方自治法が改正され、上記規定にかかる事務は地方自治体の自治事務とされた。

2）消費生活相談

　消費者安全法では、第3章で「消費生活相談等」に関する定めをおいている。

　法第8条では「都道府県及び市町村による消費生活相談等の事務の実施」として、次のように定める。

（1）都道府県の事務

都道府県は、消費生活相談に関して次の事務を行う。

① 以下に掲げる市町村の事務の実施に関し、市町村相互間の連絡調整及び市町村に対する技術的援助を行うこと。
② 消費者安全の確保に関し、主として次に掲げる事務を行うこと。
　イ　事業者に対する消費者からの苦情に係る相談のうち、その対応に各市町村の区域を超えた広域的な見地を必要とするものに応じること。
　ロ　事業者に対する消費者からの苦情の処理のためのあっせんのうち、その実施に各市町村の区域を超えた広域的な見地を

必要とするものを行うこと。
    ハ　消費者事故等の状況及び動向を把握するために必要な調査又は分析であって、専門的な知識及び技術を必要とするものを行うこと。
    ニ　各市町村の区域を超えた広域的な見地から、消費者安全の確保のために必要な情報を収集し、及び住民に対し提供すること。
  ③　市町村との間で消費者事故等の発生に関する情報を交換すること。
  ④　前３号に掲げる事務に附帯する事務を行うこと。
（２）　市町村の事務
  ①　消費者安全の確保に関し、事業者に対する消費者からの苦情に係る相談に応じること。
  ②　消費者安全の確保に関し、事業者に対する消費者からの苦情の処理のためのあっせんを行うこと。
  ③　消費者安全の確保のために必要な情報を収集し、及び住民に対し提供すること。
  ④　都道府県との間で消費者事故等の発生に関する情報を交換すること。
  ⑤　以上に掲げる事務に附帯する事務を行うこと。
（３）　国及び国民生活センターの援助
　第９条では、国及び国民生活センターは、都道府県及び市町村に対し、上記の事務の実施に関し、情報の提供その他の必要な援助を行うものとすると定めた。

３）消費生活センターの設置等

　消費生活相談では、相談を実施する消費生活センターの設置と充

実が必要不可欠である。第10条以下では消費生活センターの設置・充実等に関する規定を置いている。

　従来、消費生活センターは、地方自治体の事務として条例や要綱などにより設置・運営されており、法律のレベルでの規定は存在しなかったものであり、画期的なものといえよう。法律のレベルで消費生活センターの設置・充実強化について明記された点は、今後の地方自治体の消費者行政の充実強化が必要不可欠なものとして推進されなければならないことを明確化したもので、きわめて重要である。

（1）都道府県の消費生活センター設置

　第10条では、都道府県は、上記の事務を行うため消費生活、次に掲げる要件に該当する施設又は機関（消費生活センター）を設置しなければならないとして、設置の基準について定めている。

① 事業者に対する消費者からの苦情に係る相談のうち、その対応に各市町村の区域を超えた広域的な見地を必要とする相談について専門的な知識及び経験を有する者を第8条第1項第2号イ及びロに掲げる事務に従事させるものであること。

② 都道府県のすべきものとされる事務の効率的な実施のために適切な電子情報処理組織その他の設備を備えているものであること。

③ その他都道府県のなすべき事務を適切に行うために必要なものとして政令で定める基準に適合するものであること。

（2）　市町村の消費生活センター設置

　市町村は、必要に応じ、市町村の担当すべき事務を行うため、施設又は機関（消費生活センター）を設置するよう努めなければならないとして、消費生活センターの備えるべき要件を定めている。

① 消費者安全の確保に関する事業者に対する消費者からの苦情

に係る相談について専門的な知識及び経験を有する者を消費生活相談及びあっせんに従事させるものであること。
② 市町村の担当する事務の効率的な実施のために適切な電子情報処理組織その他の設備を備えているものであること。
③ その他市町村の担当する事務を適切に行うために必要なものとして政令で定める基準に適合するものであること。

(3) 消費生活センターの事務に従事する人材の確保等

　第11条において、都道府県及び消費生活センターを設置する市町村は、消費生活センターに配置された相談員の適切な処遇、研修の実施、専任の職員の配置及び養成その他の措置を講じ、相談員その他の消費生活センターの事務に従事する人材の確保及び資質の向上を図るよう努めるものと定めている。

4）消費者事故等に関する情報の集約等

　消費者安全法第4章では、消費者事故等に関する情報の集約等に関する、都道府県・市町村の義務などについて定めている。

(1) 消費者事故等の発生に関する情報の通知

　行政機関の長、都道府県知事、市町村長及び国民生活センターの長は、重大事故等が発生した旨の情報を得たときは、直ちに、内閣総理大臣に対し、内閣府令で定めるところにより、その旨及び当該重大事故等の概要その他内閣府令で定める事項を通知しなければならない。(12条1項)

　行政機関の長、都道府県知事、市町村長及び国民生活センターの長は、消費者事故等（重大事故等を除く。）が発生した旨の情報を得た場合であって、当該消費者事故等の態様、当該消費者事故等に係る商品等又は役務の特性その他当該消費者事故等に関する状況に照らし、当該消費者事故等による被害が拡大し、又は当該消費者事

故等と同種若しくは類似の消費者事故等が発生するおそれがあると認めるときは、内閣総理大臣に対し、内閣府令で定めるところにより、当該消費者事故等が発生した旨及び当該消費者事故等の概要その他内閣府令で定める事項を通知するものとする。(12条2項)

ただし、以上は、その通知をすべき者が次の各号のいずれかに該当するときは、適用除外とされる。

① 次のイからニまでに掲げる者であって、それぞれイからニまでに定める者に対し、他の法律の規定により、当該消費者事故等の発生について通知し、又は報告しなければならないこととされている者
　イ　行政機関の長　内閣総理大臣
　ロ　都道府県知事　行政機関の長
　ハ　市町村長　行政機関の長又は都道府県知事
　ニ　国民生活センターの長　行政機関の長
② 前2項の規定により内閣総理大臣に対し消費者事故等の発生に係る通知をしなければならないこととされている他の者から当該消費者事故等の発生に関する情報を得た者(前号に該当する者を除く。)
③ 上記に掲げる者に準ずるものとして内閣府令で定める者

(2) 消費者事故等に関する情報の集約及び分析等

消費者庁では、消費者事故が発生した通知を受けた場合には、通知により得た情報その他消費者事故等に関する情報が消費者安全の確保を図るため有効に活用されるよう、迅速かつ適確に、当該情報の集約及び分析を行い、その結果について取りまとめて、関係行政機関、関係地方公共団体及び国民生活センターに提供するとともに、消費者委員会に報告する。(13条)

消費者庁は、情報の集約及び分析並びにその結果の取りまとめを

行うため必要があると認めるときは、関係行政機関の長、関係地方公共団体の長、国民生活センターの長その他の関係者に対し、資料の提供、意見の表明、消費者事故等の原因の究明のために必要な調査、分析又は検査の実施その他の協力を求めることができる。

また、消費者庁は、消費者事故等の発生又は消費者事故等による被害の拡大の防止を図るため必要があると認めるときは、関係都道府県知事又は関係市町村長に対し、消費者事故等に関して必要な報告を求めることができる。(14条)

5）消費者被害の発生又は拡大の防止のための措置

消費者安全法第5章では、消費者被害の発生又は拡大の防止のための措置について定める。

消費者庁は、当該消費者事故等による被害の拡大又は当該消費者事故等と同種若しくは類似の消費者事故等の発生の防止を図るため消費者の注意を喚起する必要があると認めるときは、当該消費者事故等の態様、当該消費者事故等による被害の状況その他の消費者被害の発生又は拡大の防止に資する情報を都道府県及び市町村に提供するとともに、これを公表するものとすると定められている。都道府県及び市町村に提供することとなっているのは、消費者庁からの情報提供を受けて都道府県及び市町村が住民に対して被害拡大の防止対策をとることが求められているためである。

6）都道府県知事による要請

都道府県知事は、当該都道府県の区域内における消費者被害の発生又は拡大の防止を図るため必要があると認めるときは、消費者庁に対し、措置の内容及びその理由を記載した書面を添えて、消費者

安全の確保に関し必要な措置の実施を要請することができる。

消費者庁は、要請を受けた場合には、消費者被害の発生又は拡大の防止を図るために実施し得る他の法律の規定に基づく措置があるときは、当該措置の実施に関する事務を所掌する大臣に同項の書面を回付しなければならず、回付を受けた大臣は、消費者庁に対し、その措置を実施することとするときはその旨を、措置を実施する必要がないと認めるときはその旨及びその理由を、遅滞なく、通知しなければならないこととされている。

7）衆議院・参議院附帯決議

消費者庁設置後も実効性を確保するための地方自治体の消費者行政の課題は多い。今後多くの点での改善・強化が必要不可欠である。

衆議院附帯決議では、地方自治体の消費者行政について実効性を確保するために、さらに次のように定めている。

15　各地の消費生活センターの相談員の聴取能力及び法律知識の水準向上を図るため、独立行政法人国民生活センターを中心とする教育・研修の充実を図ること。

16　地方公共団体における消費者行政の推進に関しては、今回の法改正の趣旨を周知徹底し、全国あまねく消費生活相談を受けることができ、消費者の安全・安心を確保する体制が確立するよう、万全を期すること。

17　相談員の待遇改善に関しては、今般拡充された地方交付税措置を活用しつつ、地方消費者行政活性化基金の運用に際しては、支援対象を集中育成・強化期間において増大する業務に係る人件費等に拡充するとともに、交付要綱等において処遇改善を図る地方公共団体への交付金の配分を手厚くすることを定めることによ

り、相談員の時給の引上げ、業務日数の増加による実質的常勤化、超過勤務並びに社会保険及び労働保険に関し法令に基づく適切な対応等を含め、地方公共団体における処遇改善の取組を促進すること。

18　消費生活センターについて、指定管理者制度や委託等を採用している地方公共団体においても、その受託機関における相談員の処遇については、各種誘導措置が講じられることにより、地方公共団体が自ら行う場合における相談員等と同様に処遇の改善が図られるよう万全を期するよう要請すること。

19　今後3年程度の集中育成・強化期間後の国による支援の在り方や、消費生活センターの設置、相談員の配置・処遇等の望ましい姿について、その工程表も含め消費者委員会で検討を行うこと。

参議院附帯決議では次のように定めている。

19　聴取能力及び法律知識のみならず、あっせんや行政との連携能力等各地の消費生活センターの相談員にとって必要な能力の水準向上を図るため、教育・研修の機会の拡充等を始め、独立行政法人国民生活センターによる支援を強化すること。

　　また、国民生活センターに配置されている相談員について、その職務内容にふさわしい身分、待遇の改善に努めること。

20　地方公共団体における消費者行政の推進に関しては、消費者庁関連3法制定の趣旨を地方公共団体の長及び議会議長が参加するトップセミナーの実施等を通じて周知徹底し、全国あまねく消費生活相談を受けることができ、消費者の安全・安心を確保する体制が確立するよう、万全を期すること。

21　各地の消費生活センター等が、障害者、高齢者を含めたすべての消費者にとってアクセスしやすい一元的な消費者相談窓口とし

て機能するよう、その認知度を高め、多様な相談受理体制の整備が行われるよう万全を期すること。
22　相談員の執務環境及び待遇に関する種々の問題点を改善するため、相談員制度の在り方について全般的な検討を行うとともに、地方公共団体における消費者行政の一層の充実を図るため、正規職員化を含め雇用の安定を促進するための必要な措置を早急に講じること。

　また、その待遇改善に関しては、今般拡充された地方交付税措置が着実に活用されるよう地方公共団体に要請するとともに、地方消費者行政活性化基金の運用に際しては、支援対象を集中育成・強化期間において増大する業務に係る人件費等に拡充するとともに、交付要綱等において処遇改善を図る地方公共団体への交付金の配分を手厚くすることを定めることにより、相談員の時給の引上げ、超過勤務並びに社会保険及び労働保険に関し法令に基づく適切な対応等を含め、地方公共団体における処遇改善を積極的に支援すること。

　なお、地方消費者行政活性化基金を真に地方消費者行政の需要を満たすものとするため、事業を支援するメニューの在り方等について地方公共団体の意見を踏まえるとともに、その弾力的な運用を行うこと。
23　消費生活センターについて、指定管理者制度や委託等を採用している地方公共団体においても、その受託機関における相談員の処遇については、各種誘導措置が講じられることにより、地方公共団体が自ら行う場合における相談員等と同様に処遇の改善が図られるよう万全を期するよう要請すること。
24　今後３年程度の集中育成・強化期間後の国による支援の在り方や、消費生活センターの設置、相談員の配置・処遇等の望ましい

姿について、実態調査等を行うとともに、集中育成・強化期間の取組を踏まえ、その後も適切な対応が講じられるよう配意し、工程表も含め消費者委員会で検討すること。なお、検討に当たっては、広域的な設置を含め地域の実情に応じた消費生活センターの設置、ＰＩＯ－ＮＥＴの整備、相談員の資格の在り方についても十分配意すること。

8）消費者行政活性化基金

　地方消費者行政活性化基金として、2008年度補正予算において150億円の予算措置が行われた。さらに、消費者庁及び消費者委員会設置法等の成立と共に110億円の基金が造成された。これは、3年間の地方自治体における消費生活センターの充実強化を推進するための基金である。消費者庁のもとでの消費者行政一元化の推進のためには、消費者被害情報の迅速な収集と、事故防止のための情報提供のための地方自治体の相談窓口の役割が大きい。地方自治体の相談窓口機能が不十分だと、消費者庁も機能不全を起こす心配がある。

　従来、ほとんどの都道府県下の市町村では、県庁所在地および政令指定都市を除けば、消費生活センターが設置されていないところがほとんどであった。そこで、広く市町村に消費生活センター設置が推進されることを目的として、消費者庁設置に先立って予算措置が行われたものである。

　基金の対象となる事業としては、
・消費生活センター設置・充実等の消費生活センター機能強化事業
・消費生活相談窓口の設置・機能強化などの消費生活相談スタートアップ事業
・管内の消費生活相談員を養成する相談員養成事業

7 これからの地方自治体における消費者行政

- 消費生活相談員への研修・及び研修参加支援などの消費生活相談レベルアップ事業
- 高度に専門的な消費生活相談への対応力向上を図る消費生活相談窓口高度化事業
- 市町村が連携して相談事業を実施する広域的消費生活相談強化事業
- 食品表示・安全への対応力を強化する食品表示・安全機能強化事業
- 地域独自の消費者行政の活性化の取組みを支援する消費者行政活性化オリジナル事業

などのメニューが内閣府によって示されている。

　さらに、消費者庁設置に伴う地方自治体の業務の負担増に対応するために上積みされた基金では下記の支援メニューも対象とされている。

　これは、今般拡充された地方交付税措置を活用しつつ、新たに基金を上積みし、支援対象を"集中育成・強化期間"において消費者庁に対応するために増大する業務に係る人件費等に拡充するとともに、交付要綱等において処遇改善を図る地方公共団体への交付金の配分を手厚くする旨を定めることにより相談員の処遇改善（社会保険への加入等を含む）を図るものであると説明されている。

- 集中育成強化期間（3年間）消費者庁創設に伴い増大する業務にかかる人件費を支援する一元的相談業務緊急措置事業
- 教育委員会や学校の連携強化など消費者教育の推進体制強化、出前講座の実施や地域の消費者リーダーの養成などの消費者教育・啓発活性化事業
- 商品テストの機器の購入、商品テストの外部委託による実施などの商品テスト強化事業

・消費者にとって身近な裁判外紛争処理機関である苦情処理委員会の活性化、委員会の設置・調査費などの地方苦情処理委員会活性化事業

などが追加支援メニューとされている。

9）3年間の集中的強化など

　地方自治体の消費者行政については、今後3年程度の"集中育成・強化期間"を確保すべきこととされている。そのために、地方交付金が補正予算により確保されたが、強化期間経過後の消費者行政のあり方が重要であることはいうまでもない。消費生活センターを設置した上で長期的に継続的な運用を確保するためには、消費生活相談員の継続的な人員の確保、継続的なスキルアップなどの研修機会の確保、雇用条件の向上、情報交流などのシステムの維持向上など、検討しておくべき課題は多い。特に、人員の確保、研修機会の確保、予算の確保などは、財政基盤の小さい地方自治体では、単独自治体で継続的に維持することは困難な場合も少なくない。

　そこで、その後の国による支援の在り方や、消費生活センターの設置、相談員の配置・処遇等の望ましい姿について、工程表も含め今後は消費者委員会で検討を行うことが予定されている。

第 3 章

所管（移管）法律の
ポイント

1　消費者基本法

昭和43年5月30日法律第78号
最終改正　平成20年5月2日法律第27号

■1　法律の趣旨

　国における消費者政策の基本理念を定めた、基本法である。

　本法第1条では、次のように定めている。「この法律は、消費者と事業者との間の情報の質及び量並びに交渉力等の格差にかんがみ、消費者の利益の擁護及び増進に関し、消費者の権利の尊重及びその自立の支援その他の基本理念を定め、国、地方公共団体及び事業者の責務等を明らかにするとともに、その施策の基本となる事項を定めることにより、消費者の利益の擁護及び増進に関する総合的な施策の推進を図り、もつて国民の消費生活の安定及び向上を確保することを目的とする。」

■2　立法経過

　本法は、1968（昭和43）年に「消費者保護基本法」として制定された。1960年代には高度経済成長を迎え、大量生産・大量販売・大量消費による現代型の消費者問題が爆発的に増加してきた。

　1962年には、アメリカにおいてケネディ大統領が議会に対する大統領教書において消費者の権利を確立するのが国の義務であるとして、①安全である権利、②選ぶ権利、③知らされる権利、④意見を

聞いてもらう権利、の4つの権利を提唱した。

　本法は、こうした時代の状況の中で、日本においても消費者保護が国の責務であることを明確化したものであった。同法と共に地方自治法が改正され、消費者行政は自治事務として明確化された。その後、国や地方自治体においては、消費者行政が業法主体で進められていくことになる。

　消費者保護基本法は、2004（平成16）年に抜本的に改正され、名称も「消費者基本法」と改められた。

　おもな改正点は、消費者の権利を基本理念において明確化し、消費者政策について、消費者の権利を尊重して消費者の自立支援を行うものと位置づけたこと、基本的政策を見直し修正したことである。消費者政策の大きな改正点としては「消費者取引の適正化」を追加したこと、消費者政策を推進するための制度として消費者政策会議における消費者基本計画の制度を盛り込んだことなどである。

■3　法律の概要

1）法律の概要

　法律の概要は次のとおりである。
　　第1章　総則（第1条—第10条）
　　第2章　基本的施策（第11条—第23条）
　　第3章　行政機関等（第24条—第26条）
　　第4章　消費者政策会議等（第27条—第29条）

2）消費者の権利

　総則では、消費者政策の基本理念は、消費者の権利を尊重して自立支援を図ることであるとする。消費者の権利については次の権利

を明確化した。

① 国民の消費生活における基本的な需要が満たされること。
② その健全な生活環境が確保されること。
③ 消費者の安全が確保されること。
④ 商品及び役務について消費者の自主的かつ合理的な選択の機会が確保されること。
⑤ 消費者に対し必要な情報及び教育の機会が提供されること。
⑥ 消費者の意見が消費者政策に反映されること。
⑦ 消費者に被害が生じた場合には適切かつ迅速に救済されること。

3）国、地方自治体、事業者の責務

政府は、消費者政策の計画的な推進を図るため、「消費者基本計画」を定めなければならない。国は、本法の目的を達成するため、必要な関係法令の制定又は改正を行わなければならず、政府は、本法の目的を達成するため、必要な財政上の措置を講じなければならない。

また、事業者の責務については具体的な責務を明確化した。

4）基本的施策

消費者政策の基本的施策として次の施策を定めている。
① 安全の確保
② 消費者契約の適正化
③ 計量の適正化
④ 規格の適正化
⑤ 広告その他の表示の適正化等
⑥ 公正自由な競争の促進等

⑦　啓発及び教育等の促進
⑧　啓発活動及び教育の推進
⑨　意見の反映及び透明性の確保等
⑩　苦情処理及び紛争解決の促進
⑪　高度通信情報社会への的確な対応
⑫　国際的な連携の確保
⑬　環境の保全への配慮
⑭　試験、検査等の施設の整備等

5）行政機関等に関する定め

　国及び地方公共団体は、消費者政策の推進につき、総合的見地に立つ行政組織の整備及び行政運営の改善に努めるべきこと、国民生活センターの役割、消費者団体の自主的な活動の促進を図るべきことなどを定めている。

6）消費者政策会議及び国民生活審議会

■4　所管

　内閣府の所管である。
　消費者庁の設置に伴い、消費者庁に移管される。
　消費者委員会の設置に伴い、消費生活審議会は廃止され消費者委員会が消費者政策の推進に関する基本的事項の調査審議を行うことになる。

2 国民生活センター法

平成14年12月4日法律第123号
最終改正　平成20年5月2日法律第 27号

■1　法律の目的

　本法は、独立行政法人国民生活センターの名称、目的、業務の内容等を定めた法律である。
　本法第1条では、法律の目的について次のように定めている。「この法律は、独立行政法人国民生活センターの名称、目的、業務の範囲等に関する事項を定めることを目的とする。」
　また、国民生活センターの目的については、第3条において「独立行政法人国民生活センター（以下「センター」という。）は、国民生活の安定及び向上に寄与するため、総合的見地から、国民生活に関する情報の提供及び調査研究を行うことを目的とする。」と定めている。

■2　立法経過

　国民生活センター法は、1970（昭和45）年に特殊法人国民生活センターを設置するために制定された。国レベルでは、消費者問題を中心に取り扱う所管庁はなかったが、1968（昭和43）年に消費者保護基本法が制定されるとともに、地方自治法が改正され、消費者行政が地方自治事務として明確に位置づけられたのに伴い、国のレベ

ルでも、消費者問題を中心に調査・研究を行う機関として特殊法人国民生活センターが設置された。

その後、2003（平成15）年に、特殊法人改革が行われて独立行政法人化されることとなり、現行の「独立行政法人国民生活センター法」が制定され、従来の国民生活センター法は廃止された。

同法は、2008（平成20）年5月に改正された。改正点は、裁判外紛争手続き（ADR）に関する新たな機能・権限を盛り込んだ点である。国民生活センターにADR委員会を設置し、消費者紛争の解決を図ることを目的としたもので、消費者被害紛争事案に関する文書提出などを相手事業者に求める権限なども付与されることとなった。

■3　法律の概要

1）法律の概要

法律は以下の内容となっている。
第1章　総則（第1条―第5条）
第2章　役員及び職員（第6条―第9条）
第3章　業務等（第10条・第11条）
第4章　雑則（第12条―第15条）
第5章　罰則（第16条）
附則

2）業務の範囲

国民生活センターの業務の範囲については次のとおりである。
① 国民に対して国民生活の改善に関する情報を提供すること。
② 国民生活に関する国民からの苦情、問合せ等に対して必要な

情報を提供すること。
　③　前2号に掲げる業務に類する業務を行う行政庁、団体等の依頼に応じて国民生活に関する情報を提供すること。
　④　国民生活の実情及び動向に関する総合的な調査研究を行うこと。
　⑤　国民生活に関する情報を収集すること。
　⑥　前各号の業務に附帯する業務を行うこと。

3）　紛争解決委員会

2008年改正で導入されたものである。

消費者紛争を解決するために紛争解決委員会を設置し、紛争解決のための和解の仲介及び仲裁を行う。仲裁法の適用があり、和解の仲介手続にも時効の中断・訴訟手続の中止の法的効果を持たせる点に特徴がある。施行は、2009年4月1日からである。

■4　所管

内閣府の所管である。

消費者庁の設置に伴い、消費者庁に移管され、消費者情報課が事務をつかさどることになる（消費者庁組織令第8条第10号）。

3 消費生活用製品安全法

昭和48年6月6日法律第 31号
最終改正 平成19年11月21日法律第117号

■1 法律の目的

　消費生活用品による一般消費者の生命・身体などの危害の防止を図るために、消費生活用製品の安全を確保するための一般法としての性格を持つ法律である。

　本法第1条では、次のように定めている。「この法律は、消費生活用製品による一般消費者の生命又は身体に対する危害の防止を図るため、特定製品の製造及び販売を規制するとともに、製品事故に関する情報の収集及び提供等の措置を講じ、もつて一般消費者の利益を保護することを目的とする。」

■2 立法経過

　高度経済成長を迎え、所得水準が向上するとともに技術革新の進展に伴い、複雑で高性能な消費生活用製品が次々と開発され普及した。これにより、消費生活は豊かで便利になったが、反面では、多様な消費生活用製品の安全性について、消費者自らが判断することが困難な場合も多く、1960年代に入ると製品の事故や欠陥に関する被害や苦情が増加する傾向にあった。こうした状況の中で、安全な消費生活を送ることは、国民が切実に求めるところとなり、数多い

製品の欠陥による事故を未然に防止し、安全な消費生活の実現を図るためには、新たな製品安全対策を講ずる必要があることが指摘されるようになった。こうした状況のなかで、昭和47年に産業構造審議会により提出された「製品の安全性確保、向上対策について」と題する答申を踏まえて、1973（昭和48）年に制定されるに至った。

その後、1999（平成11）年8月に成立した「通商産業省関係の基準・認証制度等の整理及び合理化に関する法律」により大幅な改正がなされた。この改正により、製品安全四法における消費者の安全確保の重点は、従来の事前規制から、製品の流通後の措置へ移行された。具体的には、事業者の自己認証を基本とし、民間の第三者検査機関による適合性検査を義務付けるものとした。

さらに、その後に発覚したシュレッダー事故、瞬間湯沸かし器による一酸化炭素中毒死などの重大事故の被害が放置され拡大していったことを踏まえて、2006（平成18）年にも改正が行われた。2006年改正により、消費生活用製品に係る重大な製品事故に関する事故情報の報告・公表制度が導入された。

本制度のポイントは、以下のとおりである。

① 製造事業者又は輸入事業者は重大製品事故が生じたことを知ったときは、主務大臣に報告義務がある。製造事業者等が報告を怠った場合、主務大臣は、重大製品事故の情報の収集や提供のために必要な体制の整備を命ずることができる。

② 主務大臣は、重大製品事故による危害の発生及び拡大を防止するために必要があると認めるときは、製品の名称や事故の内容等、危険の回避に資する事項を公表する。

③ 小売事業者には、製造事業者等に事故情報を通知する責務がある。また、販売事業者には製造事業者等が行う製品回収等の措置に協力する責務がある。

④　消費生活用製品の製造事業者等は、事故原因を調査し、必要があると認めるときは、当該消費生活用製品の回収等の措置をとる努力義務がある。

■3　法律の概要

1）法律の概要

第1に、特定商品として同法の対象と定められた商品についての安全性についての第三者認証、自己認証制度を定め、第2に製品事故に関する情報収集・公表・措置等について定めている。法律の構成は以下のとおりである。

第1章　総則（第1条・第2条）

第2章　特定製品

　第1節　基準並びに販売及び表示の制限（第3条—第5条）

　第2節　事業の届出等（第6条—第15条）

　第3節　検査機関の登録（第16条—第19条）

　第4節　国内登録検査機関（第20条—第29条）

　第5節　外国登録検査機関（第30条・第31条）

　第6節　危害防止命令（第32条）

第3章　製品事故等に関する措置

　第1節　情報の収集及び提供（第33条—第37条）

　第2節　危害の発生及び拡大を防止するための措置（第38条・第39条）

第4章　雑則（第40条—第57条）

第5章　罰則（第58条—第62条）

2）適用対象の製品

　他の法令により個別に指定されているものを除いた消費生活用品を対象とする。対象の消費生活用品は、「特定商品」と「特別特定商品」の2種類がある。

3）特定製品等の技術基準適合性義務

　「特定製品（消費生活用製品のうち、構造、材質、使用状況等からみて一般消費者の生命又は身体に対して特に危害を及ぼすおそれが多いと認められる製品で政令で定めるもの）」、「特別特定製品（その製造又は輸入の事業を行う者のうちに、一般消費者の生命又は身体に対する危害の発生を防止するため必要な品質の確保が十分でない者がいると認められる特定製品で政令で定めるもの）」、についてはそれぞれ安全性確保のための技術基準を定め、市場出荷前に適合性検査を経た上で適合性の表示を義務づけ、この表示のないものについては販売規制等を定めている。

　「特別特定製品」については、第三者承認検査機関の適合性検査が必要であり、「特定製品」の場合には自己による適合性検査が必要であるとされた。

4）経年劣化対策に係る「設計標準使用期間」の製品への表示義務等を定めている

5）重大製品事故の報告の義務化

　重大製品事故が発生したことを知った場合には、製造者・輸入業者は経済産業大臣に報告義務がある。小売販売事業者や設置事業者は、重大製品事故が発生したことを知ったときは製造者・輸入事業者に通知するよう努めなければならない。

重大事故とは、死亡事故、治療に要する期間が30日以上の負傷・中毒（重症事故）、一酸化炭素中毒である。

これは、2006年改正により導入された制度である。

6）事業者の原因調査とリコール

製造又は輸入事業者は、製品事故が生じた場合には、発生原因に関する調査を行うとともに、危害の発生及び拡大を防止するため必要があると認めるときは、その製品の回収その他の危害の発生及び拡大を防止するための措置をとる努力義務を負う。

7）行政監督制度

消費生活用製品に関して、製造・輸入事業者・販売業者に対する報告徴収、立入検査、重大事故が発生した場合の「特定製品・特別特定製品」に関する緊急命令等の制度がある。

8）消費経済審議会

消費経済審議会製品安全部会事故判定第三者委員会本委員会は、本法に基づく製品事故の報告・公表制度が適切に運用されるよう調査審議する。審議内容は、以下のとおりである。

① 消費生活用製品安全法に基づく製品事故報告において、「製品の欠陥によって生じたものでないことが明らかな事故」であるか否かに関すること。

② 消費生活用製品安全法に基づき報告された重大製品事故のうち、製品起因であるか否か不明な事故について、メーカー名、型式等を公表するに当たって、製品起因が主原因であるとは言えないとする判断の妥当性に関すること。

③ その他、経済産業省等による消費生活用製品安全法の製品事

故報告・公表制度の運用の適切性に関すること。

■4　所管

　経済産業省の所管である。

　消費者庁設置に伴い、下記のとおり一部が消費者庁に移管される。

　重大事故報告・公表制度を消費者庁に移管する。重大事故情報の報告の受付は、消費者庁が行う。

　消費者庁は、報告を受けた場合、ただちに、関係府省に内容を通知するものとする。

　消費者庁及び関係府省は、共同して、重大事故の原因究明のための調査を行う。

　消費者庁は、必要があるときは事業者に対して報告をさせ、立入検査などを行うことができる。また、主務省に命じて立入検査をさせることができる。

　消費者庁は、関係府省の意見を聴いて、重大事故の内容等を公表する。

　また、主務省庁は、技術上の安全基準の策定に当たり、消費者庁に協議することとなる。

　消費者庁では消費者安全課が事務をつかさどる（消費者庁組織令第9条第1号・第2号）。

4 有害物質含有家庭用品規制法
（有害物質を含有する家庭用品の規制に関する法律）

昭和48年10月12日法律第112号
最終改正　平成15年5月30日法律第 55号

■1　法律の目的

　消費者が日常生活で使用している家庭用品の中には、いろいろな種類の化学物質が様々な目的で使用されているものが少なくない。そこで、本法は、有害物質を含有する家庭用品について保健衛生上の見地から必要な規制を行うことにより、国民の健康の保護に資することを目的としている。

　本法第1条では、次のように定めている。「この法律は、有害物質を含有する家庭用品について保健衛生上の見地から必要な規制を行なうことにより、国民の健康の保護に資することを目的とする。」

■2　立法経過

　化学物質を含有する家庭用品による健康被害の問題がクローズアップされ、その被害状況が社会問題として取り上げられたのは、昭和41年の主婦連による主婦苦情調査である。その後、昭和45年に、科学技術庁から「衣料処理剤に関する基礎調査資料」が発表され、昭和46年には、厚生省が「日用品等に含まれる化学物質の健康

に及ぼす影響に関する研究」を行うなど、健康被害の実態が明らかにされた。

そこで、昭和48年に国民の健康を守ることを目的として、本法が制定されるに至った。

■3　法律の概要

1）法律の概要

家庭用品の中から保健衛生上の見地により政令で指定し、指定されたものについて有害物質の含有量、溶出量又は発散量に関し、必要な基準を定め、基準に満たない家庭用品の製造・販売等を禁止する。違反があった場合には回収命令等ができる。

2）規制対象の家庭用品

本法では、家庭用品を「主として一般消費者の用に供される製品」と定義し、消費者が日常生活で使用しているものは、ほとんど家庭用品としてこの法律の規制を受けるが、他の法律で規制されている下記のものは規制対象から除外されている。

① 食品衛生法で規制されているもの
  (1) 食品（すべての飲食物。ただし医薬品・医薬部外品は除く。）
  (2) 食品添加物（食品に色や香りや味を付けたり、栄養価を維持したり保存させたりするため等に使われる物質）
  (3) 器具（飲食器、割ぽう具、その他）
  (4) 容器包装（食品又は添加物を入れ、又は包んでいる物で、食品又は添加物を授受する場合、そのまま引き渡すもの。）
  (5) おもちゃ（おしゃぶり、ほおずき、つみき、人形、粘土、

風船等）
　　（6）洗浄剤（野菜、果実、飲食器に使用するもの）
　② 薬事法で規制されているもの
　　（1）医薬品
　　（2）医薬部外品
　　（3）化粧品
　　（4）医療機器
　③ 業務用の製品
　　使用目的、販売態様から明確に業務用である製品
　④ 部品や半製品

3）家庭用品の基準と販売禁止

　厚生労働大臣は、保健衛生上の見地から、厚生労働省令で、家庭用品を指定し、その家庭用品について、有害物質の含有量、溶出量又は発散量に関し、必要な基準を定めることができる。製造、輸入又は販売の事業を行う者は、その基準に適合しない家庭用品を販売し、授与し、又は販売若しくは授与の目的で陳列することは禁止される。

4）回収命令・立入調査等

　家庭用品の製造、輸入又は販売の事業を行う者がその基準に適合しない家庭用品を販売するなどして健康被害が生ずるおそれがある場合において、当該被害の発生を防止したり、被害の拡大防止を図る必要があるときは、その者に対し、当該家庭用品の回収を図ることその他当該被害の発生を防止するために必要な措置をとるべきことを命ずることができる。

■4　所管

厚生労働省の所管である。

消費者庁の設置に伴い、一部が下記のとおり共管とされる。

厚生労働省は、有害物質を含有する家庭用品についての安全基準、食品・添加物の安全基準や原材料・容器包装等の規格・基準について基準を定める際に、あらかじめ消費者庁に協議することとなる。

消費者庁では、消費者安全課が事務をつかさどる（消費者庁組織令第9条第1号）。

5 食品衛生法

昭和22年12月24日法律第233号
最終改正　平成18年6月7日法律第 53号

■1　目的

　食の安全は、人間が健康に生きていくために保障されなければならない基本的で重要な権利である。憲法25条は「健康で文化的な最低限度の生活を営む権利を有する」「国は、すべての生活部面について、…公衆衛生の向上及び増進に努めなければならない。」と定めている。本法の最終的な目的は、憲法上の規定を踏まえて、効果的な公衆衛生活動を展開することによって公衆衛生を質的に向上させ、その適用を受ける範囲を拡大させていくことを目的とするものとされる。

　本法第1条では、次のように定めている。「この法律は、食品の安全性の確保のために公衆衛生の見地から必要な規制その他の措置を講ずることにより、飲食に起因する衛生上の危害の発生を防止し、もつて国民の健康の保護を図ることを目的とする。」

■2　立法経過

　現行の食品衛生法は、1947（昭和22）年に制定されたものである。

　食品衛生行政の基本としては、明治33年に制定された「飲食物其

の他の物品の取締に関する法律」があった。同法では、主として有毒・有害な飲食物の排除を目的として運用されており、その取締りは、内務省令により警察に委任されていた。その後、1938（昭和13）年に厚生省が設置されたのに伴い、国レベルでは厚生省が所管とされたが、地方においては警察部署が担当していた。

第二次世界大戦後に、上記法律が失効するのに伴い、すべての食品・食品営業を対象とする取締法規を統合、一本化して総合的な取締等を行うことが必要とされるに至り、1947（昭和2）年に食品衛生法が制定された。

その後、時代の移り変わりの中で、2003（平成15）年の改正までに25次に及ぶ改正が行われ、現在の内容に整備されるに至った。2003年の改正は次の経緯による。

2001（平成13）年11月にBSEの発生等により食品の安全性に対する不安が高まり、農林水産大臣と厚生労働大臣の指示に基づき「BSE問題に関する調査検討委員会」による調査が行われ、翌年4月報告書が提出された。その後、自由民主党食品衛生規則に関する検討小委員会の「『食品の安全』に関する信頼確保のための改革提言」、与党の食の安全確保に関するプロジェクトチームの「食の安全確保に関する提言」などがとりまとめられ、その中で食品衛生法等の大幅な見直しが提言された。

その後、2002年「特定の国・地域の特定の食品等について検査を要せずに包括的に輸入を禁止できる仕組み（包括的輸入禁止規定）」など、議員立法により、創設された。

翌2003年、厚生労働省から、食品衛生法改正法案、健康増進法改正法案が、内閣官房から食品安全基本法が、農林水産省からは、「牛の固体識別のための情報の管理及び伝達に関する法律案」「農薬取締法改正法案」「飼料安全法改正法案」等の5法案が提出され

るなど、食の安全性に関する法案は政府全体として8法案が提出され、すべての法律が成立した。

■3　法律の概要

1）法律の概要

本法の構成は以下のとおりである。

第1章　総則（第1条―第4条）
第2章　食品及び添加物（第5条―第14条）
第3章　器具及び容器包装（第15条―第18条）
第4章　表示及び広告（第19条・第20条）
第5章　食品添加物公定書（第21条）
第6章　監視指導指針及び計画（第22条―第24条）
第7章　検査（第25条―第30条）
第8章　登録検査機関（第31条―第47条）
第9章　営業（第48条―第56条）
第10章　雑則（第57条―第70条）
第11章　罰則（第71条―第79条）

2）国及び都道府県等の責務等

　総則では、法律の目的、国及び都道府県等の責務、食品等事業者の責務等を定める。これらの責務規定は、2003（平成15）年の改正により新設されたものである。また、本法では、すべての飲食物について「食品」として規制対象であることが明示されている（ただし、薬事法に定める医薬品、医薬部外品は除く）。

3）食品及び添加物

　食品の製造・加工等に当たっては清潔で衛生的に行わなければならないこと、腐敗・変質したもの、有害なもの等を販売することを禁止する規定を定めている。新開発食品については、人の健康を損なうおそれがない旨の確証がないもの等は販売禁止ができる制度、特定の食品又は添加物の販売等の禁止、病肉等の販売の禁止、添加物等の販売等の制限、食品及び添加物の基準及び規格等について定めている。

4）器具及び容器包装

　営業上使用する器具及び包装容器の取扱いの原則として清潔で衛生的でなければならないこと、有害有毒な器具等の販売等の禁止、器具等の規格・基準の制定について定めている。

5）表示及び広告

　食品・添加物等に関する適正な表示に関して定めている。食品や添加物の適正な表示は、消費者の適切な認識や選択のために不可欠なものであることから定められている。規制内容は、積極的な表示義務、虚偽表示等の禁止である。

6）食品添加物公定書

　厚生労働大臣が、食品添加物公定書を作成し、基準及び規格が定められた添加物の基準及び規格を収載すると定められている。これは、添加物の特殊性を考慮したための制度であると説明される。

7）監視指導指針及び計画

　2003（平成15）年改正により新設された。食品流通の実態、食中

毒の発生状況等を踏まえて、国が監視指導についての統一的な考え方を指針として示し、具体的な監視指導計画は、指針を踏まえて毎年度各都道府県が設定する仕組みを導入した。

8）検査、登録検査機関

食品・添加物等の検査、検査命令、食品等の輸入の届出、臨検検査・収去などについての定めである。

9）営業

食品衛生管理者、有害・有毒物資の混入防止措置基準、飲食店の営業や食品の製造業などの公衆衛生上の問題が著しい営業に関する許可基準と許可制度などを定めている。現在指定されている許可営業は飲食店営業、喫茶店営業から添加物製造業まで34種類が指定されている。

10）行政処分

営業者が食品衛生法に違反した場合の行政処分として、廃棄処分・危害除去・改善命令、営業許可の取消し、保健所長による調査・報告、違反者の名称等の公表などについて定めている。

11）国民の意見の聴取

2003（平成15）年改正により、リスクコミュニケーションの具体化として導入されたものである。

■4　所管

厚生労働省の所管である。

第3章 所管（移管）法律のポイント

　消費者庁の設置に伴い、下記のとおり一部が消費者庁に移管される。

　販売の用に供する食品・添加物などに関する表示基準の企画立案・執行は、消費者庁に移管する。なお、消費者庁は、表示基準の策定・改正に当たっては、消費者委員会の意見を聴く。

　また、厚生労働省は、消費者庁に対し、表示基準の策定・改正の要請を行うことができる。消費者庁は、表示基準に合わない食品等の販売等の禁止及び虚偽又は誇大な表示及び広告の禁止に関する廃棄命令、危害除去命令などの処分を担当する。立入検査などは厚生労働省が行うが、その経過は消費者庁に通知することになる。

　なお、これら処分に係る都道府県知事等の権限は現行どおりである。

　厚生労働省は、食品等の規格基準（安全基準）等の策定・改正に当たっては、消費者庁に協議する。安全基準に消費者の目線を反映させるためである。

　消費者庁では、同法第19条第1項に規定する表示についての基準に関すること、同法第20条に規定する虚偽又は誇大な広告又は表示（食品・添加物、器具、容器包装、おもちゃ）の取締に関する事務は、食品表示課がつかさどる（消費者庁組織令第12条第1号・第2号）。

　食品の安全に関する情報及び意見の交換に関する関係行政機関の事務の調整については、消費者安全課が事務をつかさどる（消費者庁組織令第9条第2号）。

6 食品安全基本法

平成15年5月23日法律第48号
最終改正　平成19年3月30日法律第8号

■1　法律の目的

　本法の目的は、すべての飲食物を対象に、安全性の確保についての基本理念を定め、国・地方自治体・食品関連事業者の責務と消費者の役割を明らかにするとともに、施策の基本方針を定め、総合的な施策を推進することである。薬事法に定める医薬品以外のすべての食品の安全性を対象としている点にポイントがある。

　本法第1条では、次のように定めている。「この法律は、科学技術の発展、国際化の進展その他の国民の食生活を取り巻く環境の変化に適確に対応することの緊要性にかんがみ、食品の安全性の確保に関し、基本理念を定め、並びに国、地方公共団体及び食品関連事業者の責務並びに消費者の役割を明らかにするとともに、施策の策定に係る基本的な方針を定めることにより、食品の安全性の確保に関する施策を総合的に推進することを目的とする。」

■2　法律の制定経過

　食生活においても、科学技術の発展、食品流通の広域化や国際化の進展などによって、環境は大きく変化している。経済社会の発展により食生活が豊かになってきた反面、様々な問題が生じるように

なってきた。

2001年1月に国内で初めてBSE（牛海綿状脳症）の発症が明らかになるなど、食品の安全を脅かす様々な問題が発生するに至った。そこで、農林水産大臣及び厚生労働大臣の私的諮問機関である「BSE問題に関する調査委員会報告書」（2002年4月）の提言を踏まえた、食品安全行政に関する関係閣僚会議により取りまとめられた「今後の食品安全行政のあり方について」（2002年6月）に基づいて法案が提出され、翌2003年5月に制定され、同年7月から施行された。

■3　法律の概要

1）全体の概要

法律の概要は下記のとおりであり、食品の安全を図る上での指針を明示することと、内閣府に食品安全委員会を設置することの2点が主な柱となっている。そして、食品安全行政について「リスク分析」手法を導入した点も重要である。

第1章　総則（第1条—第10条）
第2章　施策の策定に係る基本的な方針（第11条—第21条）
第3章　食品安全委員会（第22条—第38条）
附則

2）基本理念

食品の安全性の確保についての基本理念として下記の3点を位置づけている。

①国民の健康保護が最も重要という基本理念
②食品供給行程の各段階において必要な措置が適正に講じられる

こと
③科学的知見に基づく措置による国民生活への悪影響の未然防止

3) 国・地方自治体・食品関連事業者の責務、消費者の役割

国・地方自治体・食品関連事業者の各責務及び消費者の役割について定めた。国の責務として、「国は、食品の安全性の確保に関する施策を総合的に策定し、実施する責務を有する。」と定めている。

4) 施策の策定に関する基本的な方針

基本理念を踏まえた「施策の策定に係る基本的な指針」を定めるに当たっては、①リスク分析手法を導入すること、②食品の安全性の確保に関する施策の充実、に大別される「基本的事項」について施策における方向性を示す必要があると定めている。

5) 食品安全委員会の設立

従来食品安全の評価と管理とが渾然一体として行われてきたものを、評価と管理とに明確に区別し、評価については食品安全委員会がすべての飲食物について一元的に実施することとした。

なお、食品安全委員会は、科学的な評価やそれに基づく関係大臣に対する勧告の実施及びリスクコミュニケーションを主たる業務とする。したがって、行政機関としての位置づけは、行政委員会（行政組織法に基づく3条委員会）ではなく、審議会等（同法8条委員会）に相当するものであるとされる。

■4　所管

基本法は、行政機関の施策の策定に係る基本方針を定めるものであり、その範囲は、厚生労働省、農林水産省、環境省、文部科学省など多岐にわたるが、個別の規制等の行政権限は、食品衛生法等の各法に規定されているところによる。

食品安全委員会は内閣府の所管である。

消費者庁設置に伴い内閣府所管部分は消費者庁に移管することとなっていたが、「基本計画」においては、「消費者庁に移管する。ただし、食品安全委員会の設置等に関する規定の所管については、引き続き検討する。」とされており、食品安全委員会の取扱いについては検討課題とされていた。

その後、2008年7月23日の政府の消費者行政推進会議において、食品安全委員会の扱いについては下記のようにとりまとめられた。

①消費者庁への移管は、食品被害が起きた場合の国民への情報提供など一部業務の移管にとどめ、組織は引き続き内閣府におく。その理由としては、「科学的客観性の担保が必要なため」としている。

②ただし、消費者庁の担当相が食品安全委員会も担当するものとする。

③食品安全委員会の独立性を担保しつつ、食品行政全般に目配りできる仕組みにする。

具体的には、本法21条における措置の実施に関する基本的事項の決定に関して、食品安全委員会及び消費者委員会の意見を聴くことが必要とされた。また、リスクコミュニケーションの調整等の権限も消費者庁に移管される。消費者庁では、消費者安全課が事務をつかさどる（消費者庁組織令第9条第3号）。

7 景品表示法
（不当景品類及び不当表示防止法）

昭和37年5月15日法律第134号
最終改正　平成20年5月2日法律第29号

■1　法律の目的

　本法は、すべての商品・サービスを対象に、事業者による不当表示や過大な景品類の提供を厳しく規制し、公正な競争を確保することにより、消費者が適正に商品・サービスを選択できる環境を守ることを目的とするものである。

　本法第1条では、次のように定めている。「この法律は、商品及び役務の取引に関連する不当な景品類及び表示による顧客の誘引を防止するため、私的独占の禁止及び公正取引の確保に関する法律（昭和22年法律第54号）の特例を定めることにより、公正な競争を確保し、もつて一般消費者の利益を保護することを目的とする。」

■2　立法経過

　消費者は、より質の良いもの、価格の安いものを求める。そして、事業者はより多くの消費者を獲得するために、商品・サービスの質を向上させ、また、より安く販売するように努力する。こうした公正な競争市場が維持されれば、良心的な事業者が消費者によって選択され発展することになる。

　ところが、不当な広告・表示や過大な景品類の提供が行われる

と、消費者が商品・サービスを選択する際にその選択を誤らせることとなり、公正な競争が阻害されることになる。

こうした不当な表示等が社会問題となったのが、昭和35年に発覚した「ニセ牛缶」事件であった。当時の缶詰業界では、「牛缶」の原材料として馬肉や鯨肉を使用することが常態化していたことが判明し、消費者による缶詰の「表示」に対する信頼が失墜し、不買運動にまで発展した。これにより、「適正表示」の重要性が指摘されるようになり、独占禁止法の特例法として、昭和37年に景品表示法が制定された。

2003年改正により表示についての裏付け資料を提出しない場合には不当表示とみなす制度が導入され、景品表示法の運用が活性化した。2008年には、消費者契約法の改正により景品表示法違反について消費者団体訴訟制度が導入された（2009年4月1日から施行）。

■3　法律の概要

1）法律の概要

商品・サービスの質や価格面での健全な競争は、事業者、消費者の双方にとって有益である。そこで、消費者に適切な選択を誤らせて公正な競争を阻害する、すべての商品・サービスに関する不当表示と不当景品について規制を設け、違反があると排除命令を行う制度を設けている。

2）不当表示の規制

商品・サービスの品質や価格についての情報は、消費者が商品・サービスを選択する際の重要な判断材料であり、消費者に正しく伝わる必要がある。その品質や価格について、実際よりも著しく優良

又は有利であると見せかける表示が行われると、消費者の適正な商品選択が妨げられることになる。そこで、景品表示法では、消費者に誤認される不当な表示を禁止している。不当表示は優良誤認表示、有利誤認表示の2種類である。違反した場合には排除命令ができる（消費者庁では「措置命令」となる。）。

3）不当景品類の規制

　過大な景品類による競争が行われると、事業者は、商品・サービスそのものの質の向上等には努力しなくなり、消費者は過大な景品類に惑わされて品質の良くないものや割高なものを買わされ、結果的に不利益を被ることになるばかりでなく、公正な競争が害されることとなる。

　そこで本法では、景品類の最高額、総額等を規制し、過大な景品類による不健全な競争を防止している。

　景品表示法上の「景品類」とは、
① 顧客を誘引するための手段として、
② 事業者が自己の供給する商品・サービスの取引に付随して提供する
③ 物品、金銭その他の経済上の利益

であり、景品類に該当する場合は、景品表示法に基づく景品規制が適用される。

　景品規制は、①一般懸賞に関するもの、②共同懸賞に関するもの、③総付景品に関するものがある。それぞれ、提供できる景品類の限度額等が定められており、限度額を超える過大な景品類の提供を行った場合などは、公正取引委員会は、その業者に対し、景品類の提供に関する事項を制限し、又は景品類の提供を禁止することができる。

4）公正競争規約制度（消費者庁では「協定、規約」）

　不当な表示や過大な景品類の提供による競争を防止し、業界大多数の良識を「商慣習」として明文化し、不当表示や過大な景品類の提供を未然に防止することを目的としたもので、公正取引委員会の認定を受けて、事業者又は事業者団体が表示又は景品類に関する事項について自主的に設定する業界基準制度である。

5）消費者団体訴訟制度

　2008年の消費者契約法の改正により、適格認定消費者団体が差止訴訟提起できる制度が導入された。

■4　所管

　公正取引委員会の所管である。公正取引委員会は、独占禁止法（私的独占の禁止及び公正取引の確保に関する法律）に基づいて設置されている独立行政委員会である。公正取引委員会は、内閣総理大臣の所轄に属している。

　消費者庁の設置に伴い、所要の見直しを行った上で、消費者庁に移管される。消費者庁長官は、権限の一部を公正取引委員会に委任することができる。

　また、「景品類等の適正化による商品及び役務の消費者による自主的かつ合理的な選択の確保に関する重要事項」は、消費者委員会がつかさどる。

　大きな改正点として、景表法が独禁法の特例として定められ公正な競争を確保することを目的としていたことから、「一般消費者の自主的かつ合理的な選択」を確保することに、その目的が改正された。消費者庁では、表示対策課が事務をつかさどる（消費者庁組織令第11条第2号）。

8 日本農林規格（JAS）法
（農林物資の規格化及び品質表示の適正化に関する法律）

昭和25年5月11日法律第175号
最終改正　平成19年3月30日法律第 8 号

■1　法律の目的

　本法では、農林物資について、規格の制度化と品質の適正表示に関する定めを設けている。

　農林物資の規格については、農林物資の品質の改善、生産の合理化、取引の単純公正化及び使用又は消費の合理化を目的とし、適正表示については主として加工食品を中心とした農林物資に関して適正表示を行わせることによって、消費者の適切な選択を確保することを目的とする。

　本法では第 1 条において、次のように定めている。「この法律は、適正かつ合理的な農林物資の規格を制定し、これを普及させることによって、農林物資の品質の改善、生産の合理化、取引の単純公正化及び使用又は消費の合理化を図るとともに、農林物資の品質に関する適正な表示を行なわせることによつて一般消費者の選択に資し、もつて公共の福祉の増進に寄与することを目的とする。」

■2　立法経過

　JAS法は、当初は、昭和25年「農林物資規格法」として制定された。

　第二次世界大戦後の統制経済下において、農林物資の検査制度を設けるために昭和23年に「指定農林物資検査法」が制定されたが、もともと時限立法的なものであったことから、昭和25年に廃止され、かわって「農林物資規格法」が制定された。本法は、戦後の経済復興に伴って自由化されつつあった経済体制の下で、農林関係物資の規格の制定、普及を図る制度として発足したものであった。

　昭和43年に消費者保護基本法が制定されたのを契機に、昭和45年に「農林物資規格法」は消費者保護の観点から抜本的に改正され、法律の名称も、「農林物資の規格化及び品質表示の適正化に関する法律」に改められた。

　その後も改正は数度にわたって行われている。1993（平成5）年改正では品質表示基準が拡大され青果物やパン類の基準が制定され、「特定JAS規格」が制定できるようになった。

　1999（平成11）年改正では、①一般消費者向けのすべての飲食料品を品質表示基準、②有機食品の検査認証制度を創設し、認定を受けたもののみに「有機」の表示をできるようにする、③事業者が認定登録機関の認証を受けることにより、自ら格付けしてJASマークを添付できるようにする、④JAS規格を5年ごとに見直すこととする、などの改正を行った。

　2002（平成14）年改正では、不正表示の罰則強化、生産公表JASの制度化を行った。

　2005（平成17）年の改正では、流通JAS制度の制定を可能にした。さらに、改正前のJAS規格の認定登録機関制度の規制緩和を

行い、民間の第三者機関でJAS規格の認定ができるものとした。あわせて、従来の登録格付け機関、都道府県、(独)農林水産消費技術センターによる格付けを廃止した。

■3　法律の概要

現行のJAS法は、任意制度の日本農林規格制度と強制的な制度の品質表示基準制度の2本立てとなっている。法律の概要は、下記のとおりである。

　第1章　総則（第1条・第2条）
　第2章　削除（第3条―第6条）
　第3章　日本農林規格の制定（第7条―第13条）
　第4章　日本農林規格による格付（第14条―第19条の12）
　第5章　品質表示等の適正化（第19条の13―第19条の16）
　第6章　雑則（第20条―第23条）
　第7章　罰則（第24条―第31条）

1）JAS規格

JAS規格制度は、JAS規格を満たしていることを認証され格付された製品にJASマークを付けることができる制度である。

製品にJASマークを付けることができる事業者は、登録認定機関（農林水産大臣の登録を受けた機関）から、製造施設、品質管理、製品検査、生産工程管理などの体制が十分であると認定された認定事業者である。

認定事業者は、製造施設の維持管理や品質管理、生産工程管理の実施状況などが引き続き十分であるかについて、登録認定機関の定期的な監査を受けながら、JAS規格を満たしていることを確認

し、製品にJASマークを付けることになる。

2) 品質表示基準

　食品の表示は、消費者にとって、その食品の品質を判断し選択する上でなくてはならないものである。そこで、一般消費者向けのすべての飲食料品について品質表示基準が定められている。

　品質表示基準は、生鮮食品を対象とした生鮮食品品質表示基準と容器包装に入れられた加工食品を対象とした加工食品品質表示基準に大別される。生鮮食品であれば名称や原産地、加工食品であれば名称、原材料名、内容量、賞味期限又は消費期限、保存方法、製造者の氏名及び住所等を表示することが義務付けられている。また、玄米や精米、水産物、遺伝子組換え食品などの品質表示基準や、個別の食品に適用される品質表示基準が設けられている。

■4　所管

　農林水産省の所管である。

　消費者庁設置に伴い、下記の通り一部が消費者庁に移管される。

　製造業者が守るべき品質表示基準の企画立案・執行は、消費者庁に移管する。

　消費者庁は、品質表示基準の策定・改正に当たっては、農林水産省にあらかじめ協議するとともに、消費者委員会の意見を聴かなければならない。また、農林水産省は、生産又は流通の改善が図られると認める場合には、消費者庁に対し、案を添えて品質表示基準の策定・改正の要請を行うことができる。

　消費者庁は農林水産省と共に、報告徴収・立入検査、指示及び措置命令を担当する。

農林水産省が単独で、報告徴収・立入検査及び指示を行う場合には、その結果について消費者庁に通知するものとする。

　農林水産省は、事業者が指示に従わなかった場合には、消費者庁に対し、その指示に係る措置命令を要請できる。

　消費者庁では、食品表示課が事務をつかさどる（消費者庁組織令第12条第3号）。

9 家庭用品品質表示法

昭和37年5月4日法律第104号
最終改正　平成11年12月22日法律第204号

■1　法律の目的

　家庭用品品質表示法は、一般消費者が製品の品質を正しく認識し、その購入に際し不測の損失を被ることのないように、事業者に家庭用品の品質に関する表示を適正に行うよう要請し、一般消費者の利益を保護することを目的にしたものである。

　本法第1条では、次のように定めている。「この法律は、家庭用品の品質に関する表示の適正化を図り、一般消費者の利益を保護することを目的とする。」

■2　立法経過

　制定される以前は商品等の品質についての適正表示に際しての考え方が定着しておらず、具体的なルールも存在していなかった。そのために、市場に不適正な品質表示の製品が横行しており、消費者被害の発生する可能性が高い状況にあった。こうした事情を改善する必要があることから1962（昭和37）年に制定されたものである。

　家庭用品は、技術革新やライフスタイル、ニーズの変化等により大きく変化し続けている。そこで、対象とする品目や表示を行う事項等については、変化の実状を踏まえて、表示規定について品目・

表示事項を定める仕組みとなっており、表示規定は随時必要に応じて見直しが行われている。

現行の表示規定としては、繊維製品品質表示規程・合成樹脂加工品品質表示規程・電気機械器具品質表示・雑貨工業品品質表示規程がある。

平成18年には、ジャー炊飯器、テレビジョン及び電子レンジの表示事項追加（電気機械器具規程（告示）平成18年改正）、平成19年には、エアコンディショナーの表示事項追加（電気機械器具規程（告示）平成19年改正）がされている。

■3　法律の概要

1）法律の概要

品質識別の困難性が高く、品質識別の必要性が特に高い家庭用品について、成分、性能、用途等の表示の標準を規定している。表示の標準を定める等に当たっては、消費経済審議会に諮問し、大臣が必要であると認めるときは、独立行政法人製品評価技術基盤機構に立入検査を行わせることができることとなっている。

2）対象品目の指定（法第2条第1項）

適用対象の商品については、消費者の通常生活に使用されている繊維製品、合成樹脂加工品、電気機械器具及び雑貨工業品のうち、消費者がその購入に際し品質を識別することが困難で、特に品質を識別する必要性の高いものが、「品質表示の必要な家庭用品」として指定されることになっている。現状では、繊維製品品質表示規程、合成樹脂加工品品質表示規程、電気機械器具品質表示規程、雑貨工業品品質表示規程が定められている。

3）表示を行う者（法第2条第2項）

　表示を行う者は、製造業者、販売業者又はこれらから表示の委託を受けて行う表示業者のいずれかである。

4）表示の標準（法第3条）

　対象品目として指定されたものには、統一した表示のあり方（表示の標準）が表示規程により定められている。表示規程では、成分、性能、用途、取扱い上の注意など品質に関して表示すべき事項（表示事項）とその表示事項を表示する上で表示を行う者が守らなければならない事項（遵守事項）とが品目ごとに定められている。

　「表示の標準」は、学識経験者、消費者、事業者の各代表で構成される消費経済審議会に諮問して決めることになっている。

5）指示・公表（法第4条）

　経済産業大臣は、表示事項を表示しなかったり、表示の標準を守らない表示をしている事業者があった場合、決められた表示をするよう「指示」することができる。この指示に従わない場合は、その事業者の名称と表示を行っていない事実や不適正な表示を行っている事実を一般に「公表」することができる。これは、事業者に対して表示基準を遵守させることを目的としたものである。

6）表示命令（法第5条、第6条）

　経済産業大臣は、指示や公表だけでは正しい表示が徹底されず、その結果消費者に著しい不利益を与えると認められる場合には、決められた表示を守るように「適正表示命令」を出すことができる。適正表示命令に従わない場合には罰則の定めがある。

　さらに表示のないものの販売を禁ずる「強制表示命令」（法第6

条）を出すことができる。

7）申出制度（法第10条）

　対象品目として指定された家庭用品の品質表示が適正に行われていないため消費者の利益が損なわれることがあると認められる場合には、だれでも経済産業大臣に対し、その旨を申し出ることができる。この申出があった場合、経済産業大臣はその状況に応じて調査等を行い、不適正な表示を排除するため適切な措置を講ずる。

8）監督指導（法第19条、第19条の２）

　この法律の徹底を図るため、経済産業省は事業者に対し立入検査や報告徴収などを行い、適宜指示・公表を行う。なお、立入検査などの権限は都道府県、あるいは地方経済産業局への委任等により実施される。

■4　所管

　経済産業省である。
　消費者庁設置に伴い、下記のように一部が移管される。
　消費者庁が家庭用品の表示の標準を策定・改正することとなる。
　その際はあらかじめ、経済産業省に協議しなければならない。
　また、経済産業省は、表示基準が定められることにより家庭用品の生産又は流通の改善が図られると認めるときは、消費者庁に対し、案を添えて、表示の標準の策定・改正の要請を行うことができる。
　消費者庁は、報告徴収・立入調査、指示及び表示に関する命令を担当する。その上で、消費者庁は、経済産業省に権限の一部（報告

徴収・立入調査、指示）を委任する。

　また、消費者庁は、自ら報告徴収・立入調査及び指示を行うことができる。

　経済産業省は、単独で報告徴収・立入調査、指示を行った場合は、消費者庁にその結果を報告する。

　経済産業省は、消費者庁に対し、表示に関する命令の発出を要請できる。

　消費者庁では、消費者安全課が、同法第3条第1項に規定する表示の標準となるべき事項に関する事務をつかさどる（消費者庁組織令第9条第4号）。

10 健康増進法

平成14年8月2日法律第103号
最終改正　平成20年6月18日法律第73号

■1　法律の目的

　本法第1条では、次のように定めている。「この法律は、我が国における急速な高齢化の進展及び疾病構造の変化に伴い、国民の健康の増進の重要性が著しく増大していることにかんがみ、国民の健康の増進の総合的な推進に関し基本的な事項を定めるとともに、国民の栄養の改善その他の国民の健康の増進を図るための措置を講じ、もって国民保健の向上を図ることを目的とする。」

■2　制定経過

　第二次世界大戦終結後の国民の栄養不足を解消するための法律として、1952（昭和27）年に「栄養改善法」が制定された。
　その後、戦後の生活環境の改善や医学の進歩などにより、わが国の平均寿命は世界有数の水準に達している。しかし、その一方で、急速な高齢化が進むとともに、疾病全体に占めるがん・心臓病・脳卒中・糖尿病等の生活習慣病の割合が増加し、認知症や要介護状態になってしまう人口の増加は深刻な社会問題となっているとの問題意識から、厚生省（当時）は、2000（平成12）年3月に「21世紀における国民健康づくり運動（健康日本21）」を策定し、「健康づくり

の効果的な推進」を図ることを目指した。

　2001（平成13）年11月、政府与党社会保障改革協議会において「医療制度改革大綱」が策定され、その中で「健康寿命の延伸、生活の質の向上を実現するため、健康づくりや疾病予防を積極的に推進する。そのため、早急に法的基盤を含め環境整備を進める。」との指摘がなされた。

　これを受けて、政府では「健康日本21」を中核とする国民の健康づくり等をさらに積極的に推進するための法的基盤整備を図るため、医療制度改革の一環として2002（平成14）年3月に健康増進法案を国会に提出、同年7月に成立し8月2日に公布された。これに伴い、栄養改善法は廃止された。

■3　法律の概要

本法の概要は次のとおりである。
第1章　総則（第1条—第6条）
第2章　基本方針等（第7条—第9条）
第3章　国民健康・栄養調査等（第10条—第16条）
第4章　保健指導等（第17条—第19条の4）
第5章　特定給食施設等
　　第1節　特定給食施設における栄養管理（第20条—第24条）
　　第2節　受動喫煙の防止（第25条）
第6章　特別用途表示、栄養表示基準等（第26条—第33条）
第7章　雑則（第34条・第35条）
第8章　罰則（第36条—第40条）

1）責務

総則では、国民、国、地方自治体、健康増進事業実施者等の責務が定められている。

2）基本方針等

厚生労働大臣は、国民の健康の増進の総合的な推進を図るための基本的な方針（基本方針）を次に定める事項について定める。

① 国民の健康の増進の推進に関する基本的な方向
② 国民の健康の増進の目標に関する事項
③ 都道府県健康増進計画及び市町村健康増進計画の策定に関する基本的な事項
④ 国民健康・栄養調査その他の健康の増進に関する調査及び研究に関する基本的な事項
⑤ 健康増進事業実施者間における連携及び協力に関する基本的な事項
⑥ 食生活、運動、休養、飲酒、喫煙、歯の健康の保持その他の生活習慣に関する正しい知識の普及に関する事項
⑦ その他国民の健康の増進の推進に関する重要事項

都道府県、市町村は、上記基本指針を踏まえて推進計画を策定し、実施する。

さらに、厚生労働大臣は、生涯にわたる国民の健康の増進に向けた自主的な努力を促進するため、健康診査の実施及びその結果の通知、健康手帳の交付その他の措置に関し、健康増進事業実施者に対する健康診査の実施等に関する指針（健康診査等指針）を定める。

3）国民健康・栄養調査等

厚生労働大臣は、国民の健康の増進の総合的な推進を図るための

基礎資料として、国民の身体の状況、栄養摂取量及び生活習慣の状況を明らかにするため、国民健康・栄養調査を行う。

4）保健指導等

市町村には、住民の健康の増進を図るため生活習慣相談、栄養指導等の業務を行わせるものとし、都道府県はそのための支援や整備を行うための制度を盛り込んだ。

5）特定給食施設等

特定給食施設制度を設けて届出制を導入し、同施設における栄養管理を導入した。

また、学校、体育館、病院、劇場、観覧場、集会場、展示場、百貨店、事務所、官公庁施設、飲食店その他の多数の者が利用する施設の管理者は、利用者の受動喫煙を防止するために必要な措置を講ずるよう義務づけた。

6）特別用途表示、栄養表示基準等

「特別用途表示」（いわゆる「トクホ」）を許可制度の下に導入した。また、食品に栄養表示をする場合の栄養表示基準を定め、違反した場合の勧告などの手続、誇大広告の禁止などの規定を定めた。

■4　所管

厚生労働省の所管である。

消費者庁の設置に伴い、下記のように一部移管されることとなる。

表示基準の企画立案・執行は、消費者庁に移管する。

消費者庁は、表示基準の策定・改正に当たっては、厚生労働省に協議する。

　特別用途表示（トクホ）の審査・許可は、消費者庁が所管する。

　消費者庁は、特別用途表示、栄養表示基準等に係る立入検査、勧告、収去及び命令、虚偽・誇大な広告等の監視指導などの執行を所管する。その上で、消費者庁は、地方厚生局長に権限の一部を委任する。

　地方厚生局長は、上記に係る権限を行使した場合には、その内容を消費者庁に報告する。

　都道府県知事等の権限（特別用途食品の収去、立入検査等）については、現行どおりとする。

　消費者庁は、特別用途表示の許可及び収去を行った食品について、（独）国立健康・栄養研究所等に試験を行わせる。

　消費者庁では、食品表示課が事務をつかさどる（消費者庁組織令第12条第4号）。

11 住宅品質確保法
（住宅の品質確保の促進等に関する法律）

平成11年6月23日法律第 81号
最終改正　平成18年12月20日法律第114号

■1　法律の目的

　住宅の取得は、消費者にとって人生における最も大きな買い物である。また、「住まい」は生活の基盤であり、消費生活において重要であることはいうまでもない。

　消費者が新築住宅を建築したり購入したりして取得する際に、住宅の性能について選択できるようにすることが重要である。そこで、住宅の性能についての表示制度を設け、事業者に対して一定の瑕疵についての瑕疵担保責任を負担させ、また、住宅の品質に関する紛争について迅速かつ適切な解決を図ることによって、住宅を取得する消費者の利益を保護することを目的としている。

　本法第1条では、次のように定めている。「この法律は、住宅の性能に関する表示基準及びこれに基づく評価の制度を設け、住宅に係る紛争の処理体制を整備するとともに、新築住宅の請負契約又は売買契約における瑕疵担保責任について特別の定めをすることにより、住宅の品質確保の促進、住宅購入者等の利益の保護及び住宅に係る紛争の迅速かつ適正な解決を図り、もって国民生活の安定向上と国民経済の健全な発展に寄与することを目的とする。」

■2 立法経過

　立法に至った最も大きな理由は、欠陥住宅によるトラブルが相次いで多発したことにある。住宅の購入は消費者にとっては一生に一度の最も大きな買い物であり、生活の基盤の確保のためであるという重大なものである。一方、住宅の品質や性能については、素人である消費者が、外観から見て判断することはきわめて困難であり、選択に当たっては専門家に頼らざるを得ない。

　欠陥住宅紛争が発生した場合にも、素人である消費者が専門家を相手に欠陥を証明し責任を明確化するのは容易なことではないうえ、時間や費用がかかるなどきわめて負担が大きく、消費者は不安定な立場に置かれていた。

　一方、動産については、製造物責任法があるものの、住宅などの不動産には製造物責任法の適用がなく、欠陥住宅被害に関する消費者被害の救済手段が不十分であった。そこで、欠陥住宅をめぐる紛争についての防止対策と適切かつ迅速な解決方法の確保が求められていた。

　こうした状況から、1999（平成11）年に本法が制定されるに至った。

■3 法律の概要

1）法律の概要

　本法の柱は、日本住宅性能表示基準制度、瑕疵担保責任の厳格化、指定住宅紛争処理機関の3つである。

2）住宅性能表示制度

　国土交通大臣は、日本住宅性能表示基準を定め、併せて、日本住宅性能表示基準に従って表示すべき住宅の性能に関する評価（評価のための検査を含む。）の方法の基準（「評価方法基準」）を定める。

　指定住宅性能評価機関は、申請により、住宅性能評価を行い、標章を付した評価書（「住宅性能評価書」）を交付する。

　建設工事の請負人又は新築住宅の売主は、住宅性能評価書若しくはその写しを契約書に添付することにより、表示された性能を有する住宅の建設工事を行うこと又は表示された性能を有する新築住宅を引き渡すことを契約したものとみなされる。

3）指定住宅紛争処理機関

　国土交通大臣は、弁護士会等で、建設された住宅に係る住宅性能評価書が交付された住宅の建設工事の請負契約又は売買契約に関する紛争のあっせん、調停及び仲裁の業務を公正かつ適確に行うことができると認められるものを、指定住宅紛争処理機関として指定する。また、国土交通大臣は、財団法人であって、指定住宅紛争処理機関に対する費用の助成、情報提供等、紛争処理委員等の研修並びに住宅の取得に係る契約に関する相談、助言及び苦情の処理等の業務に関し一定の基準に適合すると認められるものを、住宅紛争処理支援センターとして指定することができる。

4）瑕疵担保責任に関する定め

　住宅新築請負契約又は新築住宅の売買契約においては、請負人又は売主は、注文者又は買主に引き渡した時から10年間、住宅のうち構造耐力上主要な部分又は雨水の浸入を防止する一定の部分の瑕疵

（構造耐力又は雨水の浸入に影響のないものを除く。）について担保の責任を負うこととし、これに反する特約で注文者又は買主に不利なものは無効とする。

ただし、住宅新築請負契約又は新築住宅の売買契約においては、瑕疵について担保の責任を負うべき期間は、注文者又は買主に引き渡した時から20年以内とすることができる。

■4　所管

国土交通省の所管である。

消費者庁の設置に伴い、下記のように共管となる。

表示の企画・立案は、消費者庁と国土交通省が行う。

住宅性能表示基準は、消費者庁と国土交通省の両者が定める。

消費者庁は勧告権を持つとともに、勧告に基づく措置について報告を徴収することができることを同法に規定する。

消費者庁は、住宅の性能に関する表示に関し、個人である住宅購入者等の利益の保護を図るため必要があると認めるときは、国土交通省に対し、資料の提供、説明その他必要な協力を求めることができる制度を導入する。

消費者庁では、個人である住宅購入者等の利益の保護にかかる、第2条第3項に規定する日本住宅性能表示基準に関することについては、表示対策課が事務をつかさどる（消費者庁組織令第11条第3号）。

12 特定商取引法
(特定商取引に関する法律)

昭和51年6月4日法律第57号
最終改正　平成20年6月18日法律第74号

■1　法律の目的

　訪問販売等の消費者被害が多発する特殊な取引について「特定商取引」と指定して、取引の公正を図り、消費者被害の防止を図ることを目的としたものである。

　本法第1条では次のように定めている。「この法律は、特定商取引(訪問販売、通信販売及び電話勧誘販売に係る取引、連鎖販売取引、特定継続的役務提供に係る取引並びに業務提供誘引販売取引をいう。以下同じ。)を公正にし、及び購入者等が受けることのある損害の防止を図ることにより、購入者等の利益を保護し、あわせて商品等の流通及び役務の提供を適正かつ円滑にし、もつて国民経済の健全な発展に寄与することを目的とする。」

■2　立法経過

　高度経済成長を迎えた1960年代に入ると、生産力が消費者の需要を追い越すようになったことから、生産された商品を店頭で買いにきた消費者に販売するのにとどまらず、事業者から積極的に店舗に購入に来ない消費者に販売するための特殊な販売方法が用いられるようになった。当時の典型的な特殊販売は、訪問販売、通信販売、

いわゆるマルチ商法である。

　これらの取引については、法律による適正ルールは設けられておらず、なんら規制が存在しなかったために、欺瞞的な勧誘方法、虚偽あるいは不十分な広告、強引な押し込み販売、公正を欠く一方的に事業者にのみ有利な契約条項などの様々な問題が原因となって、消費者被害が多発し、深刻化した。そこで、取引の公正を図り、消費者被害を防止するための立法の必要性が指摘されることとなった。1969年には国民生活審議会流通部会の中間報告において立法化の必要性が指摘された。

　これを受けて通産省（当時）で立法化が図られ、1976（昭和51）年に訪問販売等に関する法律が制定された。制定時は、訪問販売、通信販売、連鎖販売取引（マルチ商法）の3種類とネガティブオプションについての規制が設けられた。

　その後、新たに特殊な取引方法についての消費者被害が多発し社会問題となる都度改正が繰り返されてきた。2004年改正により、法律の名称が「訪問販売等に関する法律」から「特定商取引に関する法律」に改められた。

　最近の改正は、2008年6月の改正である。判断能力が低下した高齢者等を狙う訪問販売による次々販売、迷惑メール、ネット通販などで問題となっている返品をめぐる取扱いなどについて大幅な改正が行われた。また、制定当時からその不合理さが問題となっていた政令指定商品・政令指定役務制度が廃止されることとなった。これにより、訪問販売、通信販売、電話勧誘販売については、原則としてすべての商品、役務にかかる取引に規制が及ぶこととなる。

■3　法律の概要

1）法律の概要

　訪問販売、通信販売、電話勧誘販売、連鎖販売取引、特定継続的役務提供、業務提供誘引販売取引の6種類の取引とネガティブオプションについて定めている。行政規制と消費者被害救済のための民事ルールの2本立ての規制をとっている。開業規制はない。

　法律の構成は下記のとおりである。

　第1章　総則（第1条）
　第2章　訪問販売、通信販売及び電話勧誘販売
　　第1節　定義（第2条）
　　第2節　訪問販売（第3条—第10条）
　　第3節　通信販売（第11条—第15条）
　　第4節　電話勧誘販売（第16条—第25条）
　　第5節　雑則（第26条—第32条）
　第3章　連鎖販売取引（第33条—第40条の3）
　第4章　特定継続的役務提供（第41条—第50条）
　第5章　業務提供誘引販売取引（第51条—第58条の3）
　第6章　雑則（第59条—第69条）
　第7章　罰則（第70条—第75条）

2）訪問販売・電話勧誘販売

　行政規制としては、①勧誘目的等の明示義務、②再勧誘の禁止、③申込書面・契約書面の交付義務、④不当勧誘行為やクーリング・オフ妨害行為の禁止、⑤不当な約款の禁止などである。

　民事ルールとしては、①8日間のクーリング・オフ制度、②勧誘時に重要事項の不実告知や不告知があった場合の取消制度などであ

る。③訪問販売については、過量販売は契約から１年間は契約を解除できる。

3）通信販売

　行政規制としては、①広告規制、②迷惑メール規制、③消費者の意に反する契約申し込みをさせる行為の禁止などである。

　民事ルールとしては、従来は広告記載事項にのみとどまっていた返品制度を、2008年改正で法律上の制度として明確化した。ただし、広告に返品できない旨明示すれば、返品制度を設けないことも可能である点が、不意打ち的な取引を対象に設けられているクーリング・オフ制度とは異なる。

4）特定継続的役務提供

　外国語会話教室、家庭教師、学習塾・学習指導、エステティックサロン、パソコン教室、結婚相手紹介サービスの６種類が規制対象である。

　行政規制としては、①誇大広告の禁止、②概要書面と契約書面の交付義務、③不当な勧誘行為とクーリング・オフ妨害行為等の禁止、④帳簿等の備え付け義務と消費者の閲覧権などである。

　民事ルールとしては、①８日間のクーリング・オフ制度、②勧誘の際に重要事項の不実告知・不告知があった場合の取消制度、③契約期間内の中途解約の自由と清算ルール規制である。

5）連鎖販売取引・業務提供誘引販売取引

　連鎖販売取引とは、一般にマルチ商法・ネットワークビジネスなどといわれるものである。業務提供誘引販売取引とは、いわゆる内職商法である。

行政規制としては、①誇大広告の禁止、②概要書面と契約書面の交付義務、③不当な勧誘行為とクーリング・オフ妨害行為等の禁止などである。

　民事ルールとしては、①20日間のクーリング・オフ制度、②勧誘の際に重要事項の不実告知・不告知があった場合の取消制度である。連鎖販売取引については、さらに③契約期間内の中途解約の自由と清算ルール規制がある。

6）主務大臣の権限

　報告を求めたり立入調査を行う権限、改善のための指導、業務停止の権限を有する。

■4　所管

　経済産業省、警察庁、農林水産省、厚生労働省、国土交通省の共管である。主務大臣については、経済産業大臣は、商一般を所管するものとして限定なく権限を行使できるほか、個別の商品、役務・業について他の所管大臣がある場合は、当該大臣も当該商品・役務に係る細則の制定、審議会への諮問、法の執行について主務大臣となる。取締りについては、都道府県警察が実施している。

　消費者庁の設置に伴い、消費者保護に係る権限（企画立案・執行）が消費者庁に移管される。

　これに伴い、経済産業省の執行に係る所要の組織・定員を移管し、消費者庁がこの法律に係る執行を一元的に行う。なお、主務大臣は、内閣総理大臣に加え、経済産業大臣及び物資等所管大臣とする。

　経済産業省は、商一般の専門的な知見や、物資等の生産・流通の

専門的な知見等を活用して、消費者庁と連携する。

　地方における執行にあたっては、消費者庁は、地方経済産業局長に権限の一部を委任する。

　消費者庁では、取引・物価対策課が事務をつかさどる（消費者庁組織令第10条第5号）。

13 特定電子メール法
(特定電子メールの送信の適正化等に関する法律)

平成14年4月17日法律第26号
最終改正　平成20年6月6日法律第54号

■1　法律の目的

　一時に多数のものに対して電子メールを送信することによる送受信上の支障を防止し、特定電子メールの送信の適正化を図り、電子メールの利用についての良好な環境の整備を図ることを目的とするものである。

　本法第1条では、次のように定めている。「この法律は、一時に多数の者に対してされる特定電子メールの送信等による電子メールの送受信上の支障を防止する必要性が生じていることにかんがみ、特定電子メールの送信の適正化のための措置等を定めることにより、電子メールの利用についての良好な環境の整備を図り、もって高度情報通信社会の健全な発展に寄与することを目的とする。」

■2　立法経過

　パソコンや携帯電話の普及に伴い、消費者に無断で一方的に電子メールが送信される事態が深刻な社会問題となった。受信する消費者にとっては、無断で一方的に送信されてくる大量の電子メール

は、重要なメールかどうかをいちいち区別しなければならず、不必要なものについては削除等の処理が必要であり負担が大きい上に、受信料は消費者負担になるといった経済的な問題があること、一挙に架空のメールアドレスも含む大量の電子メールが送信されることによりメール配信業務に支障をきたす、などの問題も生じていた。

そこで、通信販売事業者の送信する広告メールについては特定商取引法の改正により、それ以外の電子メールの送信については特定電子メール規制法による、という形で2002年に法律が整備されたものである。

その後、2002年の法律の整備にもかかわらず迷惑メールは増加する一方であることから、2008年6月に同法と特定商取引法について同様の趣旨の改正がなされた。2008年改正は、いわゆる「迷惑メール」の規制について、従来からのオプトアウトからオプトインに改めるというものである。

■3 法律の概要

1）法律の概要

法律の概要は、以下のとおりである。

第1章　総則（第1条・第2条）

第2章　特定電子メールの送信の適正化のための措置等（第3条—第13条）

第3章　登録送信適正化機関（第14条—第27条）

第4章　雑則（第28条—第30条）

第5章　罰則（第31条—第35条）

2）特定電子メール・架空メール等の定義

同意を得ないで多数のものに送信する広告・宣伝のための電子メールに対する規制である。携帯電話によるSMSも対象に含まれる。

海外発国内着の電子メールも規制の対象となる。

3）表示義務

特定電子メールを送信する場合の表示事項の義務付けである。送信者の氏名、名称、受信拒否の連絡先の電子メールアドレス、URLなどを表示しなければならない。

2008年改正により、本人の同意なく電子メールを送信することは禁止されることとなった。また、事前同意をしていても、容易に受信拒否できる表示にする必要がある。

4）送信拒絶者に対する電子メールの送信禁止

5）架空メールアドレスに対する電子メールの送信禁止

6）送信者情報を偽った送信の禁止

7）違反者に対する措置命令

8）申出制度

上記に反する電子メールを受信したもの、又は電子メール通信役務を提供する者は、総務大臣に対し、適当な措置をとるべきことを申し出ることができる制度である。

9）電気通信役務の提供の拒否

電子メール通信役務を提供する者は、一時に多数の架空電子メールアドレスをそのあて先とする電子メールの送信がされ、メール通信役務に支障を生ずるおそれがあるときなどには、必要な範囲内において電子メール通信役務の提供を拒むことができる。

などを規定している。

■4　所管

総務省の所管である。

消費者庁設置に伴い、次のように一部が共管とされる。

企画・立案及び措置命令等は、消費者庁が消費者利益の擁護及び増進の観点から、総務省が通信ネットワーク環境の整備の観点から、所管することとなる。

電気通信事業者等に対する規定については従来どおり総務省が所管する。

消費者庁では、表示対策課が事務をつかさどる（消費者庁組織令第11条第4号）。

14 国民生活安定緊急措置法

昭和48年12月22日法律第121号
最終改正　平成11年7月16日法律第102号

■1　法律の目的

　本法は、物価の高騰等に対処するため、国民生活との関連性が高い物資及び国民経済上重要性が高い物資（生活関連物資等）の価格及び需給の調整等に関する緊急措置を定め、国民生活の安定等を確保することを目的とするものである。

　本法第1条では次のように定めている。「この法律は、物価の高騰その他の我が国経済の異常な事態に対処するため、国民生活との関連性が高い物資及び国民経済上重要な物資の価格及び需給の調整等に関する緊急措置を定め、もつて国民生活の安定と国民経済の円滑な運営を確保することを目的とする。」

■2　立法経過

　1973（昭和48）年10月に発生した第四次中東戦争に際して、OPEC（石油輸出国機構）は石油価格の引上げと、非友好国への輸出削減という石油戦略を発動した。第一次オイルショックである。その結果、すでに進行していた物価上昇が、一段と加速され、原油価格の急激な高騰が起こった。日本ではトイレットペーパーの買占め騒動などが起こり社会問題となった。

このような物価の高騰により生活必需物資が市場から払底する事態が起こり（狂乱物価）、消費生活が脅かされることとなった。そこで、日常生活の生活必需品が適正価格で優先的に確保されるようにするために、国民生活との関連性が高い物資及び国民経済上重要な物資の価格及び需給の調整等に関する緊急措置が緊急の課題となったことから制定された。

田中角栄総理大臣の所信表明演説では「しかしながら、たとえどのような事態が生じても、国民経済の混乱を未然に防止し、必要物資の安定的供給を確保するためには、最小限の法的措置が必要であります。このため、物資の需給、価格の調整等に関する緊急措置を規定した国民生活安定緊急措置法案を今国会に提出いたします。また、事態の推移に応じて、石油の消費節減及び配分の適正化を機動的かつ効果的に実施できるよう、緊急時における指導、規制措置を定めた石油需給適正化法案も今国会に提出いたします。これらの運用にあたっては、特に分配や負担の公正を期するとともに、異常な価格の上昇、買いだめ、売り惜しみ等による不当利得を得る者が生じないよう万全を期してまいりたいと考えます。」と述べられている。

■3　法律の概要

1）制度の概要

政令で指定された価格を安定すべき物資について、標準価格の設定等を行う。それらの措置だけでは価格の高騰を抑えることができない場合には、生産等に関する指示を行ったり、割当て、配給等に関して必要な事項を決めることができる。

違反の場合には、課徴金制度があり、上記の措置のために必要な

立入り検査ができることとなっている。

　生活関連物資等の割当て、配給、その他の本法の運用に関する重要事項については、内閣総理大臣又は関係各大臣の諮問に応じて、国民生活審議会で調査審議を行うこととなっている。

2）執行の実績

　1984（昭和49）年1月、政令で49品目について標準価格を設定した。

　以後は、30年間は執行の実績はない。

■4　所管

　内閣府と物資所管の省庁との共管である。

　消費者庁設置に伴い、内閣府所管部分が消費者庁に移管される。

　移管に伴い、国民生活審議会ではなく、消費者委員会が調査審議を行うこととなる。

　消費者庁では、取引・物価対策課が事務をつかさどる（消費者庁組織令第10条第8号）。

15 買占め及び売惜しみ防止法（生活関連物資等の買占め及び売惜しみに対する緊急措置に関する法律）

昭和48年7月6日法律第48号
最終改正　平成16年6月9日法律第84号

■1　法律の目的

　本法は、国民生活との関連性が高い生活物資、または国民生活上重要な物資について、買占め及び売惜しみに対する緊急措置を定め、国民生活の安定等を守ることを目的としたものである。

　本法第1条では、次のように定めている。「この法律は、国民生活との関連性が高い物資又は国民経済上重要な物資（以下「生活関連物資等」という。）について、買占め及び売惜しみに対する緊急措置を定めることにより、国民生活の安定と国民経済の円滑な運営に資することを目的とする。」

■2　立法経過

　国民生活安定緊急措置法と同様、第二次石油ショックによる狂乱物価、石油・トイレットペーパーをはじめとする生活必需品等の買占め・売惜しみにより消費生活が脅かされることとなったことから、1973（昭和48）年に制定された。

■3　法律の概要

1）法律の概要

法律の概要は以下のとおりである。

① 価格が異常に高騰し、買占め又は売惜しみが行われ又は行われるおそれがあるときは、政令で指定された物資に関する必要な調査ができる。

② 買占め又は売惜しみにより当該特定物資を多量に保有していると認めるときは、当該事業者に対して売り渡しに関する指示及び命令ができる。

③ 以上のために必要な立ち入り調査ができる。

2）執行の実績

1973年7月から1974年2月、24品目を特定物資に指定した。1973年から1976年にかけて、関係省庁の職員を価格調査官に任命した。

その後30年間においては、同法執行の実績はない。

■4　所管

内閣府と物資の所管庁の共管である。

消費者庁設置に伴い、内閣府所管部分が消費者庁に移管される。

移管に伴い、「物価に関する基本的な重要事項」は消費者委員会がつかさどることになる。

消費者庁では、取引・物価対策課が事務をつかさどる（消費者庁組織令第10条第8号）。

16 物価統制令

昭和21年3月3日勅令第118号
最終改正　平成18年6月7日法律第 53号

■1　目的

　第二次世界大戦終戦後の経済の混乱に対処し、物価等の安定を確保するために価格の統制を行うことを目的とするものである。
　本法第1条では目的について次のように定めている。「本令ハ終戦後ノ事態ニ対処シ物価ノ安定ヲ確保シ以テ社会経済秩序ヲ維持シ国民生活ノ安定ヲ図ルヲ目的トス」

■2　立法経過

　第二次世界大戦終結（1945年8月）後経済の混乱が著しく、凄まじいインフレが進行した。
　そこで、政府は1946（昭和21）年2月、食糧確保、生産増強、物価統制の実施等を含む「経済危機緊急対策」を発表した。これと並行して、1946年2月には「戦後物価対策基本要綱」が、3月には「物価体系ノ確立及価格統制ノ方針ニ関スル件」がそれぞれ閣議決定された。これらによって物価統制に関する基本方針が定められた。さらに、「物価体系ノ確立及価格統制ノ方針ニ関スル件」の閣議決定後の3月3日に「物価統制令」が公布施行された。同統制令に基づいて、米・石炭を基準として種々の物資の公定価格を算出し

た新物価体系が実施され、戦後の統制経済策が進められた。

■3　概要
1）統制価格による規制
　主務大臣は、物価が著しく昂騰し又は昂騰する虞がある場合には、他の措置によっては価格等の安定を確保することが困難と認めるときには、他の法令等による規制がある場合を除き、政令で当該価格等について統制額の指定ができ、統制価格を超える価格での取引は禁止される。

2）不当な暴利行為等の禁止
　そのほかにも、暴利行為等について次の規定が定められている。
- 第九条ノ二　価格等ハ不当ニ高価ナル額ヲ以テ之ヲ契約シ、支払ヒ又ハ受領スルコトヲ得ズ
- 第十条　何人ト雖モ暴利ト為ルベキ価格等ヲ得ベキ契約ヲ為シ又ハ暴利ト為ルベキ価格等ヲ受領スルコトヲ得ズ
- 第十二条　何人ト雖モ正当ノ事由アル場合ヲ除クノ外業務上価格等ヲ得ベキ契約ヲ為スニ当リ他ノ物ヲ併セ買受クベキ旨又ハ対価ノ外金銭以外ノ物ヲ提供スベキ旨ノ負担其ノ他ノ負担ヲ附スルコトヲ得ズ
- 第十三条　何人ト雖モ正当ノ事由アル場合ヲ除クノ外業務上価格等ニ対スル給付ニ関シ対価トシテ金銭以外ノモノヲ受クルノ契約ヲ為シ又ハ之ヲ受領スルコトヲ得ズ
- 第十四条　何人ト雖モ業務上不当ノ利益ヲ得ルノ目的ヲ以テ物ノ買占又ハ売惜ヲ為スコトヲ得ズ

など

3）制定当時の所管

制定当時は、経済企画庁の前身である「経済安定本部」が物資等の所管庁等についての総合的な調整機能を行う役割を担っていた。

■4　所管

内閣府と物資等の関係諸官庁の共管である。

消費者庁設置に伴い、内閣府所管部分は消費者庁に移管される。

移管に伴い、「物価に関する基本的な重要事項」は、消費者委員会がつかさどることになる。

消費者庁では、取引・物価対策課が事務をつかさどる（消費者庁組織令第10条第8号）。

17 貸金業法

昭和58年5月13日法律第32号
最終改正　平成20年6月18日法律第74号

■1　法律の目的

　資金需要者の保護を図り、貸金業者の適切化を目的として、貸金業者を規制するための法律である。

　本法では、第1条において「この法律は、貸金業が我が国の経済社会において果たす役割にかんがみ、貸金業を営む者について登録制度を実施し、その事業に対し必要な規制を行うとともに、貸金業者の組織する団体を認可する制度を設け、その適正な活動を促進することにより、貸金業を営む者の業務の適正な運営を確保し、もつて資金需要者等の利益の保護を図るとともに、国民経済の適切な運営に資することを目的とする。」と定めている。

■2　立法経過

　日本においては、一般消費者に対して無担保・無保証で小口の資金を貸し付ける「消費者金融」は、1960年代に入ってから大阪のサラリーマン金融、東京の団地金融などとして始まり、全国的に波及していった。サラリーマン金融との名称から、消費者金融は「サラ金」と呼ばれた。

　当時は、貸金業に対する規制はほとんどなく、出資法による届出

制度がある程度であった。そのため、サラ金では、支払能力を無視した過剰な貸付け、年利100％を超える高金利、暴力的で過酷な取立てが横行し（これらは「サラ金三悪」と呼ばれた）、その結果、借金を抱えて返済が困難となった挙句自殺、一家心中、夜逃げ、犯罪に走る消費者が多発し社会問題化するに至った。

そこで、貸金業者に対して登録制度を導入し、サラ金三悪を抑制するための規制法である「貸金業の規制等に関する法律」が1983年に制定されるに至った。あわせて、出資法の改正も行われた。

しかし、当初の貸金業法では、登録要件がゆるく、規制もゆるいだけでなく、利息制限法を超過する利息についても一定の要件の下に「正当な利息とみなす」とする「みなし弁済規定」を設けて利息制限法を無視した高利の貸付を業界に許す結果となるなどの多くの問題を抱えていた。そのため、数回にわたる大幅な改正が行われてきた。最近では2006年に大幅な改正が行われ、「みなし弁済規定」が廃止されるとともに出資法の刑罰金利が利息制限法の年利20％まで引き下げられいわゆるグレーゾーン金利が廃止されたこと、登録要件の純資産額が5,000万円に引き上げられたこと、過剰与信の抑制のために年収の3分の1を超える貸付を原則禁止とする総量規制を導入することなどの抜本的見直しが行われた。改正法が全面施行されグレーゾーンが廃止されるのは公布の日（2006（平成18）年12月20日）から概ね3年以内とされている。

■3　法律の概要

1）法律の概要

本法の構成は、下記のとおりである。第2章貸金業者の規定では、業者の登録制度、業務を行う上での規制、監督制度が定められ

ている。
  第1章　総則（第1条・第2条）
  第2章　貸金業者（第3条—第24条の6の11）
  第3章　貸金業協会（第25条—第41条の12）
  第4章　雑則（第42条—第46条）
  第5章　罰則（第47条—第52条）

2）登録

　貸金業を営むためには登録が必要であり、無登録営業や名義貸しは禁止される。違反した場合には10年以下の懲役若しくは3,000万円以下の罰金併科である。登録要件は、2006年改正により純資産5,000万円以上であることが必要とされることとなった。
　登録は、3年ごとの更新が必要である。

3）業務に関する規制

　貸金業者の業務に関する規制の概要は以下のとおりである。
　①　貸金業務取扱主任者
　②　身分証明書の携帯
　③　暴力団員等の使用の禁止
　④　貸付の際の虚偽説明、重要事項の不告知、断定的判断の提供、保証人となろうとする者に対する主たる債務者が弁済することが確実であると誤解させるおそれのあることを告げる行為等の禁止
　⑤　生命保険契約の締結に係る制限
　⑥　資金需要者の相談に応じ、助言すべき義務
　⑦　過剰貸付の禁止
　⑧　貸付条件の掲示義務

⑨　広告規制・誇大広告の禁止
⑩　保証契約締結前の書面の交付義務
⑪　生命保険契約に係る同意前の書面の交付義務
⑫　契約締結時の書面の交付義務
⑬　弁済時の受取証書の交付義務
⑭　帳簿の備付け、及び顧客の帳簿の閲覧制度
⑮　公正証書作成の規制
⑯　公的給付に係る預金通帳等の保管等の制限
⑰　取立て行為の規制
⑱　完済時の債権証書原本の返還義務
⑲　標識の掲示義務
⑳　債権譲渡・及び求償権譲渡に関する規制

などである。

4）高金利を定めた金銭消費貸借契約の無効

　なお、出資法では、出資法に違反した高金利による貸付については罰則の定めを設けている。貸金業法では、高金利の貸付が犯罪として処罰されるだけでなく、契約そのものが無効となることを明確化したものである。

■4　行政規制

　業者の登録・監督、違反に対する行政処分の権限を持つ。

■5　所管

　金融庁の所管である。

第3章 所管（移管）法律のポイント

　消費者庁の設置に伴い、下記のように、消費者庁が一部共管することになる。
　まず、法律の企画・立案は、消費者庁と金融庁が行う。
　登録は、これまでどおり金融庁が所管し、消費者庁に対し通知する。取消・命令等の行政処分は、これまでどおり金融庁が所管する。
　なお、消費者庁が、処分について事前協議を受ける仕組みを新たに設け、さらに、消費者庁は処分について勧告権を持つとともに、勧告に基づく措置について報告を徴収することができることを貸金業法に規定する。
　事業者に対する検査は、これまでどおり金融庁が所管する。ただし、消費者庁は、寄せられた情報等をもとに、処分勧告するか否かを判断するため、検査を実施する制度を導入する。この場合、個別事案ごとに、金融庁への委任等により行う仕組みをとる。
　なお、都道府県所管のものについては、地方自治法との関係も考慮しつつ、事前協議、勧告、検査の内容を検討することとなっている。
　消費者庁では、個人である資金需要者等の利益の保護に関することについて、取引・物価対策課が事務をつかさどる（消費者庁組織令第10条第1号・第6号）。

18 割賦販売法

昭和36年7月1日法律第159号
最終改正　平成20年6月18日法律第 74号

■1　法律の目的

　消費者信用取引のうち、販売信用取引の中の割賦方式についての消費者保護と取引の健全な発展の確保を目的とするものである。
　本法1条では、次のように定めている。「この法律は、割賦販売等に係る取引を公正にし、その健全な発達を図ることにより、購入者等の利益を保護し、あわせて商品等の流通及び役務の提供を円滑にし、もつて国民経済の発展に寄与することを目的とする。」

■2　立法経過

　割賦販売法は、当初は、1961（昭和36）年に、割賦流通秩序の確立を目的として制定された。昭和30年代に入ってから、家電製品を中心とする耐久消費財の量産体制が整備され、国民の消費生活への意欲が高まってきたことと相まって、割賦販売は飛躍的な発展を遂げるようになった。しかし反面では、買主にとって不当に不利な約款を用いる場合が多いこと、複雑な取引内容であることから消費者の適切な選択を容易にするような方策を講じる必要があること、そして、割賦販売について秩序づけを行い、合理的な発展の基盤のための環境整備を行う必要があることなどが指摘されるようになり、

制定に至ったものであった。制定当時は、いわゆる「自社割賦」のみを「割賦販売」として規制していたが、5回にわたる大幅な改正により割賦方式の販売信用取引を規制対象とする法律に発展してきた。

　前回の改正から24年ぶりの第5回めの大幅な改正は2008年6月に行われた。全面施行は交付の日から1年6カ月以内で政令で定める日からとされている。

■3　法律の概要

1）現行法の概要

(1)　規制対象取引

　割賦販売、ローン提携販売、割賦購入あっせん、前払式特定取引を規制対象とする。いずれも政令指定制度をとり、2月以上にわたり3回以上の分割払いのもののみが対象である。

(2)　前払式特定取引

　冠婚葬祭互助会、友の会がこれに当たる。

　規制は、開業のためには許可が必要であり、営業保証金制度等がある。

　業務についての規制はないが、許可の際には約款の内容についても審査の対象となっている。

(3)　割賦販売、ローン提携販売、割賦購入あっせん

　前払式割賦販売については、許可制であり、営業保証金制度、前受金保全措置制度がある。

　総合割賦購入あっせん（クレジットカード、チケット等を与信業者が発行し、消費者は、与信業者の加盟店との間で、これを提示して契約をすることができる仕組みのもの）については、登録

制度と営業保証金制度がある。

　業務についての規制としては、消費者保護を主眼とするものであり、取引条件の表示、契約書面等の交付義務、損害賠償等の予約についての規制などがある。

　ローン提携販売、信用購入あっせんについては、「支払停止の抗弁制度」が定められており、この規定に反して消費者にとって不利な特約を与信業者が定めたとしても無効とされる。

　過剰与信の防止、消費者の信用情報の取扱いの注意などの規定はあるものの、具体性はなく、訓示規定にとどまっている。

　現行法の大きな特徴は、業務についての規制について違反があった場合であっても、監督官庁が調査する制度や行政処分をする仕組みが定められていない点である。開業のための許可、登録について、財務状況等についての調査の制度や行政処分の制度があるにとどまる。その結果、個別クレジット契約（同法での個品割賦購入あっせん取引）において交付される契約書面が同法の定めを無視したものであったとしても、改善させるための行政手続規定がないため、改善されることが難しい実情にあり、問題視されていた。

　また、支払能力のない消費者に対して過剰な貸付けを行い生活破綻に追い込むケースも多く社会問題化していた。ことに、悪質住宅リフォーム被害や呉服の次々販売被害などにみられるような訪問販売、展示会販売などの販売業者と提携した個別クレジット契約で深刻な被害の多発が指摘されていた。

■4　2008年改正の概要

　2008年の大改正の概要は以下のとおりである。改正は、問題が多発していた訪問販売などの際の個別クレジット契約を中心に行われた。

1）取引名称の変更

　現行法の「割賦購入あっせん」との名称を「信用購入あっせん」と変更した。さらに、「総合購入あっせん」を「包括信用購入あっせん」に、「個品割賦購入あっせん」を「個別信用購入あっせん」にそれぞれ名称変更した。

2）信用購入あっせん取引の定義の拡大

　3回以上の割賦要件を削除して2月以上にわたる支払条件であれば、一括支払でも規制対象となることとした。また、政令で指定された商品・役務・権利にかかる取引のみを対象にしていたものを、商品・役務については政令指定制を廃止し原則として適用されるものと改めた。ただし不動産は適用除外とされている。政令指定権利については、残される。

3）個別信用購入あっせんの登録制度導入

　現行法では、クレジットカードの発行などを行わず、個別の商品等の購入の都度個別にクレジット契約を締結する、個別クレジット契約業務のみを行う場合には、なんらの開業規制もなかった。

　改正法では、個別クレジット契約（個別信用購入あっせん）のみを扱う場合であっても登録が必要であるとした。登録のための資産要件などは純資産5,000万円以上の法人である。

4）包括信用購入あっせんについての規制

支払能力に応じた適正な与信を行わせるために支払能力の調査義務を定め、過剰与信を禁止した。違反した場合には行政処分の制度がある。

5）個別信用購入あっせんについての規制

① 特定商取引法に定める訪問販売・電話勧誘販売・連鎖販売取引・特定継続的役務提供・業務提供誘引販売取引（以上を「特定商取引」という）についての個別クレジット契約の場合には、与信業者に契約書面の交付義務がある。
② 特定商取引については与信契約に特定商取引法と同趣旨のクーリング・オフ制度が導入される。
③ 与信業者には、特定商取引について、契約締結の勧誘の際に特定商取引法で禁止した行為の有無についての調査義務があり、違反があった場合には与信契約の締結は禁止される。
④ 特定商取引について特定商取引法に定める取消事由がある場合には、与信契約（個別信用購入あっせん）を取り消すことができる。
⑤ 訪問販売業者が特定商取引法に定める過量販売を行った場合には、与信契約（個別信用購入あっせん）を契約締結から１年間契約を解除できる。
⑥ 適用与信のための調査義務・過剰与信の禁止
⑦ 加盟店調査義務・適合性原則の導入
⑧ 行政の調査権限・行政処分の制度の導入

など。

6）指定信用情報機関

与信契約に当たって支払能力の調査を行うためには指定信用情報機関を利用することが義務づけられた。あわせて、同法では指定信用情報機関についての規制を設けた。

■5　所管

経済産業省の所管である。

消費者庁設置に伴い、以下のとおり一部が共管となる。

法律の企画・立案は、消費者庁と経済産業省が行う。

許可・登録は、経済産業省が所管し、消費者庁に対し通知する。

取消・命令等の処分は、経済産業省が所管する。また、消費者庁が、処分について事前協議を受ける仕組みを設ける。さらに、消費者庁は処分について勧告権を持つとともに、勧告に基づく措置について報告を徴収することができることを割賦販売法に規定する。

検査は、経済産業省が所管する。また、消費者庁は、寄せられた情報等をもとに、処分勧告するか否かを判断するため、検査を実施する。この場合、個別事案ごとに、経済産業省への委任等により行う。

消費者庁では、取引・物価対策課が事務をつかさどる（消費者庁組織令第10条第1号・第4号）。

19 宅地建物取引業法

昭和27年6月10日法律第176号
最終改正　平成20年5月2日法律第 28号

■1　法律の目的

　宅地建物取引の適正化を図るために宅地建物取引業に対して免許制度と業務についての規制を行うことによって、購入者等の保護等を図ることを目的としている。
　本法第1条では目的について、次のように定めている。「この法律は、宅地建物取引業を営む者について免許制度を実施し、その事業に対し必要な規制を行うことにより、その業務の適正な運営と宅地及び建物の取引の公正とを確保するとともに、宅地建物取引業の健全な発達を促進し、もつて購入者等の利益の保護と宅地及び建物の流通の円滑化とを図ることを目的とする。」

■2　立法経過

　不動産は、一般消費者にはわかりにくい商品であるために、消費者被害が起こりやすい。販売業者や仲介業者の説明が事実と異なっていたり、説明内容が不十分な場合、強引な勧誘行為などによる被害は少なくない。一方、消費者にとっては、宅地・建物に関する取引は、一生に一度の大きな買い物であり、その失敗はきわめて深刻な被害を引き起こす。

第3章 所管（移管）法律のポイント

こうした事情から、昭和27年に宅地建物取引業法が制定された。その後も、11次にわたる改正が行われている。

■3　法律の概要
1）法律の概要
宅地建物取引業は免許制をとるとともに、宅地建物取引主任者制度を設けている。さらに、業務の適正な運用と取引の公正を図るために各種の規制を設けている。

法律の構成は以下のとおりである。

第1章　総則（第1条・第2条）
第2章　免許（第3条—第14条）
第3章　宅地建物取引主任者（第15条—第24条）
第4章　営業保証金（第25条—第30条）
第5章　業務
　第1節　通則（第31条—第50条の2の4）
　第2節　指定流通機構（第50条の2の5—第50条の15）
　第3節　指定保証機関（第51条—第63条の2）
　第4節　指定保管機関（第63条の3—第64条）
第5章の2　宅地建物取引業保証協会（第64条の2—第64条の25）
第6章　監督（第65条—第72条）
第7章　雑則（第73条—第78条の4）
第8章　罰則（第79条—第86条）

2）免許制度
宅地建物取引業は、免許制度をとる。

免許は、2つ以上の都道府県に事務所を置いて営業する場合には、国土交通大臣の免許、1つの都道府県内に事務所を置いて営業する場合は、都道府県知事免許が必要である。さらに、営業保証金制度がある。

3）宅地建物取引主任者の設置

営業所には、宅地建物取引に関する専門家として、宅地建物取引主任者を置くことが必要とされている。

宅地建物取引主任者は、契約成立前までに取引の相手方（買主、借主）に、取引の対象の土地や建物に関する権利関係や法律上の制限、取引の条件など一定の重要事項を説明する。重要事項説明は、「重要事項説明書」を交付して行うことが義務づけられており、その書面には取引主任者の記名押印が必要とされる。

4）営業保証金制度

宅地建物取引業者は、主たる事務所ごとに営業保証金を供託しなければならない。

不動産取引に関する事故や紛争を未然に防止して取引の安全を確保するとともに、事故が生じた場合の消費者の被害を一定程度担保するための制度である。

5）業務に対する規制

業務に関する規制は多岐にわたる。規制の概要は下記のとおりである。

① 誇大広告の禁止、広告の開始時期の制限
② 自己の所有に属しない宅地・建物の売買契約締結の制限
③ 媒介契約および代理契約の場合の規制（取引の種類について

の明示義務及び媒介契約の制限)
④ 重要事項の説明義務
⑤ 供託所等に関する説明義務
⑥ 契約締結等の時期の制限
　　宅地建物取引業者は、宅地の造成又は建物の建築に関する工事の完了前においては、契約締結を禁止される。
⑦ 契約書面の交付義務
⑧ 事務所等以外の場所においてした買受けのクーリング・オフ制度
⑨ 損害賠償額の予定等の制限（代金の2割）
⑩ 手付の額の制限（2割）と手付金の保全制度
⑪ 瑕疵担保責任についての特約の制限（引渡しから2年）
⑫ 割賦販売の契約の解除等の制限
⑬ 所有権留保特約の禁止
⑭ 宅地建物取引業者が媒介（仲介）や代理をした場合の報酬額（手数料）についての上限規制
⑮ 不当な履行遅延の禁止
⑯ 秘密保持の義務
⑰ 重要な事項の不告知、不実告知の禁止
⑱ 手付け貸与の禁止
⑲ 将来利益に関する断定的判断の提供の禁止
⑳ 威迫行為の禁止

など
　そのほか、従業員であることを証する証明書の携帯義務、帳簿の備え付けなどの定めがある。

6）指定流通機構

宅地建物取引業者は、専任媒介契約を締結したときは、契約の相手方を探索するために、一定の事項を国土交通大臣が指定する指定流通機構に登録しなければならない。

7）指定保証機関

宅地建物取引業者は、宅地建物の買主から受け取る手付金等について保全措置を講じなければならないが、この保全措置としては、銀行等による保証、保険事業者による保証保険、完成物件の場合にはこのほかに指定保証機関による保管がある。指定保証機関は国土交通大臣の指定による。

8）宅地建物取引業保証協会

国土交通大臣の指定による。

苦情の解決、宅地建物取引業に関する研修、弁済業務、一般保証業務、手付金等保管事業、宅地建物取引業の健全な発達を図るために必要な事業などを業務として行う。

9）主務大臣の権限

主務大臣は、報告徴収、検査、改善のための指示、業務停止、免許の取消し、登録の取消しなどの権限を有する。

■4　所管

国土交通省の所管である。

消費者庁の設置に伴い、下記のとおり一部が共管となる。

行為規制の企画・立案は、消費者庁と国土交通省が行う。

第3章 所管（移管）法律のポイント

　免許は、国土交通省が所管し、その情報を消費者庁と共有する。

　取消・命令等の処分は、国土交通省が所管する。また、消費者庁が、処分について事前協議を受ける仕組みを設ける。さらに、消費者庁は処分について勧告権を持つとともに、勧告に基づく措置について報告を徴収することができることを同法に規定する。

　検査は、国土交通省が所管する。また、消費者庁は、寄せられた情報等をもとに、処分勧告するか否かを判断するため、検査を実施することができる。

　なお、都道府県が所管する事務については、地方自治法との関係も考慮しつつ、事前協議、勧告、検査の内容を検討する。

　消費者庁では、取引・物価対策課が事務をつかさどる（消費者庁組織令第10条第1号・第2号）。

20 旅行業法

昭和27年7月18日法律第239号
最終改正 平成20年5月2日法律第26号

■1 法律の目的

旅行業務の適正な運営を確保すること、旅行業務の取引の公正を維持すること、そして、旅行の安全を確保するとともに旅行者の利便の増進を図ることを目的とする。

本法第1条では、法律の目的について次のように定めている。「この法律は、旅行業等を営む者について登録制度を実施し、あわせて旅行業等を営む者の業務の適正な運営を確保するとともに、その組織する団体の適正な活動を促進することにより、旅行業務に関する取引の公正の維持、旅行の安全の確保及び旅行者の利便の増進を図ることを目的とする。」

■2 立法経過

旅行業法は、1952(昭和27)年に「旅行あっ旋業法」として制定された。その後、時代の変化に伴い旅行業務の実情や旅行サービスの利用実態が変化するのに伴い、8回にわたる改正が行われ、現行法の内容となった。

最近の改正は、2004年改正である。同年の改正のポイントは、従来標準約款で用いられていた主催旅行(いわゆるパック旅行)と包

括料金特約付き企画手配旅行という概念を「企画旅行」に一本化するとともに、手配旅行とともに法律で用語と定義を明確化したこと、旅程管理義務の拡大、旅行業務取扱主任者制度の見直し、営業保証金制度の弁済対象者の旅行者のみへの限定、適正な業務運営のための行為規制の整備、具体的には禁止行為の強化、旅行業代理業者への監督制度の強化、罰則の整理・強化などである。

■3　法律の概要

1）法律の概要

　第1に旅行業及び旅行業代理業を登録制とし、業務を適正に行うための規制を定めている。第2に、旅行業協会について定め、一定の業務を行わせるものとしている。

　法律の構成は、以下のとおりである。

　　第1章　総則（第1条・第2条）
　　第2章　旅行業等（第3条—第22条）
　　第3章　旅行業協会（第22条の2—第22条の24）
　　第4章　雑則（第23条—第27条）
　　第5章　罰則（第28条—第34条）

2）旅行業の登録制度

　旅行業務のためには登録が必要であり、年間の取引額に応じた営業保証金制度をとる。登録の種類は、旅行業と旅行業代理業の2種類がある。旅行業の登録業務範囲による種類には、第一種旅行業務、第二種旅行業務、第三種旅行業務がある。登録を所管するのは、第一種旅行業務については国土交通大臣、その他は主たる営業所の所在地を管轄する都道府県知事である。

旅行業約款については告示に基づく標準旅行業約款制度をとる。

本法の違反がある場合には、業務停止命令・登録取り消しなどの行政処分の制度がある。

3）旅行業務取扱主任者制度

旅行業務についての一定の知識と能力を有する者に旅行業務の管理と監督を行わせるために、旅行業務取扱主任者制度を設けている。

4）業務に関する規制

旅行業者等との取引に際して、取引態様、旅行サービスの内容などを説明し、取引条件を記載した書面を交付する義務、広告についての規制などを設けている。

旅行業者に対する禁止行為については、次の定めがある。

① 第12条第1項又は第3項の規定により掲示した料金を超えて料金を収受する行為
② 旅行業務に関し取引をする者に対し、その取引に関する重要な事項について、故意に事実を告げず、又は不実のことを告げる行為
③ 旅行業務に関し取引をした者に対し、その取引によって生じた債務の履行を不当に遅延する行為をしてはならない。
④ 旅行業者等又はその代理人、使用人その他の従業者は、その取り扱う旅行業務に関連して次に掲げる行為を行ってはならない。
　ア　旅行者に対し、旅行地において施行されている法令に違反する行為を行うことをあっせんし、又はその行為を行うことに関し便宜を供与すること。
　イ　旅行者に対し、旅行地において施行されている法令に違反す

るサービスの提供を受けることをあっせんし、又はその提供を
　　　受けることに関し便宜を供与すること。
　　ウ　ア、イのあっせん又は便宜の供与を行う旨の広告をし、又は
　　　これに類する広告をすること。
　　エ　アからウに掲げるもののほか、旅行者の保護に欠け、又は旅
　　　行業の信用を失墜させるものとして国土交通省令で定める行為

5) 旅行業協会制度

　旅行業協会を国土交通大臣が指定し、苦情の解決、旅行業務従事者に対する研修、営業保証金からの該当旅行者に対する弁済業務などを行わせる。

■4　所管

　国土交通省の所管である。
　消費者庁設置に伴い、下記のとおり一部が共管となる。
　行為規制の企画・立案は、消費者庁と国土交通省が行う。
　登録は、国土交通省が所管し、その情報を消費者庁と共有する。
　取消・命令等の処分は、国土交通省が所管する。また、消費者庁が、処分について事前協議を受ける仕組みを設ける。さらに、消費者庁は処分について勧告権を持つとともに、勧告に基づく措置について報告を徴収することができることを同法に規定する。
　検査は、国土交通省が所管する。また、消費者庁は、寄せられた情報等をもとに、処分勧告するか否かを判断するため、検査を実施することができる。
　なお、都道府県が所管する事務については、地方自治法との関係も考慮しつつ、事前協議、勧告、検査の内容を検討する。
　消費者庁では、取引・物価対策課がその事務をつかさどる（消費者庁組織令第10条第1号・第3号）。

21 消費者契約法

平成12年5月12日法律第61号
最終改正　平成21年6月5日法律第49号

■1　法律の目的

　消費者契約においては、契約当事者である消費者と事業者との間の情報の質及び量の格差、交渉力の格差によって構造的に消費者被害が発生する。そこで、情報格差・交渉力格差を是正することによって、消費者被害を防止するとともに、効果的な消費者被害の救済ができるよう民法の規定を是正することをも目的とする。

　本法第1条では「この法律は、消費者と事業者との間の情報の質及び量並びに交渉力の格差にかんがみ、事業者の一定の行為により消費者が誤認し、又は困惑した場合について契約の申込み又はその承諾の意思表示を取り消すことができることとするとともに、事業者の損害賠償の責任を免除する条項その他の消費者の利益を不当に害することとなる条項の全部又は一部を無効とすることにより、消費者の利益の擁護を図り、もって国民生活の安定向上と国民経済の健全な発展に寄与することを目的とする。」と定めている。

■2　立法経過

　消費者と事業者との間の契約について民法の特別法として定められた。

民法は対等当事者間である市民同士を前提とした民事ルールを定めているが、日常生活において利用されている契約は、事業者が提供する商品やサービスの中から、消費者が必要なものを選択して契約を行っているのがほとんどであるといってもよい。

このような、事業者と消費者との間には、商品やサービスなどについての知識や情報に関して、事業者が保有していたり収集することができる情報の質や量と、消費者が知っていたり入手することができる情報の質や量には圧倒的格差がある。また、契約条項を決定する上での交渉力、契約締結に当たっての交渉における交渉力においても圧倒的な格差がある。さらに、事業者と消費者との間には、経済力、社会的な影響力、政治力等の様々な格差がある。このような状況を無視して、対等当事者間における契約を前提とした民法によって処理することになると、弱者である消費者が構造的に被害を被ることとなり、これを消費者の個人的な努力によって未然に防止することは困難となる。

高度経済成長を迎えて以降、日本においても現代型の消費者被害が多発するようになった。こうした状況の中で、日本では、監督官庁が所管する業法を制定し、行政による業規制を行うことによって取引の適正化を図り、反射的に消費者被害を防止することによって消費者保護を図るとする政策をとってきていた。

こうした状況のもとで、1990年代を迎えると、国際的に規制緩和の流れのなかで日本においても、従来の業法により開業規制などの事前規制を行ってきたものを必要最小限度のものに緩和される動きとなった。その際に、「規制緩和と自己責任」とは、事業者に対する業法による規制が緩み、やりたい放題による弱肉強食を許すこととなるものではなく、従来の事前規制から事後規制への方向転換であり、適正な当事者間ルールを導入するものであるとの考え方のも

とに、消費者契約法が立法化されるに至った。

2005年改正により、差止の限度で消費者団体訴訟制度が導入された。

■3　法律の概要

法律の構成は、次のとおりである。
第1章　総則（第1条―第3条）
第2章　消費者契約
　　第1節　消費者契約の申込み又はその承諾の意思表示の取消し（第4条―第7条）
　　第2節　消費者契約の条項の無効（第8条―第10条）
　　第3節　補則（第11条）
第3章　差止請求
　　第1節　差止請求権（第12条、第12条の2）
　　第2節　適格消費者団体（第13条―第40条）
　　第3節　訴訟手続等の特例（第41条―第47条）
第4章　雑則（第48条）
第5章　罰則（第49条―第53条）
消費者契約法の概要は次のとおりである。

1）適用対象取引

労働契約を除く、すべての消費者契約を対象とする。消費者契約とは事業者と消費者との間の契約である。

2）事業者の努力義務

事業者には、2つの努力義務があるとされる。1つは、事業者が契約条項を定めるにあたっては消費者にとって明確かつ平易なもの

となるよう配慮すべきことであり、第2に、契約の締結について勧誘をする際には、消費者の契約の選択を左右する重要な事項については、必要かつ十分な情報の提供をするよう努めるべきこと、つまり説明義務を尽くすべく努力することである。

3）取消制度

　契約の勧誘段階で事業者に問題があったことから、消費者が格差によって不本意な契約を締結させられる結果となっていた場合には、一定の要件を定めて契約の取消ができるものと定めた。これは、対等当事者を前提とする民法の詐欺及び強迫を理由とする取消制度の要件を緩和したものであると説明されている。

　説明内容に問題がある場合の取消事由としては、重要事項について不実の説明をして誤認を与えた場合、断定的判断の提供をした場合、重要事項について故意による不告知があった場合である。

　交渉力格差に付け込んで消費者の自主的な選択をそこなって契約の押付けをした場合としては、消費者の自宅・勤務先で断られているのにもかかわらず退去せず（不退去）困惑させて契約を締結させた場合、それ以外の場所で契約の勧誘を行っている場合には消費者が帰りたい旨を示しているにもかかわらず帰らせないで困惑させて契約を締結させた場合（退去妨害＝監禁）である。

　取消ができるのは、追認できるときから6カ月、あるいは契約の時から5年間のいずれか短い期間である。

　消費者契約法の取消制度の特徴としては、契約の媒介者が取消事由に該当する行為を行った場合には、契約当事者が知っていたかどうかを問わず、消費者契約を取り消すことができるとされている点である。たとえば、リース契約において、勧誘にきた販売業者が取消事由に該当する行為をした場合、訪問販売業者の行為に取消事由

があった場合のクレジット契約、不動産媒介業者が取消事由に該当する行為をした場合の不動産売買契約などが典型的なものである。

4）不当条項の無効制度

　消費者契約では、民法が想定しているような「契約自由の原則」に基づいて契約当事者双方が協議して契約内容を決定するという経過はとらない。事業者があらかじめ一方的に契約条件を決めて、不特定多数の消費者に対して誘引したり勧誘をすることによって契約を行う。そのために、契約条件の決定については消費者には交渉する余地はない。結果的に、消費者は一方的に不利な取引条件を押し付けられることとなってしまう。

　そこで、消費者契約法では、契約条項において民法・商法等の規定に反して一方的に消費者に不利な条項がある場合には無効とする旨を定めた。この場合には、事業者が決めた不当な契約条項は無効となるので、その条項が関係する事態が発生した場合には、民法・商法等の法律原則に基づいた処理をするように事業者に求めることができることになる。

　消費者契約法では例示として、事業者が債務不履行・不法行為・瑕疵担保責任に基づく損害賠償責任を負わない旨を定めた場合（免責条項）、契約解除の場合や消費者の債務不履行の場合の消費者の負担を一方的に加重する条項を無効としている。

5）消費者団体訴訟制度

　消費者契約法は、当事者間ルールである民法の特別法である。したがって、被害を被った消費者が、自分の問題を解決するために、消費者契約法に基づく契約の取消しを行ったり、契約条項を無効であると主張して民法等に基づく処理を事業者に求めるために活用す

ることができるものである。

　しかし、消費者被害は金額が小さいものが多く、一方で多くの被害者が発生するという特徴をもっている。このような特徴をもつ被害では、被害を被った場合に消費者契約法に基づいて自分の権利の主張をする消費者はあまり多くはないだけでなく、個別の訴訟による解決を原則とするのは現実的ではない。消費者被害を被った消費者が消費生活センターに相談する割合もそれほど多くはない。国民生活センターの国民生活動向調査などの調査結果によると、多くても５％前後である。

　こうした状況の下では、消費者契約法によって消費者契約が適正化されることはあまり期待できない分野が少なくない。ことに消費者のなかでもより弱い立場にある消費者を対象とする取引においては個々の消費者が争うことは期待できず、したがって消費者契約法を事業者が順守するインセンティブが働かない。

　こうした状況から、消費者契約法の改正により、2007年６月から消費者団体訴訟制度が導入された。適格団体として同法に基づいて認定を受けた適格消費者団体が、消費者契約法違反の事業者に対して差止訴訟ができることとなった。

　さらに、2008年６月の消費者契約法改正により、特定商取引法と景品表示法にも適格消費者団体による差止訴訟制度が導入された。

■4　所管

　内閣府所管。適格消費者団体の認定などの事務は内閣府の所管である。

　消費者庁の設置に伴い消費者庁に移管される。

　政策の企画立案、及び適格消費者団体に関する事務は消費者庁が所管する。

22 電子消費者契約法
(電子消費者契約及び電子承諾通知に関する民法の特例に関する法律)

平成13年6月29日法律第95号

■1　法律の目的

　本法は、電子商取引などにおける消費者の操作ミスの救済、契約の成立時期の転換などを定めたものである。パソコンやインターネットの普及に伴い、パソコン操作を誤ったりすることによる消費者トラブルが増えていることを背景にした法律である。

　本法第1条では次のように定めている。「この法律は、消費者が行う電子消費者契約の要素に特定の錯誤があった場合及び隔地者間の契約において電子承諾通知を発する場合に関し民法の特例を定めるものとする。」

■2　立法経過

　パソコンや携帯電話の普及により、インターネットを利用した契約がさかんになった。それに伴い消費者トラブルも多発するようになった。典型的なトラブル例としては、ネットの画面表示を見て「無料」画面だと思ってクリックしたら「有料」だとして料金を請求されたケース、クリックミスで間違った商品画面をクリックして

しまった場合や、1つ注文したつもりが2つ注文したことになっていた、といった場合である。

また、民法では、意思表示については到達主義をとるものの、契約の申込に対する承諾については例外的に発信主義をとっている。しかし、国際的には多くの国において承諾についても到達主義が原則とされており、発信主義をとる日本が例外的であると指摘されてきた。こうした状況の中で、インターネットによる取引の場合にも、承諾の通知について民法どおり発信主義をとるべきかどうかという問題点もあった。

「人」と「人」とが、なんらかの方法で直接交渉する場面を持つ場合には、人間同士のペースで物事が進み、そのやり取りの中で間違いが発見されたり修正されるチャンスが確保されている。しかし、インターネットによる取引では、スピーディーで利便性が高い反面、人間同士で直接交渉の場面がある場合のように確認・修正のチャンスがなく、人間としてのペースよりも速いゆえのトラブルが起こることとなる。

こうした観点から、電子商取引の普及に伴って、消費者の適切な契約の確保を図るための制度として民法の修正をしたものである。

■3 法律の概要

1）法律の概要

電子消費者契約を対象に、錯誤の場合と契約の承諾の意思表示の到達（契約の成立時期）についての2つの制度を定めている。民事ルールであり、行政規制はない。

2）電子消費者契約

本法の適用対象は、電子消費者契約である。

電子消費者契約とは、消費者が事業者との間で電磁的方法により電子計算機の映像面を介して締結される契約を指す。本法の「消費者」とは、消費者契約法の消費者と同様「個人」であり「営業として若しくは営業のために」契約する個人は除外される。

3）電子商取引などにおける消費者の操作ミスの救済

事業者と消費者との間の電子契約では、消費者が申込みを行う前にその申込みが有料であることを明らかにすること、申込内容を確認する措置などを事業者が講じないと、消費者の操作ミスによる申込みは錯誤により無効になる。この場合には、消費者の重大な過失を理由に錯誤無効を否定することは認められない。

4）電子商取引などにおける契約の成立時期の転換

電子契約では、事業者側の申込み承諾の通知が消費者に届いた時点で契約成立となる。注文・申込みがあった場合、申込み承諾の連絡をし、かつそれが申込み者に届かないと契約成立とならない。電子メール、FAX、テレックス、留守番電話を利用した電子契約などが対象となる。

■4　所管

　経済産業省と内閣府の所管である。

　消費者庁の設置に伴い、内閣府の所管部分を消費者庁に移管する。消費者庁は、消費者利益の擁護・増進のための企画立案を担う。

23 製造物責任法

平成6年7月1日法律第85号

■1 法律の目的

　消費者がメーカーの製造した商品に欠陥があったために生命、身体又は財産に被害を被った場合に、メーカーに対して、欠陥商品を製造し流通に置いたことを理由に損害賠償責任を求めることができることを制度化し、消費者の保護を図ることを目的としたものである。

　本法第1条で、次のように定めている。「この法律は、製造物の欠陥により人の生命、身体又は財産に係る被害が生じた場合における製造業者等の損害賠償の責任について定めることにより、被害者の保護を図り、もって国民生活の安定向上と国民経済の健全な発展に寄与することを目的とする。」

■2 制定経過

　1960年代に高度経済成長を迎え大量生産・大量販売・大量消費の時代を迎えると共に、消費者は様々な欠陥商品被害を被るようになった。1960年代から多発するようになった森永ヒ素ミルクやカネミライスオイル、サリドマイド、スモンなどの食品公害・薬品公害などはその典型的なものである。そのほかにも、欠陥自動車事故・

欠陥家電製品事故・アンプルの破裂事故など枚挙に暇がない。

　ところが、欠陥商品事故による損害賠償をメーカーに求めようとする場合には、メーカーと消費者との間には契約関係はないため、民法上の不法行為責任によらなければならなかった。不法行為による損害賠償責任を加害者に追及するためには、被害者が、加害者に故意過失があったことを具体的に主張立証することが必要である。しかし、消費者には、欠陥商品の製造過程にどのような過失があったために欠陥商品が製造され、流通に置かれることとなったかを立証することは不可能であった。製品の設計、原材料の仕入れ、製造工程、出荷までの商品管理などはメーカー内部の問題である上に、多くはメーカーの守秘義務にかかわる問題であり、消費者がこれらの情報等を入手することはメーカーの協力がない限りは不可能だったためである。

　こうした事情から1950年代以降アメリカでは、欠陥商品事故についてはメーカーの過失を要件としない「厳格責任」の考え方が判例法により形成されていき、1962年の第二次不法行為リステイトメントに「製造物責任」として盛り込まれた。

　日本においても食品公害・薬品公害関係の訴訟が多発し、欠陥商品事故についてはメーカーの無過失責任を導入すべきであることが強く求められたが、導入は実現されなかった。こうした状況の中で、1985年にECにおいて「製造物責任についてのEC指令」が採択され、EU加盟国で指令に基づいた法律整備が進められるに至った。日本でも、上記のEC指令の動きを受けて立法化の機運が高まり、1994年に制定されるに至った。

■3　法律の概要

本法は、民事ルールである民法の特別法である。

消費者が欠陥商品により生命・身体・財産に対して拡大被害を被った場合には、メーカーが欠陥商品を流通に置いたことを消費者が立証すれば、メーカーは損害賠償責任を負担することを、その骨格とする。

対象となる製造物の定義（動産に限定される）、製造者の定義、開発危険の抗弁などのメーカーの免責事由の定め、責任期間などについての定めがある。

■4　所管

民事ルールであるため、国に権限があるわけではない。

対象商品が多岐にわたることから、内閣府、法務省、厚生労働省、農林水産省、経済産業省、国土交通省の所管である。

消費者庁の設置に伴い内閣府所管部分は消費者庁に移管される。

消費者庁は企画立案を担うことにより、消費者の利益の擁護及び増進を図る。

24 無限連鎖講防止法
（無限連鎖講の防止に関する法律）

昭和53年11月11日法律第101号
最終改正　昭和63年５月２日法律第 24号

■1　法律の目的

　いわゆる「ねずみ講」を全面禁止する法律である。

　本法第１条では「この法律は、無限連鎖講が、終局において破たんすべき性質のものであるのにかかわらずいたずらに関係者の射幸心をあおり、加入者の相当部分の者に経済的な損失を与えるに至るものであることにかんがみ、これに関与する行為を禁止するとともに、その防止に関する調査及び啓もう活動について規定を設けることにより、無限連鎖講がもたらす社会的な害悪を防止することを目的とする。」と定めている。ねずみ講を全面的に禁止するだけにとどまらず、防止のための調査、啓もう活動についても目的としている点に特徴がある。

■2　立法経過

　ねずみ講が最初に問題となったのは、1970年の天下一家の会「相互経済研究所」である。天下一家の会は、本部に現金を支払って会員になり、自分の下に複数の会員を集めると、その会員がさらに子会員、孫会員と会員を勧誘して入会させることにより、最初に支払った入会金を上回る収入が得られるとの説明の下に会員を集め

た。しかし、人口は有限であるため、すべての会員がこのような方法によって出資した以上の資金を回収することはできないどころか、大部分の会員が経済的損失を被る結果になる。こうした疑問に対しては、天下一家の会では、「毎日のように多くの子供が出生しているのであって、人口は無限に増え続ける」といった欺瞞的な説明をすることによって会員を集めた。

しかし、1970年ころから、出資したが思うように子会員を集めることができず、出資金を回収することができない被害者らからの苦情が寄せられるようになり、国税の強制捜査をうけるなどの事情により破綻するに至った。

その後、被害者らにより長野地方裁判所と静岡地方裁判所に損害賠償等請求訴訟が提起され、いずれの訴訟でも、被害者らの請求は認められるに至った。その後、被害者らが破産の申立てを行い、天下一家の会は熊本地方裁判所による破産宣告を受けた。

ねずみ講の被害に遭った人々は、勤労意欲を喪失して会員を増やすことによる一攫千金の幻想を抱かされた揚句、勧誘のために奔走して生業を顧みなくなるといった被害なども多発し、失業、家族や取引先などの人間関係の破綻、経済的破綻、最終的には自殺、一家心中などの深刻な被害が多発した。

こうした事情を重く見た結果、1978（昭和53）年に超党派による議員立法として無限連鎖講の防止に関する法律が制定されるに至った。

■3　法律の概要

1）定義

金銭を支払って会員となったものが、自分の下に2人以上の会員

を増やすことによって出えんした以上の金品を受領することができる仕組みの金銭配当組織を、無限連鎖講と定義する。

立法当初は「金銭」を出えんするものにのみ限定していたが、その後、印紙や国債を用いる「国利民福の会」による被害が社会問題となったことから、金銭だけにとどまらず「財産権を表象する証券又は証書」も対象とするものに改正された。

なお、いわゆるマルチ商法も、ネズミ算式に販売員組織を拡大することによって大きな利益を誰でも獲得することができると勧誘するという点で、ねずみ講に酷似している。しかし、マルチ商法の場合には、商品やサービスの実態があり、これらを販売するための組織販売システムを指すものであり、単なる金銭配当組織であるねずみ講とは区別される。

2) 規制の内容

全面的に禁止される。ねずみ講を主催することも、運営することも、勧誘することも、加入することもすべて禁止される。加入する行為以外は、犯罪として処罰される。

■4 国の責務

国及び地方公共団体の責務としては、第4条において「国及び地方公共団体は、無限連鎖講の防止に関する調査及び啓もう活動を行うように努めなければならない。」と定める。ねずみ講についての各種の調査を防止の観点から行うこと、被害防止のための国民に対してする啓発等の活動を行うことが、国の責務として位置づけられている。

■5　所管

　国の所管は内閣府である。

　消費者庁の設立により内閣府所管部分は消費者庁に移管される。

　消費者の利益の擁護及び増進に関する政策を企画立案、推進することは、消費者庁の所管となる。

25 出資法
（出資の受入れ、預り金及び金利等の取締りに関する法律）

昭和29年6月23日法律第195号
最終改正　平成19年6月13日法律第85号

■1　法律の目的

　金融秩序を維持するための法律の1つで、不特定多数の者から元本を保証して金銭を集めることを禁止するとともに、高金利の貸付けを禁止することを目的としている。

■2　立法経過

　第二次世界大戦直後は金融秩序が破壊され、混乱状態にあった。インフレが激しく進行し、銀行の倒産も相次いだ。こうした状況の中で、元本を保証し、高い利回りをうたって一般庶民の資金を集め、高金利で貸し付けるなどの業務を行う市中金融が雨後のタケノコのように多数発生し経済的に破綻していった。

　有名な市中金融業者としては「光クラブ」「保全経済会」がある。「保全経済会」は、国会でも問題として取り上げられ、それを契機として本法が制定されるに至った。

　消費者金融による多重債務問題を契機に、金利についての規制部分が数回にわたり改正されている。最近の大幅な改正は、貸金業法

の抜本的改正が行われた2006年改正である。同改正では、貸金業者の刑罰金利が従来の年29.2％から、利息制限法の上限金利である年20％まで引き下げられた。

■3 法律の概要

1) 法律の概要
　不特定多数の者から金銭を集めることについての規制と、金利の規制の2つの柱からなる。

2) 不特定多数の者から金銭を集めることの規制等
① 不特定かつ多数の者から元本保証をして出資金を募ることの禁止
② 不特定かつ多数の者からの預かり金の原則禁止

3) 貸金業務についての規制
① 金融機関等の浮き貸しの禁止
② 貸金についての媒介手数料の規制（100分の5を上限とする規制）

4) 高金利の処罰
① 金銭の貸付けを行う者が、年109.5％を超える割合の利息の契約をした場合には5年以下の懲役若しくは1,000万円以下の罰金、又は併科。業として金銭を貸付ける者が違反した場合には10年以下の懲役若しくは3,000万円以下の罰金又は併科。
② 業として金銭の貸付けを行う者が、年29.2％（2006年改正に

より年20％、2009年12月から施行見込み）を超える割合の利息の契約をしたときは、5年以下の懲役若しくは1,000万円以下の罰金、又は併科。
③　業として金銭の貸付けを行う者が、年109.5％を超える割合による利息の契約をしたときは、10年以下の懲役若しくは3,000万円以下の罰金、又は併科。

■4　所管

法務省・金融庁の所管である。

消費者庁の設置に伴い、法務省・金融庁とともに、消費者庁が所管に加わる。

26 金融商品販売法
（金融商品の販売等に関する法律）

平成12年5月31日法律第101号
最終改正　平成18年6月14日法律第66号

■1　法律の目的

　金融商品の販売の勧誘に当たって、事業者に対して、重要事項の説明義務を課すとともに、説明義務違反があった場合には元本欠損部分についての損害賠償責任を負担させること、さらに勧誘指針を策定して公表することを義務づけることによって、顧客の保護を図ることを目的とした法律である。

　本法第1条では次のように定めている。「この法律は、金融商品販売業者等が金融商品の販売等に際し顧客に対して説明をすべき事項等及び金融商品販売業者等が顧客に対して当該事項について説明をしなかったこと等により当該顧客に損害が生じた場合における金融商品販売業者等の損害賠償の責任並びに金融商品販売業者等が行う金融商品の販売等に係る勧誘の適正の確保のための措置について定めることにより、顧客の保護を図り、もって国民経済の健全な発展に資することを目的とする。」

■2　立法経過

　国際的な規制緩和と自己責任の流れが推進されるなかで、契約の締結の勧誘経過等についての事業者と消費者との責任分配を明確化

するために、2000年に消費者契約法が制定された。消費者契約法は、労働契約をのぞくすべての消費者契約を対象とする法律であることから、説明義務の範囲についても、薄く広い規定となっていた。

　一方、金融商品についても、規制緩和の流れの中で「金融ビッグバン」といわれる規制緩和が進められた。従来の銀行、証券、保険のすみ分けを廃止し、競合することを可能とすること、開業規制を緩和して新規参入を容易にすること、さらに販売する金融商品の規制を緩和することである。これによって、消費者の選択の幅が広がるといった説明が、政府などによってなされていた。

　しかし、金融商品は、直接目で見て確認することができる性質のものではないうえに、内容がきわめて複雑で容易にその内容を理解することはできないものであり、経済的なリスクもある。したがって、金融商品を消費者が適切に選択をするためには、それぞれの金融商品についての説明に関して消費者にとって、必要かつ十分な情報が、明確かつ平易になされることが必要となる。

　そこで、金融商品については、消費者契約法による一般的な重要事項についての説明義務にとどまらず、より具体的な事項についての説明義務を定めることが必要とされた。そこで、金融商品については、消費者契約法に加えて、より具体的な説明義務等について明確化する必要があるとの視点から金融商品販売法が制定されたものであった。

　なお、金融ビッグバンが進められる中で、一般投資家を保護するための市場の整備が必要であることが指摘され、イギリスにおいて金融の規制緩和が進められた際に整備された金融サービス法にならった法律の整備が必要であるとの観点から、金融審議会においては立法化に関する検討が進められた。しかし、2000年の段階では、

集団的投資スキームの適正化のルール、投資家保護のための勧誘ルール等の幅広い金融環境整備の立法化は業界の反対などが強かったことから見送られることとなり、金融商品販売法の限度で立法化が行われることとなった事情があった。

なお、市場の透明化・適正化を図るための集団的投資スキームを含めた適正化ルール、投資家保護のための広告・勧誘・契約締結のための適正化ルールの整備等については、2006年に証券取引法等の関連法律を発展的に改正・統合した金融商品取引法において導入されることとなった。ただし、金融商品取引法は消費者庁には移管されず、従来通り金融庁所管にとどまることとなった。

2006年6月7日、証券取引法の金融商品取引法への改正と同時に、金融商品販売法も改正された。改正の主な内容は、証券取引法の適用対象である「有価証券」が拡大されたのに伴い、金融商品販売法の適用対象も拡大したこと、「説明義務の範囲の拡大」「適合性の原則の導入」「断定的判断の提供の禁止」などである。

「説明義務の範囲の拡大」では、「取引の仕組みのうちの重要な部分」「欠損が元本を上回る危険性」などが追加された。

■3　法律の概要

1）金融商品販売法の対象範囲

消費者契約法では「労働契約を除くすべての消費者契約」を対象としているが、金融商品販売法では、適用対象の金融商品については法律および政令で指定された範囲に限られている。

制定当時の適用対象取引としては、預貯金、定期積金、国債、地方債、社債、株式、投資信託、金銭信託、保険・共済、抵当証券、集団投資スキーム（各種ファンド）持分、各種のデリバティブ取

引、有価証券オプション取引、海外商品先物取引などが対象とされた。ただし、商品先物取引（国内）は対象となっていない。

2）説明義務と損害賠償義務

　販売業者について具体的な説明義務を定め、説明義務違反があった場合に消費者が損害を被った場合には、販売業者に元本欠損部分についての損害賠償義務を定めた。説明義務違反としては、次の事項を定めている。

(1)　リスクに関すること

　たとえば、元本欠損のおそれがあること、および当初の元本を上回る損失が生じるおそれがあること、さらに、リスクが発生する原因に関する具体的な説明（たとえば、市場リスク、信用リスク、倒産リスクなど）。

(2)　取引の仕組みの重要な部分

(3)　権利行使期限や解除できる期間の制限に関すること

　権利行使期限としては、ある期間を過ぎると価値がゼロになる商品の場合はその期限、解除できる期間に制限がある場合には「契約を解除できない」あるいは、「一定期間は解除すると違約金が発生する」といった条件。

(4)　断定的判断の提供

　販売業者に断定的判断の提供等を禁止し、その違反により損害を被った場合。

3）勧誘方針の策定及び公表

違反した場合には過料の規定がある。

■4　所管

金融庁の所管である。

消費者庁設置により、消費者庁が所管に加わる。

消費者利益の擁護、増進を図るための企画・立案を消費者庁が担うことになる。

> # 27 特定商品預託法
> （特定商品等の預託等取引契約に関する法律）
>
> 昭和61年5月23日法律第 63号
> 最終改正　平成11年12月22日法律第160号

■1　法律の目的

　いわゆる「現物まがい商法」「預託取引」といわれる取引について、消費者を保護することを目的としたものであり、消費者が契約を締結する際に契約内容を知ったうえで適切な選択ができること、契約の履行が適切に行われることを確保することを目的としている。

　本法第1条では以下のように定めている。「この法律は、特定商品及び施設利用権の預託等取引契約の締結及びその履行を公正にし、並びに預託等取引契約に係る預託者が受けることのある損害の防止を図ることにより、預託等取引契約に係る預託者の利益の保護を図ることを目的とする。」

■2　立法経過

　本法が制定される経緯となった事件は、いわゆる「豊田商事事件」である。

　「豊田商事」は、主婦や高齢者を狙った訪問勧誘で、「金地金」

の訪問勧誘をし、消費者が購入した「金地金」を同社に預託すれば1年間で約1割の利息がつくと説明して「金地金」の売買契約と預託契約とを抱き合わせで契約させ、「金地金」の預り証「ファミリー証券」を発行した。一人暮らしの高齢者に「親切」を装って近づき、強引で執拗な勧誘をする行為や、契約させられた消費者からの解約申出を拒絶するといった行為が社会問題となった。また、満期になって解約を希望する消費者には更新を説得して解約を阻止して契約を更新させるなどした。

　豊田商事を含む銀河計画グループは、ヨットクラブの会員権、ゴルフクラブの会員権などでも同様の預託商法を行った。

　豊田商事は、1985年に被害者らの申立てにより破産宣告を受けたが、破産手続の中で、顧客との契約により購入していたはずの「金地金」が実在していない詐欺だったことが明らかになった。

　「豊田商事」が崩壊した後にも、「金地金」を用いた同様の商法を行う「三和信託」「日立商事」などのほか、観音竹などの観賞用植物、英会話教室の会員権などを用いる「預託商法」が社会問題となった。

　こうした事件が契機となって、1986年に同法が制定されるに至った。

　その後、1990年代半ばに和牛の持分を購入してオーナーになると、会社が和牛を飼育し、満期になると購入価格相当額で買い上げるので、一定の利益が確実に得られるとして投資家を募る「和牛のオーナー商法」が出現した。同様の仕組みでダチョウ・地鶏・マンゴーなどの動植物などを対象にするオーナー商法が多発した。そこで、1999（平成11）年に改正され、適用対象が家畜等にも拡大された。

第3章 所管（移管）法律のポイント

■3　法律の概要

　法律の概要としては、消費者の選択に資するための情報の開示義務と取引の適正化の2点である。開業規制はない。

　情報の開示義務としては、①契約締結までの取引の概要についての書面交付、②契約締結時の契約書面の交付義務、③顧客の業務及び財産の状況を記載した書類の閲覧制度、である。

　取引の適正化としては、①契約締結・更新・解除を妨げるための不実告知等の禁止、②契約締結・更新・解除を妨げるための威迫行為、解除に伴う不当な履行遅延等の禁止、③14日間のクーリング・オフ制度、④クーリング・オフ期間経過後の中途解約の自由と解約に伴う解約料等の制限、である。

■4　国の権限

　国の権限としては、①預託等取引業者に対する業務停止命令等と②預託等取引業者に報告させること及び立入検査がある。

■5　所管

　経済産業省と当該特定商品の流通を所掌する省庁の所管である。
　消費者庁の設置に伴い経済産業省所管部分（本則）は、消費者庁に移管される。
　消費者庁では、取引・物価対策課がその事務をつかさどる（消費者庁組織令第10条第7号）。

28 個人情報保護法
（個人情報の保護に関する法律）

平成15年5月30日法律第 57号
最終改正　平成15年7月16日法律第119号

■1　法律の目的

　本法は、個人情報の取扱いに関して、国及び地方公共団体の責務、民間事業者の義務について統一的に定めたものである。なお、本法は、プライバシー保護法ではなく、高度情報化社会における個人情報の有用性を踏まえ、適正な取扱いを行うための基本理念や民間事業者の最低限度の義務を定めたものであると説明されている。

　本法第1条では、目的について次のように定めている。「この法律は、高度情報通信社会の進展に伴い個人情報の利用が著しく拡大していることにかんがみ、個人情報の適正な取扱いに関し、基本理念及び政府による基本方針の作成その他の個人情報の保護に関する施策の基本となる事項を定め、国及び地方公共団体の責務等を明らかにするとともに、個人情報を取り扱う事業者の遵守すべき義務等を定めることにより、個人情報の有用性に配慮しつつ、個人の権利利益を保護することを目的とする。」

■2　立法経過

　プライバシーや個人情報の保護に関する法律としては、昭和63年に「行政機関の保有する電子計算機処理に係る個人情報の保護に関

する法律」が制定されたのに留まっていた。同法では、行政機関が保有する電子計算機処理にかかる個人情報の取扱いのみに限定するものであった。したがって、行政機関が保有しているマニュアル処理の個人情報や民間事業者が保有している個人情報については、法律に基づくルールは存在していなかった。

　民間部門については、部門によってガイドラインが設けられているのに留まっていた。

　一方では、高度情報化社会の中で個人情報の取扱いは進展し、個人情報の不正使用や流出事故も多発するようになっていた。しかし、法的な規制がないために、このような事故に対しても、実態の把握も十分にはできず、また事故の再発を防止するための抜本的な対策を講ずることも難しい状況にあった。さらに、行政部門では住基ネットが推進されるなどの動きの中で、個人情報保護のための立法化が求められる状況となっていた。

　こうした中で、民間部門と行政部門のマニュアル処理も含めた個人情報保護のための統一的な法律として2003（平成15）年に制定されたものである。

■3　法律の概要

1）法律の概要

　本法は、大きく分けると2つの部分に分けられる。第一が、個人情報保護に関する施策を総合的に推し進めるための基本的枠組みを定めた基本法的な部分である。この部分については、公的部門と民間部門の全体が対象となる。第二が、民間部門の個人情報を取り扱う事業者を対象に、個人情報の取扱いについて具体的な義務を規定する部分である。

公的部門についての一般規定については、行政機関については「行政機関の保有する個人情報の保護に関する法律」（総務省所管）、独立行政法人については「独立行政法人等の保有する個人情報の保護に関する法律」（総務省所管）、地方公共団体については、各地方公共団体が定める個人情報保護条例によって、それぞれ規制がなされている。

法律の構成は、下記のとおりである。

第1章　総則（第1条—第3条）
第2章　国及び地方公共団体の責務等（第4条—第6条）
第3章　個人情報の保護に関する施策等
　第1節　個人情報の保護に関する基本方針（第7条）
　第2節　国の施策（第8条—第10条）
　第3節　地方公共団体の施策（第11条—第13条）
　第4節　国及び地方公共団体の協力（第14条）
第4章　個人情報取扱事業者の義務等
　第1節　個人情報取扱事業者の義務（第15条—第36条）
　第2節　民間団体による個人情報の保護の推進（第37条—第49条）
第5章　雑則（第50条—第55条）
第6章　罰則（第56条—第59条）

2）個人情報

対象となる個人情報は個人識別情報である。検索可能な個人データであれば、マニュアル処理のものでも規制対象とされている。

3）基本理念

基本理念については、「個人情報は、個人の人格尊重の理念の下

に慎重に取り扱われるべきものであることにかんがみ、その適正な取扱いが図られなければならない。」と定めている。

4）国及び地方公共団体の責務等

　国の責務として、法律の趣旨にのっとり、個人情報の適正な取扱いを確保するために必要な施策を総合的に策定し、及びこれを実施する責務を有するとされる。地方公共団体については、法律の趣旨にのっとり、その地方公共団体の区域の特性に応じて、個人情報の適正な取扱いを確保するために必要な施策を策定し、及びこれを実施する責務を有するとされる。

　そして、政府は、個人情報の性質及び利用方法にかんがみ、個人の権利利益の一層の保護を図るため特にその適正な取扱いの厳格な実施を確保する必要がある個人情報について、保護のための格別の措置が講じられるよう必要な法制上の措置その他の措置を講ずるものとするとされ、個人情報の保護に関する施策の総合的かつ一体的な推進を図るため、個人情報の保護に関する基本方針を定めなければならないと定めている。

5）個人情報取扱事業者の義務

　個人情報取扱事業者の義務としては下記の定めがある。
① 目的をできる限り特定しなければならず、利用目的の達成に必要な範囲を超えて取り扱ってはならない。また、本人の同意を得ずに第三者に提供してはならない。
② 個人情報の収集については、偽りその他不正の手段により取得してはならず、個人情報の保有については、正確かつ最新の内容に保つよう努めなければならない。また、安全管理のために必要な措置を講ずる義務があり、従業者・委託先に対する必

要な監督を行う義務がある。
③　利用目的の公表、あるいは通知をあらかじめしていなかった場合には、個人情報を取得したときは利用目的を通知又は公表しなければならず、利用目的等を本人の知り得る状態に置くことが義務付けられている。
④　個人情報は、本人の求めに応じて保有個人データを開示する義務があり、本人の請求による誤った個人情報の訂正、不正に入手した個人情報の利用停止等の義務がある。
⑤　個人情報の取扱いについての苦情に対して適切かつ迅速な処理に努める努力義務がある。

6）主務大臣の権限

　個人情報取扱い事業者に対しては、報告の徴収、助言、勧告、命令、緊急命令などの権限を持つ。
　認定個人情報保護団体に対しては、認定、廃止の届け出の受理、報告の徴収、命令、認定の取消の権限を持つ。

■4　所管

　内閣府の所管である。ただし、個別の業界ごとのガイドラインの策定については、各所管庁が行うことになっている。
　消費者庁の設置に伴い、本法7条に定める「個人情報の保護に関する基本指針」の策定にあたっては、内閣総理大臣は、消費者委員会の意見を聴かなければならないこととなる。
　消費者庁では、企画課がその事務をつかさどる（消費者庁組織令第7条第7号）。

29 公益通報者保護法

平成16年6月18日法律第122号
最終改正　平成19年12月5日法律第128号

■1　法律の目的

　本法は、公益通報者が、勤務先から解雇されたり不利益な取扱いをされたりすることのないように、その保護を図ることを目的としている。公益通報者を保護することによって、ひいては、国民の生命・身体・財産その他の利益の保護にかかわる各種の法令の規定が遵守されることを担保することによって国民生活の安定及び社会経済の健全な発展に資することをも目的とするものである。

　本法第1条では、目的について、次のように定めている。「この法律は、公益通報をしたことを理由とする公益通報者の解雇の無効等並びに公益通報に関し事業者及び行政機関がとるべき措置を定めることにより、公益通報者の保護を図るとともに、国民の生命、身体、財産その他の利益の保護にかかわる法令の規定の遵守を図り、もって国民生活の安定及び社会経済の健全な発展に資することを目的とする。」

■2　立法経過

　近年、自動車のリコール隠しや食品の偽装表示など、様々な事業者の不祥事が事業者内部からの通報により相次いで明らかになって

いる。これらの不祥事は、内部からの通報がなければ明らかとなることは難しいものであることからすれば、法令違反行為の是正のための内部のものや関係者による通報は正当な行為として評価されるべきである。ところが、従来は、事業者内部や外部へ誠実に通報したにもかかわらず職場で不利益な取扱いを受けているとの苦情や相談が多く寄せられており、解雇される等の不利益処分がなされる実情も少なくなかった。

また、公益のために通報を行いたい場合に、どこへ、どのように通報すれば通報者の立場が守られるかが明確ではないことが多かった。

そこで、国民生活の安心や安全を損なうような法令違反行為を通報した場合に、通報者が解雇等の不利益な取扱いを受けることのないように保護することによって、事業者のコンプライアンス経営を強化しようとする趣旨から、公益通報者保護法が2004（平成16）年6月に制定された。

■3　法律の概要

1）法律の概要

公益通報をしたことを理由とする公益通報者の解雇の無効等並びに公益通報に関し事業者及び行政機関がとるべき措置を定めることにより、公益通報者の保護等を図る制度を設けている。

2）公益通報の対象

保護される公益通報の対象となるのは、以下の事実が生じ又はまさに生じようとしている場合である。

①　個人の生命又は身体の保護、消費者の利益の擁護、環境の保

全、公正な競争の確保その他の国民の生命、身体、財産その他の利益の保護にかかわる法律として別表（略）に掲げるものに規定する罪の犯罪行為の事実
② 政令で定める法律の規定に基づく処分に違反することが①の事実となる場合における当該処分の理由とされている事実等

政令では、刑法、食品衛生法、証券取引法、JAS法、大気汚染防止法、廃棄物処理法、個人情報保護法、その他合計421本の法律を別表で指定している。

3）公益通報者の保護制度

公益通報をした労働者（公務員を含む。）を以下のように保護するものとしている。
① 公益通報をしたことを理由とする解雇の無効
② 労働者派遣契約の解除の無効
③ その他の不利益な取扱い（降格、減給、派遣労働者の交代を求めること等）の禁止

4）通報先と保護要件

保護については、通報先に応じて保護要件を設定している。内部への通報を原則とし、外部への通報の場合には、要件を厳格にすると共に外部の通報先も限定している。
① 事業者内部への通報の場合には、
　ア）不正の目的でないこと。
② 行政機関への通報の場合には、ア）のほか、
　イ）真実相当性を有すること。
③ 事業者外部への通報の場合には、ア）及びイ）のほか、
　ウ）一定の要件（内部通報では証拠隠滅のおそれがあること、

書面による内部通報後20日以内に調査を行う旨の通知がないこと、人の生命・身体への危害が発生する急迫した危険があることなど）を満たすこと。

5）通報者・事業者及び行政機関の義務

それぞれ次の義務を負う。

① 公益通報者が他人の正当な利益等を害さないようにする努力義務
② 書面による公益通報に対して事業者がとった是正措置等について公益通報者に通知する努力義務
③ 公益通報に対して行政機関が必要な調査及び適切な措置をとる義務
④ 誤って公益通報をされた行政機関が処分権限等を有する行政機関を教示する義務

■4　所管

内閣府の所管である。

消費者庁の設置に伴い、消費者庁に移管する。

さらに、公益通報者の保護に関する基本的な政策に関する重要事項は、消費者委員会がつかさどる。

消費者庁では、企画課がその事務をつかさどる（消費者庁組織令第7条第6号）。

第4章

関連資料

第4章 関連資料

1 消費者行政推進基本計画
~消費者・生活者の視点に立つ行政への転換~

平成20年6月27日閣議決定

（目次）

1．はじめに
2．新組織が満たすべき6原則
3．消費者が頼れる分かりやすい一元的な相談窓口の設置
（1）一元的な相談窓口の設置
（2）国、地方一体となった消費者行政の強化
4．消費者庁（仮称）の設置とその機能
　~消費者庁は、政策全般を監視するための強力な勧告権を持つとともに、
　　消費者に身近な問題を取り扱う法律を幅広く所管・共管~
（1）消費者庁の設置と組織法
（2）情報の集約分析機能、司令塔機能
（3）消費者被害の防止やすき間事案への対応等のための新法
（4）個別作用法の所管
5．消費者庁の体制の在り方
（1）内部組織の在り方
（2）消費者政策委員会（仮称）の設置
（3）消費者庁の規模
6．消費者庁創設に向けたスケジュール
　~来年度から消費者庁を発足~

1．はじめに

　「消費者を主役とする政府の舵取り役」として、消費者行政を一元化する新組織の創設は、消費者の不安と不信を招いた個々の事件への政府全体の対応力の向上を目指すのみならず、明治以来の日本の政府機能の見直しを目指すものである。明治以来、我が国は各府省庁縦割りの仕組みの下それぞれの領域で事業者の保護育成を通して国民経済の発展を図ってきたが、この間「消費者の保護」はあくまでも産業振興の間接的、派生的テーマとして、しかも縦割り的に行われてきた。しかし、こうした古い行政モデルは見直しの対象となり、規制緩和など市場重視の施策が推進されるようになった。その結果、今や「安全安心な市場」、「良質な市場」の実現こそが新たな公共的目標として位置付けられるべきものとなったのである。それは競争の質を高め、消

費者、事業者双方にとって長期的な利益をもたらす唯一の道である。

消費者行政を一元化する新組織の創設はこの新たな目標の実現に向けて政府が積極的に取り組むことを自らの行動を通して示すものにほかならない。それはまた、政府がこれまでの施策や行政の在り方を消費者基本法(昭和43年法律第78号)の理念である「消費者の利益の擁護及び増進」、「消費者の権利の尊重及びその自立の支援」の観点から積極的に見直すという意味で、行政の「パラダイム(価値規範)転換」の拠点であり、真の意味での「行政の改革」のための拠点である。これにより、消費者・生活者が主役となる社会を実現する国民本位の行政に大きく転換しなければならない。

新組織は何よりもまずこれまでの縦割り的体制に対して消費者行政の「一元化」を実現することを任務とし、そのために強力な権限と必要な人員を備えたものでなければならない。しかし、この組織が機動的に活動できる賢い組織として消費者行政において司令塔的役割を果たすためには、何よりも地方自治体との緊密な協力が必要であり、消費生活センターの強化充実を前提にした緊密な全国ネットワークが早急に構築されなければならない。行政の「パラダイム(価値規範)転換」のためには中央・地方を貫く、消費者の声が届く連携・協力のネットワークの創出が不可欠である。

この度創設される新組織は行政のこうした大きな転換の重要な起点であり、発足後も「消費者の利益の擁護及び増進」のために継続的にその活動を強化充実していかなければならない。実際、すべてを一挙に、限られた時間の中で実現することはできない。こうした強化充実のためには消費者の声を真摯に受け止める仕組みの存在と消費者による強力な後押しが欠かせない。消費者がよりよい市場とよりよい社会の発展のために積極的に関与することがあってこそ、新組織はその存在感を高めることができる。

新組織の創設は、転換期にある現在の行政の関係者が「公僕」としての自らの活動の意味を再考する重要なきっかけを作るものであるとともに、消費者の更なる意識改革をも促すものである。その意味でこの改革は「消費者市民社会[1]」というべきものの構築に向けた画期的な第一歩として位置付けられるべきものである。

2．新組織が満たすべき6原則

消費者の視点で政策全般を監視し、「消費者を主役とする政府の舵取り役」として、消費者行政を一元的に推進するための強力な権限を持った新組織を創設する。新組織は、行政に対する消費者の信頼性の確保を重視し、以下の6原則を満たす必要がある。

新たな消費者行政の展開は、消費者に安全安心を提供すると同時に、ルールの透明性や行政行為の予見可能性を高めることにより、産業界も安心して新商品や新サービスを提供できるようになり、産業活動を活性化させるものである。消費者の利益にかなうことは、企業の成長をもたらし、産業の発展につながるものである。

---

1 「消費者市民社会」とは、個人が、消費者としての役割において、社会倫理問題、多様性、世界情勢、将来世代の状況等を考慮することによって、社会の発展と改善に積極的に参加する社会を意味しており、生活者や消費者が主役となる社会そのものと考えられる。

原則1:「消費者にとって便利で分かりやすい」

　新組織は、「生産者サイドから消費者・生活者サイドへの視点の転換の象徴」となるものであり、消費者にとって便利で分かりやすいものとする。

　具体的には、新組織は、消費者問題全般にわたり強力な権限と責任を持つとともに、高齢者を含めすべての消費者が迷わず何でも相談できるよう一元的窓口を持ち、情報収集と発信の一元化を実現する。こうした取組により、消費者からの信頼性の確保を図る。

原則2:「消費者・生活者がメリットを十分実感できる」

　消費者被害の実態を踏まえ、被害防止や救済に結び付けられる仕組みを構築することにより、「消費者・生活者がメリットを十分実感できる」ものとする。また、物価に関する基本的な政策や、消費者や生活者が主役となる社会を構築する上で重要な制度など、消費者・生活者の利益に大きな影響を及ぼす行政分野を幅広く担当する。

　新組織の担う消費者行政は、商品・金融などの「取引」、製品・食品などの「安全」、「表示」など、消費者の安全安心にかかわる問題を幅広く所管する。

　新組織は、一元的な窓口機能(苦情相談の解決を含む)、執行、企画立案、総合調整、勧告などの機能を有する消費者行政全般についての司令塔として位置付ける。

　さらに、消費者教育や啓発に係る地方支援、専門家の育成、国際的な連携(消費者被害に関する各国間の情報ネットワークの構築等)などに取り組む。

　消費者に身近な問題を取り扱う法律は、新組織が所管するとともに、その他の関連法についても、新組織が関与する。

　また、すき間事案への対応や横断的な規制体系の整備のため、新法の早急な制定に向け取り組む。さらに、父権訴訟、違法収益の剥奪等も視野に入れつつ、被害者救済のための法的措置の検討を進める。

原則3:「迅速な対応」

　新組織は、消費者からの相談や法執行、更には法律や政策の企画立案に至るまで、「迅速な対応」を行う。

　緊急時には、新組織を担当する大臣を中心に、警察等を含め関係府省庁との緊密な連携の下、緊急対策本部を設置するとともに、各府省庁への勧告等の機能を有効に活用する。これにより、食品による危害事案などにも適切に対処する。

原則4:「専門性の確保」

　新組織においては、各府省庁や民間からの専門家の活用(例えば、公募制等を含む)を積極的に行うなど、消費者行政に関する幅広い「専門性」を確保・育成する。また、各府省庁や民間に蓄積された専門性を活用する。

原則5:「透明性の確保」

　新組織の運営に消費者の意見が直接届く透明性の高い仕組みを導入する。具体的には、有識者から成る機関を設置し、消費者等が新組織や各府省庁の消費者行政(企画

1 消費者行政推進基本計画

立案、法執行等）をチェックし、消費者の声を反映させる。

原則6：「効率性の確保」

　新組織は、消費者の立場に立って強力な指導力を発揮する機動的で賢い組織とする。このため、今後、以下のような取組を進める。

　消費者行政を総合的に取り扱う新組織の創設により、各府省庁の重複や、時代遅れの組織を整理する。

　新組織を簡素で効率的な仕組みとするため、例えば、窓口機能、情報収集、法執行を中心に、関係機関への事務の委任や地方自治体への権限移譲などを進める。その際、新組織が所掌する事務の地方における円滑かつ確実な遂行を可能とするよう配意する。また、新組織の創設が行政組織の肥大化を招かぬよう、法律、権限、事務等を移管する府省庁から機構・定員及び予算を振り替える。

　また、各政策については、実績評価方式により、費用対効果の観点から定期的に評価・見直しし、無駄のない、実効性のある政策を実行していく。

3．消費者が頼れる分かりやすい一元的な相談窓口の設置

（1）一元的な相談窓口の設置

　地方の消費生活センター及び国民生活センターを高齢者を含めすべての消費者が何でも相談でき、誰もがアクセスしやすい一元的な消費者相談窓口と位置付け、全国ネットワークを構築する。窓口では、相談受付から助言・あっせん、紛争解決まで、一貫して対応する。一元的な消費者相談窓口の整備は、事業者の利便性を高めることにもつながると期待される。

　一元的な消費者相談窓口に共通の電話番号を設けるとともに、消費者の生命・身体にかかわる事故の発生など緊急な対応を要する事案について、全国ネットワークの代表的な窓口が、365日24時間対応し得る体制を構築する。

　このため、地方の消費生活センターを法的に位置付け、都道府県等の消費生活センターは中核センターとして、また、市区町村の消費生活センターは消費者に最も身近な最前線の窓口として、新組織及び国民生活センターと連携しつつ、ともに一元的な消費者相談窓口として機能させる。

　国民生活センターは、国の中核的実施機関として、消費者相談（国民生活センターへの直接相談や、消費生活センターから持ち込まれる困難事案の解決支援）、相談員等を対象とした研修、商品テスト等を拡充するとともに、ＰＩＯ―ＮＥＴ[2]を刷新し、事故情報データバンクを創設するなどシステム整備を加速する。また、広域的な消費者紛争の解決（ＡＤＲ[3]）のための体制整備を進める。こうした取組と並行して、業務運営の改善、内部組織の見直しや関係機関との人事交流の拡大など運営面、組織面、人事面の改革を進める。

（2）国、地方一体となった消費者行政の強化

2　全国消費生活情報ネットワークシステム（Practical — living Information Online Network System）の略。

3　Alternative Dispute Resolution（裁判外紛争解決手続）の略。

第4章 関連資料

　国民目線の消費者行政の強化充実は、地方自治そのものである。消費者の声に真摯に耳を傾け、それに丁寧に対応していくことは、地方分権の下で、地方自治体が地域住民に接する姿勢そのものであり、国民目線の消費者行政の推進は、「官」主導の社会から「国民が主役の社会」へと転換していくことでもある。霞が関に立派な新組織ができるだけでは何の意味もなく、地域の現場で消費者、国民本位の行政が行われることにつながるような制度設計をしていく必要がある。このため、新組織の創設と併せて、地方分権を基本としつつ、地方の消費者行政の抜本的な強化を図ることが必要である。また、消費者にとって身近な地方自治体から国に対して、消費者のための政策を提案できる仕組みを構築し、消費者の意見ができる限り反映されることが重要である。

　しかしながら、地方の消費者行政部門の状況を見ると、予算は大幅に削減され、総じて弱体化している。地方の消費者行政をこの1、2年の間に、飛躍的に充実させるためには、特に当面、思い切った取組をしっかりと行っていく必要がある。

　地域ごとの消費者行政は、自治事務であり、地方自治体自らが消費者行政部門に予算、人員の重点配分をする努力が不可欠である。同時に、消費生活センターを一元的な消費者相談窓口と位置付け、緊急時の対応や広域的な問題への対処等のために全国ネットワークを構築することは、国の要請に基づくものであり、法律にも位置付けを行うことを踏まえ、国は相当の財源確保に努める。

　国がこれまで行ってきた直轄事業（PIO－NETの整備、研修、消費者教育や啓発への支援等）についても充実するとともに、地方自治体が消費者行政に取り組む誘因を強化するため、地方交付税上の措置や民間が消費者行政に貢献しやすくなるような税制上の措置を検討する。

　こうした環境整備を図るとともに、消費者の利益の擁護及び増進のために、国、地方、消費者、事業者がそれぞれ貢献できる新たな仕組みを構築すべきである。例えば、消費者・生活者が主役となる社会の構築に向け、広範な主体が対話を通じて認識を共有し、協働して社会的課題の解決に当たる「円卓会議」を設置することなどについて取組を進める。

4．消費者庁（仮称）の設置とその機能
　　　～消費者庁は、政策全般を監視するための強力な勧告権を持つとともに、消費者に身近な問題を取り扱う法律を幅広く所管・共管～

（1）消費者庁の設置と組織法

　新組織の形態については、各府省庁の施策の総合調整や各省大臣への勧告を行うことを可能とし、責任体制を明確にし、緊急時の迅速な対応等を可能とするため、内閣府の外局である「庁」とすることが望ましい。具体的には、「消費者庁」（仮称、以下単に「消費者庁」という）を設置する。

　このため、組織法の中で、内閣府の外局として消費者庁を設置すること、「消費者の視点から政策全般を監視」するため、強力な総合調整権限、勧告権を付与することを規定する。また、既存の法律、新法を問わず具体的な法案等を含む幅広い企画立案

機能を規定する。消費者の目線に立って、各府省庁の縦割りを超え幅広い分野を対象とした横断的な新法等を企画立案することは、消費者庁の重要な任務である。さらに、勧告権を実効あるものとするため、充実した調査・分析機能を備える必要がある。

同時に、消費者行政担当大臣を置くことを明記する。

（2）情報の集約分析機能、司令塔機能

消費者庁は、消費生活センターからの情報、国民生活センターのＰＩＯ―ＮＥＴや事故情報データバンクを通じた情報、さらには関係機関（保健所、警察、消防、病院等を含む）からの情報などを一元的に集約・分析する。また、関係機関等の商品テスト機能を活用し、原因究明を行う。

同時に、消費者庁は事故情報に関する事業者からの報告を受け、調査の上、迅速、的確にそれを公表する。また、企業の従業員等からの通報、広く国民・消費者からの不正取引に関する申出等を受け付ける。

こうした取組を通じ、消費者庁は、消費者、事業者、その他の関係者からの情報を集約し、多角的、総合的に事実確認を行う。こうした情報分析を迅速に行うために、分野別に専門性を備えた情報分析官を配置する。

消費者庁は、一元的に集約・分析した情報を基に、司令塔として迅速に対応方針を決定する。具体的には、次のような取組が考えられる。

① 自ら所管する法律により対処可能なものは迅速に対処する。

② 事業を所管する府省庁が事業者に指導監督等を行うことが必要な場合は、所管府省庁に対応を求める。さらに、必要な場合には、所管府省庁への法執行の勧告等を行う。

③ 複数府省庁が連携して対応する必要があると判断される場合は、連携の在り方を調整し関係府省庁に指示する。緊急時には、緊急対策本部を主宰し、政府としての対処方針を決定し、その実施を促進する。

④ 対応すべき府省庁が明らかでない場合や緊急の場合等には、後述の新法等に基づき自ら事業者に対して安全確保措置等を促す。

⑤ 悪徳商法の拡大や、食品・製品等による消費者の生命・身体への被害の拡大が予想される場合には、原因究明が尽くされる前においても早期警戒警報を流すなど、情報発信機能を担う。

⑥ 以上に加え、既存制度のすき間を埋めるために、制度の改正や新たな制度の創設が必要な場合は、消費者庁において必要な措置を検討し速やかに方針を決定する。

これまで個別事案への対応は、緊急の場合も含め、ともすれば各府省庁ごとにそれぞれの所掌の範囲内で縦割り的に処理されてきたが、上記のように、消費者庁が司令塔となり、消費者庁が決定した対応方針に従って政府一体となって対処することにより、迅速な被害の拡大防止、再発防止、被害救済の実現を目指す。

消費者庁は、こうした政府の対応状況について適時にフォローアップし、公表する。これを通じて、国民に対して情報提供、注意喚起を行い、国民、消費者の信頼の確保に努める。

このように、情報の集約・分析や対応方針の決定を消費者庁が一元的に担うことに伴い、各府省庁から組織、定員、予算を消費者庁に移し替える。
（3）消費者被害の防止やすき間事案への対応等のための新法
　さらに、消費者庁の設置に合わせ、消費者からの苦情相談の受付から法執行に至るまでの行政の対応を規定した新法の成立に向けて取り組む。
　この新法の中で、国及び地方自治体が、国民生活センター及び消費生活センターに、消費者が何でも相談できる一元的な消費者相談窓口を設置すること及びその窓口が実施する業務、果たすべき機能を規定する。これにより、消費生活センターを法的に位置付ける。
　また、消費生活センターで受け付けた苦情相談に関する情報を消費者庁に集約すること、重篤情報は消費者庁に緊急通知することを規定するとともに、消費生活センターと保健所等関係機関の地域における連携について規定する。
　さらに、苦情解決のために必要な法執行を確保するため、消費者庁自らが迅速に対応することはもとより、各府省庁に迅速な法執行を促す勧告等を行うとともに、すき間事案については、自ら対応することを可能にするために、事業者調査及びその結果の公表、その他の措置を採ることを規定する。
　上記の新法に加え、父権訴訟、違法収益の剥奪等も視野に入れつつ、被害者救済のための法的措置の検討を進めることも重要である。
（4）個別作用法の所管
　個別作用法については、消費者に身近な問題を取り扱う法律は消費者庁が所管することとし、各府省庁から消費者庁に移管（一部移管を含む）・共管する（別紙1）とともに、安全にかかわる事故情報の報告・公表、食品表示、消費者信用等の分野において、横断的な体系化（一般法の立案等）に取り組む。
　消費者庁がこうした法律を所管することにより、以下のような効果が期待される。
① 一元化された消費者被害情報を基に、すき間のない迅速な対応を実現するとともに、必要な場合には新規立法に向けて直ちに取り組む。
② これまで各府省庁の所管業種、所管物資ごとに分断され、個別に行われてきた規制を横断的に体系化することにより、他分野に比べ遅れた分野の規制を改善する。また、各府省庁の法律で錯そうした規制を行ってきたものについては一元化し、分かりやすいものに変更する。
③ 消費者に分かりやすい広報・啓発を実施する。
④ 執行の現場である各地方組織の間の連携を強化する。
など
　（i）まず、「表示」に関する法律については、
　① 表示は、消費者に対し、商品・サービスの選択の基礎を与えるものであり、商品やサービスの性能や効果について誤解がないようにするため、商品やサービスの選択に当たって必要な情報が表示されること及び消費者を誤解させるような不当な表示がなされないようにする必要があること
　② 消費者被害の実態を踏まえ機動的に対応することが重要であること（業界、企業に関する情報の重要性は相対的に小さいこと）

③ 各府省庁をまたがる横断的な調整が必要であること（分野ごとの規制の整合性確保、複数の法律が錯そうしている分野における一元化、すき間事案への対応等）

などから、消費者庁が所管する。ただし、表示の基準作りに関しては、製造、流通プロセスに関する情報等も重要であることから、表示基準策定に当たり、各府省庁の知見を活用する。

(ⅱ) 次に、「取引」に関する法律については、民事ルールや被害救済ルール中心の法律及び消費者保護のための行為規制中心の法律は、
① 消費者被害の実態を踏まえ機動的に対応することが重要であること（業界、企業に関する情報の重要性は相対的に小さいこと）
② 各府省庁をまたがる横断的な調整が必要であること

などから、消費者庁が所管（共管を含む）する。

参入規制（免許制、登録制等）を持ついわゆる業法についても、当該参入規制が専ら消費者等の保護のための行為規制を担保するために設けられている法律や、一元的な新法に組み込むことを目指すべき法律は、消費者庁が所管（共管を含む）する[4]。具体的には、こうした法律は、業等の健全な発展と利用者保護の両方を目的としていることから、行為規制の企画立案については、消費者庁と業所管府省庁の共管とする。また、登録、免許等のいわゆる入口規制と出口である登録取消し等の処分については、二重行政を避けるため、業所管府省庁の所管としつつ、消費者庁は強力な勧告権及び勧告を行うか否かを判断するために必要な調査を行う権限を持つこととし、その旨を個別の業法に明記する。また、消費者庁は、処分について事前協議を受けるべきである。

さらに、不正取引に関する申出制度の整備を進める。

(ⅲ)「安全」に関する法律については、民事ルールを定める法律は、消費者被害の実態を踏まえ整備することが必要であることから、消費者庁が所管する。

危害の発生についての報告制度、情報収集、情報分析（商品テストを含む）、危害の発生に即応した司令塔機能、緊急避難措置に関する法律は、
① 消費者被害の実態を踏まえ機動的に対応することが決定的に重要であること
② 各府省庁をまたがる横断的な調整が必要であること

などから、消費者庁が所管する。特に、重大事故報告・公表制度については、消費者庁が所管し、消費生活用製品以外の製品、食品、サービス、施設等の分野に広げていくこととする。この重大事故報告・公表制度を含め、消費者庁は、安全に関する情報を一元的に集約・分析するとともに、情報を早期に発信・公表することなどにより、食品を始めとした消費者の「安全」を確保する。

安全基準の設定については、製造、流通プロセスに関する情報を踏まえることが重要であるが、同時に消費者被害の実態等を反映することが必要であることから、各府省庁が消費者庁に協議した上で決定することを各法律に規定する。

---

[4] 一方、当該参入規制が単に取引ルールの遵守を担保するのみにとどまらず、例えば、公共的なサービスの安定的な供給等のために、事業経営の健全性の確保といったことを目的とするような法律については、原則、各府省庁が所管し、消費者庁が一定の関与を行う。

食品安全基本法（平成15年法律第48号）は、消費者が日常的に消費する食品の安全に関する基本法であることから、消費者庁に移管する。ただし、食品安全委員会の設置等に関する規定の所管については、引き続き検討する。
(ⅳ) 消費者庁が消費者からの苦情相談に関する情報や被害情報等を一元的に収集した上で、調査・検査・試験等を、（独）製品評価技術基盤機構、（独）農林水産消費安全技術センター、（独）国立健康・栄養研究所等の関係機関に、機動的に要請できる仕組みについて早急に検討し、その結果、必要に応じて、関係法令における、独立行政法人等の関係機関の調査・検査・試験等の規定に関して所要の措置を採る。
(ⅴ) これらの法律等と並んで、消費者庁は、法律に基づく緊急時の物価対策や公共料金（個別公共料金の改定等に係る調整や公共料金制度改革）など物価に関する基本的な政策を所管する。物価の安定は、消費者の利益の擁護及び増進のために不可欠な条件であり、消費者を取り巻く状況を踏まえ、機動的に対応することが必要である。また、緊急時の物価対策は、「取引」に関する行為規制の一つである。こうしたことから、これらの物価関係法令を消費者庁が所管することで、より効果的な対応が可能になる。
(ⅵ) また、消費者や生活者が主役となる社会を構築していく上では、個人としての権利が尊重される環境の整備等が必要であり、こうした制度にかかわる重要な法律を幅広く所管することも必要である。
なお、特定非営利活動促進法（平成10年法律第７号）については、その望ましい所管の在り方について引き続き検討する。
(ⅶ) 個別作用法の移管（一部移管を含む）や共管に伴い、当該法律及びそれに関連する事務・事業の企画立案、執行等（間接部門を含む）に必要な組織、定員、予算を消費者庁に移し替える。
(ⅷ) さらに、別紙１に掲げる法律以外にも、幅広い法律について、今後も引き続き消費者庁による関与について検討を行う必要がある（別紙２は消費者行政推進会議が示した例）。また、その取組を定期的にチェックすることが必要である。

５．消費者庁の体制の在り方
（１）内部組織の在り方

消費者庁には、消費者行政の企画を担当する部門、消費者行政の執行を担当する部門、情報の収集、調査、発信を担当する部門が必要と考えられる（別紙３）。

企画部門は、各府省庁の消費者政策の総合調整（食品安全を含む）、すき間事案への対応や横断的な規制体系の整備のための新法、消費者被害の救済のための新法、民事ルールを扱う法律、消費者基本法に基づく基本計画等の企画立案を行うとともに、各府省庁の法執行への勧告等を担う。

執行部門は、「表示」、「取引」、「安全」の各分野における個別作用法に係る調査から執行までを担うとともに、物価政策等を担当する。

また、緊急時の司令塔機能、有識者から成る機関（後記参照）の事務局機能及び

消費生活センター等から寄せられる情報の集約、分析と情報発信、国際的な連携や消費者教育・啓発に係る支援、国民生活センターの監督等の機能を担う部門を構築する必要がある。
(2) 消費者政策委員会（仮称）の設置
　「消費者庁の運営に消費者の意見が直接届く透明性の高い仕組み」として、有識者から成る機関[5]である消費者政策委員会（仮称、以下単に「消費者政策委員会」という）を設置する。消費者政策委員会は、消費者政策（基本計画や新法等）の企画立案や消費者庁を含めた関係府省庁の政策の評価・監視に関することとともに、消費者庁が行う行政処分等のうち重要なものに関して、諮問への答申、意見具申を行う。このため、消費者政策委員会の下に専門調査会等の下部機関を置く。特に、行政処分の審議等を担当する下部機関は常時、機動的に対応できる体制が求められる。また、消費者と直接接点を持つ地方自治体の意見を政策に反映する仕組みを構築し、消費者の意見を政策にいかすことが重要である。
　この消費者政策委員会の事務局は消費者庁が担当する。消費者庁は、収集した情報、分析結果等を迅速に報告することなどにより、消費者政策委員会をサポートする。
(3) 消費者庁の規模
　総合調整、勧告など新たに設けられる機能に対応した体制を整備することで、「消費者を主役とする政府の舵取り役」を担うにふさわしい規模とする。その際、法律の移管・共管や情報の集約分析機能、司令塔機能等の整備に伴い、所要の機構、定員、予算を各府省庁から移し替える。
　また、消費者からの相談情報の分析や困難事案への助言、さらには科学技術に関する知見を要する表示基準等の調査分析などに従事する非常勤職員（相談員、研究者等）を確保し、常勤職員と合わせて、消費者庁の機能を十分に発揮できる体制とする必要がある。
　なお、食品安全委員会については、どこに設置するのが適当か政府を中心に引き続き検討を行うこととするが、いずれにせよ、食品健康影響評価（リスク評価）やリスクコミュニケーションの在り方を中心に改革を進める必要がある。その際、リスク評価の科学的客観性を担保しつつ、消費者とのリスクコミュニケーション等に関しては、消費者庁行政との連携を強める仕組みを整備する。特に、食品の安全に関する緊急事態が発生する際には、食品安全に関する総合調整を担う消費者行政担当大臣の判断で緊急対策本部を機動的に設置できるようにする等の対応が必要である。

6. 消費者庁創設に向けたスケジュール
　〜来年度から消費者庁を発足〜
　来年度から消費者庁を発足させることとし、早急に必要な法案、予算、機構・定員

---

[5] 国家行政組織法（昭和23年法律第120号）第8条に基づく審議会等と同様の機関。ただし、内閣府は、同法の適用を受けない。

の要求等の準備を進める。具体的には、本基本計画に定める方針に従い、臨時国会が開催されれば、設置法、消費生活センターの法的位置付け及びすき間対応等を規定する新法、さらには、別紙1で示された各個別作用法の改正法案についても、できるだけ臨時国会に提出する必要がある。さらに、臨時国会に提出できなかった法案等については、次期通常国会以降、順次、国会に提出する。

さらに、消費者庁の円滑な発足のため、所要の体制整備を行い、内閣府において消費者庁の司令塔機能を先行実施するとともに、一元的窓口の構築に向けた取組を行うなど、今年度中に前倒しして実施できることは、早急に着手する。

法案や予算等の準備、消費者庁の立ち上げを円滑に進めるため、内閣官房に相応の人員を配置し、必要に応じ内閣官房が中心になって分野ごと（例えば、表示、取引、安全、消費生活センターとの連携等）に、各府省庁の関係者等から成るチームを編成し、必要な調整を進めることとする。

なお、本基本計画の実施状況を監視し、提言等を行うため、今後とも、消費者行政推進会議を随時開催することとする。

（別紙1）

個別作用法の所管の内容の概要

「表示」に関する法律

景品表示法 ⇒ 消費者庁に移管

JAS法 ⇒ 表示基準の企画立案、執行を消費者庁に移管
 ＊表示基準策定・改正に当たり、農林水産省にあらかじめ協議・同意
 ＊農林水産省は、案をそなえて表示基準の策定・改正を要請可
 ＊法執行の一部につき、農林水産大臣に委任

食品衛生法 ⇒ 表示基準の企画立案、執行を消費者庁に移管
 ＊表示基準策定・改正に当たり、厚生労働省にあらかじめ協議
 ＊厚生労働省は、表示基準の策定改正を要請可

健康増進法 ⇒ 表示基準の企画立案、執行を消費者庁に移管
 ＊表示基準策定・改正に当たり、厚生労働省に協議

家庭用品品質表示法 ⇒ 表示の標準の企画立案、執行を消費者庁に移管
 ＊表示の標準策定に当たり、経済産業省にあらかじめ協議
 ＊経済産業省は、案をそなえて表示の標準の策定・改正を要請可
 ＊法の執行の一部につき、経済産業省に委任

住宅品質確保法 ⇒ 表示等の企画立案、表示基準の策定は共管。執行は国土交通省が行うが、消費者庁が勧告
 （注）住宅性能表示は任意制度であるなど他の表示と異なる点がある。

1　消費者行政推進基本計画

```
┌─「取引」に関する法律──────────────────────────────┐
│  ┌─────────┐ ┌──────────┐ ┌──────────┐            │
│  │ 消費者契約法 │ │ 無限連鎖講防止法 │ │ 特定商品預託法 │ ⇒ 消費者庁に移管 │
│  └─────────┘ └──────────┘ └──────────┘            │
│  ┌──────────┐                                          │
│  │ 電子消費者契約法 │ ⇒ 内閣府所管部分について消費者庁に移管     │
│  └──────────┘                                          │
│  ┌─────────┐                                           │
│  │ 特定商取引法 │ ⇒ 消費者保護に係る企画立案、執行を消費者庁に移管。消費 │
│  └─────────┘    者庁がこの法律に係る執行を一元的に行う。経済産業省は、│
│                商一般等の立場から連携                                 │
│  ┌──────────┐                                          │
│  │ 特定電子メール法 │ ⇒ 消費者保護の観点からの企画立案、措置命令等を消費 │
│  └──────────┘    者庁に一部移管（共管）                          │
│  ┌──────────┐ ┌─────┐                                 │
│  │ 金融商品販売法 │ │ 出資法 │ ⇒ 消費者庁が所管に加わる。        │
│  └──────────┘ └─────┘                                 │
│  ┌──────┐ ┌────────┐ ┌──────────┐ ┌──────┐        │
│  │ 貸金業法 │ │ 割賦販売法 │ │ 宅地建物取引業法 │ │ 旅行業法 │        │
│  └──────┘ └────────┘ └──────────┘ └──────┘        │
│     ⇒ 企画立案は共管。登録・免許、検査、処分は各省庁（金融庁、経済産業 │
│        省、国土交通省）が行うが、消費者庁は処分について勧告権を持ち、その │
│        ための検査権限を持つ。また、処分について事前協議を受ける。     │
└──────────────────────────────────────────────┘

┌─「安全」に関する法律──────────────────────────────┐
│  ┌─────────┐                                           │
│  │ 製造物責任法 │ ⇒ 消費者庁に移管                                │
│  └─────────┘                                           │
│  ┌──────────┐                                          │
│  │ 食品安全基本法 │ ⇒ 消費者庁に移管。ただし、食品安全委員会の設置等に関 │
│  └──────────┘    する規定の所管については、引き続き検討          │
│  ┌──────────────┐                                      │
│  │ 消費生活用製品安全法 │ ⇒ 重大事故情報報告・公表制度を消費者庁に移管。 │
│  └──────────────┘    安全基準の策定に当たり協議を受ける。       │
│  ┌──────────────┐ ┌──────────────────┐           │
│  │ 食品衛生法（再掲） │ │ 有害物質含有家庭用品規制法 │           │
│  └──────────────┘ └──────────────────┘           │
│                       ⇒ 安全基準の策定に当たり協議を受ける。        │
└──────────────────────────────────────────────┘

┌─消費者や生活者が主役となる社会の構築、物価行政に関する法律─────────┐
│  ┌────────────┐ ┌────────────┐ ┌────────┐       │
│  │ 国民生活安定緊急措置法 │ │ 買占め及び売惜しみ防止法 │ │ 物価統制令 │       │
│  └────────────┘ └────────────┘ └────────┘       │
│                 ⇒ 内閣府所管部分について消費者庁に移管              │
│  ┌─────────┐ ┌──────────┐ ┌──────────┐ ┌──────────┐ │
│  │ 消費者基本法 │ │ 国民生活センター法 │ │ 個人情報保護法 │ │ 公益通報者保護法 │ │
│  └─────────┘ └──────────┘ └──────────┘ └──────────┘ │
│                                         ⇒ 消費者庁に移管           │
│  ┌────────────┐                                     │
│  │ 特定非営利活動促進法 │ ⇒ 望ましい所管の在り方について引き続き検討    │
│  └────────────┘                                     │
└──────────────────────────────────────────────┘
```

（注）詳細については、引き続き検討を進めていくべきである。

【不当景品類及び不当表示防止法】
　所要の見直しを行った上で、消費者庁に移管する。
【農林物資の規格化及び品質表示の適正化に関する法律】
　品質表示基準の企画立案、執行は、消費者庁に移管する。
　消費者庁は、品質表示基準の策定・改正に当たっては、農林水産省にあらかじめ協議し、同意を得ることとする。
　また、農林水産省は、消費者庁に対し、案をそなえて、品質表示基準の策定・改正の要請を行うことができる。
　消費者庁は、報告徴収・立入検査、指示及び措置命令を担当する。その上で、消費者庁は、農林水産大臣に権限の一部（報告徴収・立入検査及び指示）を委任する（包括委任）。
　農林水産省は、報告徴収・立入検査及び指示を行うとともに、指示の内容を消費者庁に報告する。
　消費者庁は、自ら報告徴収・立入検査及び指示を行う、又は、個別に方針を定めた上で、これらの事務を農林水産大臣に委任できる（個別委任）。
　農林水産省は、消費者庁に対し、措置命令を要請できる。
【食品衛生法】
　表示基準の企画立案、執行は、消費者庁に移管する。
　消費者庁は、表示基準の策定・改正に当たっては、厚生労働省にあらかじめ協議する。
　また、厚生労働省は、消費者庁に対し、表示基準の策定・改正の要請を行うことができる。
　消費者庁は、表示基準に合わない食品等の販売等の禁止及び虚偽又は誇大な表示及び広告の禁止に関する廃棄命令、危害除去命令などの処分を担当する。
　なお、これら処分に係る都道府県知事等の権限は現行どおりとする。
　厚生労働省は、食品等の規格基準（安全基準）等の策定・改正に当たっては、消費者庁に協議する。
【健康増進法】
　表示基準の企画立案、執行は、消費者庁に移管する。
　消費者庁は、表示基準の策定・改正に当たっては、厚生労働省に協議する。
　特別用途表示の審査・許可は、消費者庁が所管する。
　消費者庁は、特別用途表示、栄養表示基準等に係る立入検査、勧告、収去及び命令、虚偽・誇大な広告等の監視指導などの執行を所管する。その上で、消費者庁は、地方厚生局長に権限の一部を委任する。
　地方厚生局長は、上記に係る権限を行使した場合には、その内容を消費者庁に報告する。
　なお、都道府県知事等の権限（特別用途食品の収去、立入検査等）については、現行どおりとする。
　消費者庁は、特別用途表示の許可及び収去を行った食品について、（独）国立健康・栄養研究所等に試験を行わせる。

【家庭用品品質表示法】
　消費者庁に移管する。
　消費者庁が表示の標準を策定・改正するに当たっては、経済産業省にあらかじめ協議する。
　また、経済産業省は、消費者庁に対し、案をそなえて、表示の標準の策定・改正の要請を行うことができる。
　消費者庁は、報告徴収・立入調査、指示及び表示に関する命令を担当する。その上で、消費者庁は、経済産業省に権限の一部（報告徴収・立入調査、指示）を委任する。
　また、消費者庁は、自ら報告徴収・立入調査及び指示を行うことができる。
　経済産業省は、報告徴収・立入調査、指示を行った場合は、消費者庁にその結果を報告する。
　経済産業省は、消費者庁に対し、表示に関する命令の発出を要請できる。
【住宅の品質確保の促進等に関する法律】
　表示等の企画・立案は、消費者庁と国土交通省が行う。
　住宅性能表示基準は、消費者庁と国土交通省の両者が定める。
　消費者庁は勧告権を持つとともに、勧告に基づく措置について報告を徴収することができることを同法に規定する。
【無限連鎖講の防止に関する法律】
　消費者庁に移管する。
【特定商品等の預託等取引契約に関する法律】
　消費者庁に移管する。
【電子消費者契約及び電子承諾通知に関する民法の特例に関する法律】
　内閣府の所管部分を消費者庁に移管する。
【特定商取引に関する法律】
　消費者保護に係る権限（企画立案、執行）を消費者庁に移管する。これに伴い、経済産業省の執行に係る所要の組織・定員を移管し、消費者庁がこの法律に係る執行を一元的に行う。
　なお、主務大臣は、内閣総理大臣に加え、経済産業大臣及び物資等所管大臣とする。
　経済産業省は、商一般の専門的な知見や、物資等の生産・流通の専門的な知見等を活用して、消費者庁と連携する。
　地方における執行にあたっては、消費者庁は、地方経済産業局長に権限の一部を委任する。
【特定電子メールの送信の適正化等に関する法律】
　企画・立案及び措置命令等は、消費者庁が消費者利益の擁護及び増進の観点から、総務省が通信ネットワーク環境の整備の観点から、所管する。
　電気通信事業者等に対する規定については、総務省が所管する。
【金融商品の販売等に関する法律】
　金融庁とともに、消費者庁が所管に加わる。

【出資の受入れ、預り金及び金利等の取締りに関する法律】
　金融庁・法務省とともに、消費者庁が所管に加わる。
【貸金業法】
　法律の企画・立案は、消費者庁と金融庁が行う。
　登録は、金融庁が所管し、消費者庁に対し通知する。
　取消・命令等の処分は、金融庁が所管する。また、消費者庁が、処分について事前協議を受ける仕組みを設ける。さらに、消費者庁は処分について勧告権を持つとともに、勧告に基づく措置について報告を徴収することができることを貸金業法に規定する。
　検査は、金融庁が所管する。また、消費者庁は、寄せられた情報等をもとに、処分勧告するか否かを判断するため、検査を実施する。この場合、個別事案ごとに、金融庁への委任等により行う。
　なお、都道府県所管のものについては、消費者利益の擁護及び増進の要請は、国所管のものと同じであることを踏まえ、地方自治法との関係も考慮しつつ、事前協議、勧告、検査の内容を検討する。
【割賦販売法】
　法律の企画・立案は、消費者庁と経済産業省が行う。
　許可・登録は、経済産業省が所管し、消費者庁に対し通知する。
　取消・命令等の処分は、経済産業省が所管する。また、消費者庁が、処分について事前協議を受ける仕組みを設ける。さらに、消費者庁は処分について勧告権を持つとともに、勧告に基づく措置について報告を徴収することができることを割賦販売法に規定する。
　検査は、経済産業省が所管する。また、消費者庁は、寄せられた情報等をもとに、処分勧告するか否かを判断するため、検査を実施する。この場合、個別事案ごとに、経済産業省への委任等により行う。
【宅地建物取引業法】
　行為規制の企画・立案は、消費者庁と国土交通省が行う。
　免許は、国土交通省が所管し、その情報を消費者庁と共有する。
　取消・命令等の処分は、国土交通省が所管する。また、消費者庁が、処分について事前協議を受ける仕組みを設ける。さらに、消費者庁は処分について勧告権を持つとともに、勧告に基づく措置について報告を徴収することができることを同法に規定する。
　検査は、国土交通省が所管する。また、消費者庁は、寄せられた情報等をもとに、処分勧告するか否かを判断するため、検査を実施する。
　なお、都道府県が所管する事務については、地方自治法との関係も考慮しつつ、事前協議、勧告、検査の内容を検討する。
【旅行業法】
　行為規制の企画・立案は、消費者庁と国土交通省が行う。
　登録は、国土交通省が所管し、その情報を消費者庁と共有する。
　取消・命令等の処分は、国土交通省が所管する。また、消費者庁が、処分について

事前協議を受ける仕組みを設ける。さらに、消費者庁は処分について勧告権を持つとともに、勧告に基づく措置について報告を徴収することができることを同法に規定する。

　検査は、国土交通省が所管する。また、消費者庁は、寄せられた情報等をもとに、処分勧告するか否かを判断するため、検査を実施する。

　なお、都道府県が所管する事務については、地方自治法との関係も考慮しつつ、事前協議、勧告、検査の内容を検討する。

【食品安全基本法】
　消費者庁に移管する。ただし、食品安全委員会の設置等に関する規定の所管については、引き続き検討する。

【消費生活用製品安全法】
　重大事故報告・公表制度を消費者庁に移管する。
　重大事故情報の報告の受け付けは、消費者庁が行う。
　消費者庁は、報告を受けた場合、ただちに、関係府省に内容を通知するものとする。
　消費者庁及び関係府省は、共同して、重大事故の原因究明のための調査を行う。
　消費者庁は、関係府省の意見を聴いて、重大事故の内容等を公表する。
　また、主務省庁は、技術上の基準の策定に当たり、消費者庁に協議する。

【有害物質を含有する家庭用品の規制に関する法律】
　厚生労働省は、安全基準の策定に当たり、消費者庁に協議する。

【国民生活安定緊急措置法】
【生活関連物資等の買占め及び売惜しみに対する緊急措置に関する法律】
【物価統制令】
　内閣府の所管部分を消費者庁に移管する。

【消費者基本法】
【独立行政法人国民生活センター法】
【消費者契約法】
【製造物責任法】
【個人情報の保護に関する法律】
【公益通報者保護法】
　消費者庁に移管する。

【特定非営利活動促進法】
　望ましい所管の在り方について引き続き検討

(別紙2)

消費者行政推進会議が示した例

警察庁	金融庁	総務省	法務省
・警備業法	・金融商品取引法 ・保険業法 ・プリペイドカード法 ・振り込め詐欺救済法 ・偽造・盗難カード預貯金者保護法	・電気通信事業法 ・プロバイダ責任制限法 ・携帯電話不正利用防止法	・総合法律支援法 ・裁判外紛争解決促進法 ・組織的犯罪処罰法 ・被害回復給付金支給法 ・利息制限法 ・借地借家法

環境省			
・温泉法 ・ペットフード規制法			

厚生労働省	農林水産省	経済産業省	国土交通省
・薬事法 ・医療法 ・消費生活協同組合法 ・クリーニング業法	・流通食品毒物混入防止法 ・牛トレーサビリティ法 ・肥料取締法 ・飼料安全法	・商品取引所法 ・ガス事業法 ・電気用品安全法 ・液化石油ガス保安法 ・海外商品先物取引法 ・商品ファンド法 ・ゴルフ会員契約適正化法 ・不正競争防止法 ・計量法 ・工業標準化法 ・化審法	・住生活基本法 ・建築基準法 ・道路運送車両法 ・不動産特定共同事業法 ・建設業法 ・道路運送法 ・履行確保法

1 消費者行政推進基本計画

消費者庁（仮称）の組織のイメージ　　　　　　　　　　　　　　　　　　　　　　（別紙3）

※消費者庁は、内閣府の外局として設置

【内閣総理大臣】
【消費者行政担当大臣】
【消費者庁（長官）】

【消費者政策委員会（仮称）】

【情報収集・発信部門】
○消費生活センター等からの情報集約機能
○情報分析、調査
○消費者政策委員会の事務局機能
○緊急時の司令塔機能
○国際的な連携
○消費者教育・啓発に係る支援
○国民生活センターの監督

【消費者行政企画部門】
○総合調整
○各省の政策への勧告・監視・政策提言
○法律の企画立案（横断的な新法・すき間事案への対応、被害者救済等）
○各省庁の法執行への勧告
○個人情報保護、公益通報者保護、等

【消費者行政執行部門】
○個別作用法に係る調査、執行、等
　「表示」関係　「取引」関係　「安全」関係
○物価政策、等

215

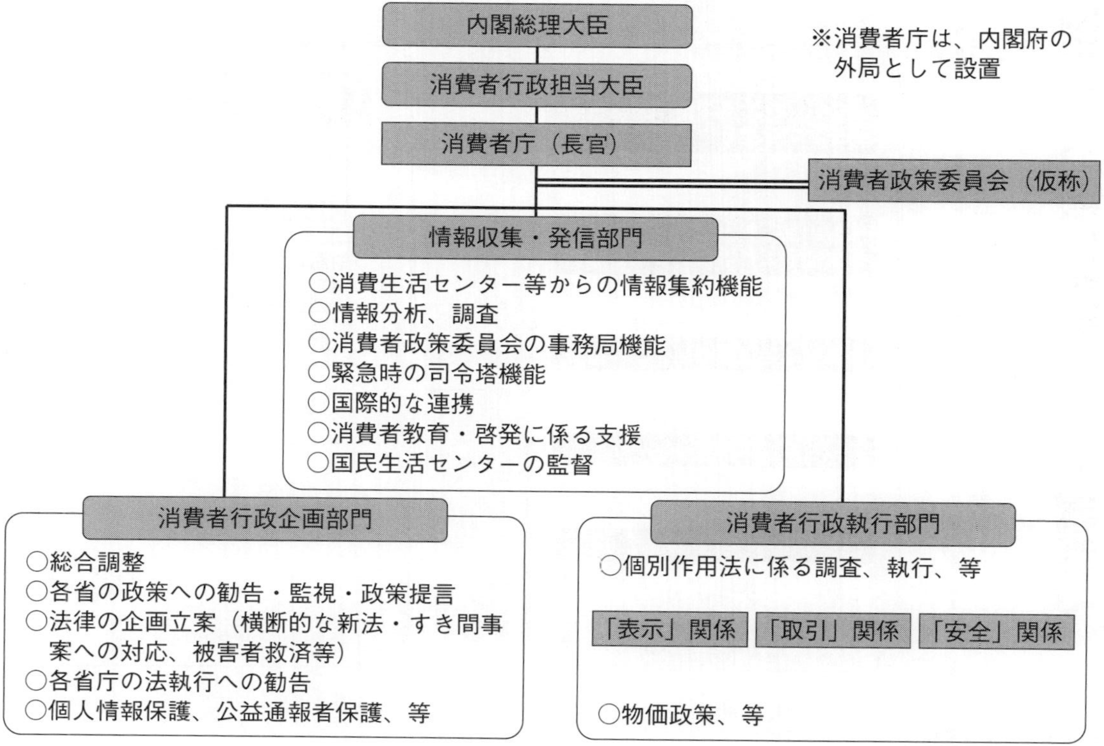

第4章 関連資料

2 これまでの消費者行政の問題点と消費者庁の創設を通じた対応

平成21年5月27日
内閣官房一元化準備室内閣府国民生活局

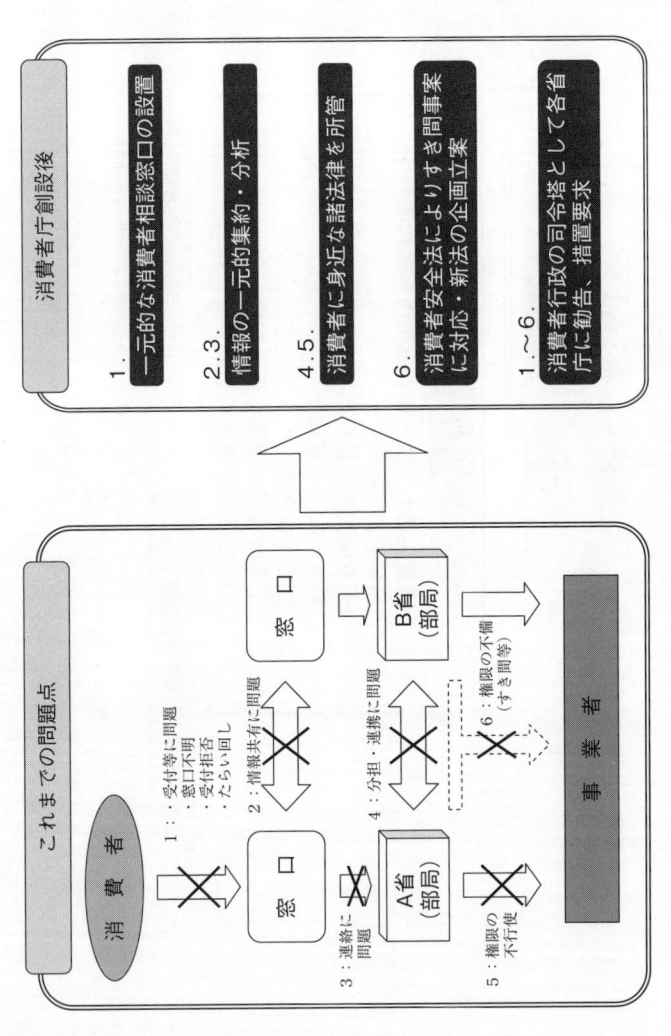

消費者庁創設後

1. 一元的な消費者相談窓口の設置
2. 3. 情報の一元的集約・分析
4. 5. 消費者に身近な諸法律を所管
6. 消費者安全法によりすき間事案に対応・新法の企画立案
1〜6. 消費者行政の司令塔として各省庁に勧告、措置要求

これまでの問題点

消費者 → 窓口
1：受付等に問題
・窓口不明
・受付拒否
・たらい回し

2：情報共有に問題

窓口 ⇔ 窓口

A省（部局） ⇔ B省（部局）
4：分担・連携に問題

3：連絡に問題

5：権限の不行使

6：権限の不備（すき間等）

事業者

3 消費者庁及び消費者委員会創設後の消費者行政のイメージ

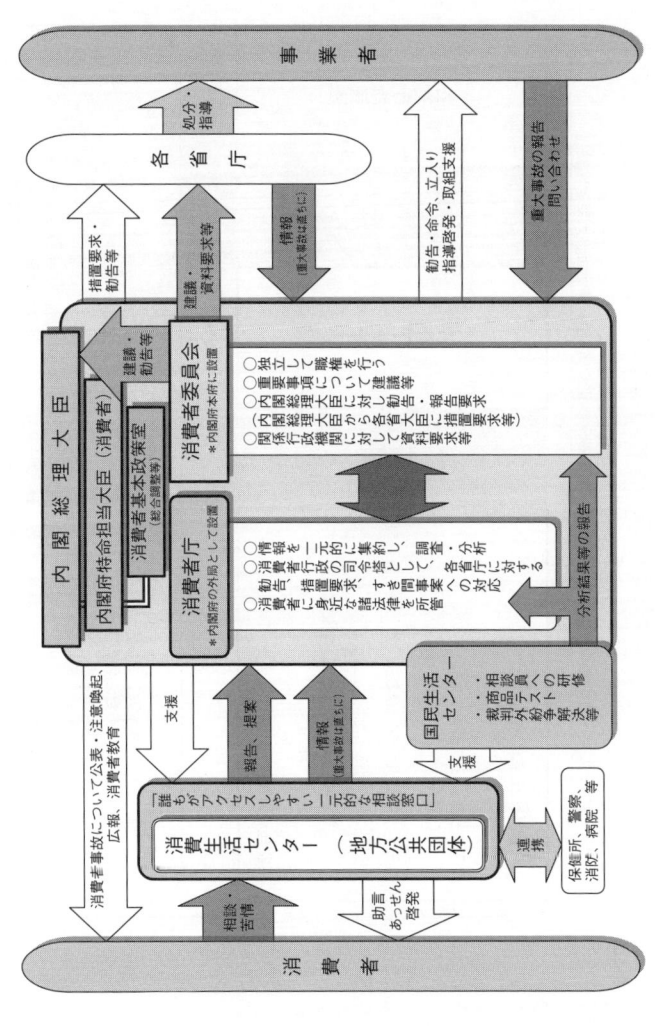

4 消費者庁関連3法の関係について

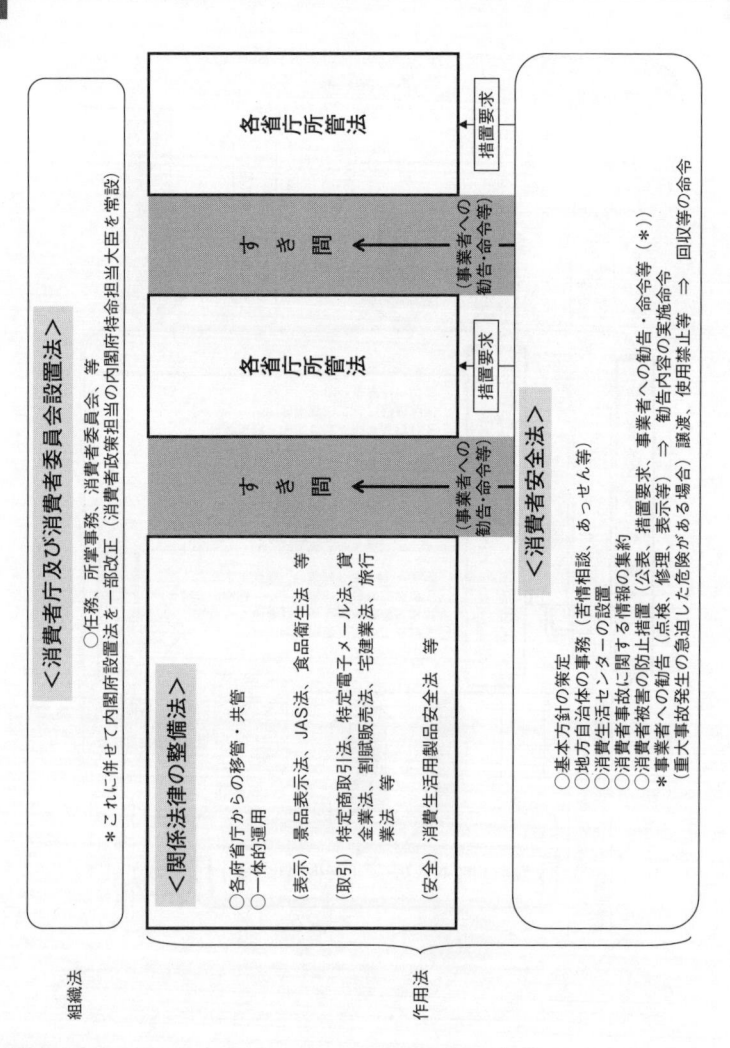

<消費者庁及び消費者委員会設置法>
○任務、所掌事務、消費者委員会、消費者政策担当の内閣府特命担当大臣を常設 等
＊これに併せて内閣府設置法を一部改正

<関係法律の整備＞
○各府省庁からの移管・共管
○一体的運用
（表示）景品表示法、JAS法、食品衛生法 等
（取引）特定商取引法、特定電子メール法、割賦販売法、宅建業法、旅行業法 等
（安全）消費生活用製品安全法 等

各省庁所管法 ← すきま ←（事業者への勧告・命令等） 措置要求

各省庁所管法 ← すきま ←（事業者への勧告・命令等） 措置要求

<消費者安全法＞
○基本方針の策定
○地方自治体の事務（苦情相談、あっせん等）
○消費生活センターの設置
○消費者事故に関する情報の集約
○消費者事故被害の防止措置（公表、措置要求、表示等）
○事業者への勧告 ⇒ 勧告内容の実施命令・命令等（＊）
＊重大事故発生の急迫した危険がある場合 譲渡、使用禁止等 ⇒ 回収等の命令

組織法
作用法

5 消費者庁及び消費者委員会組織図（案）

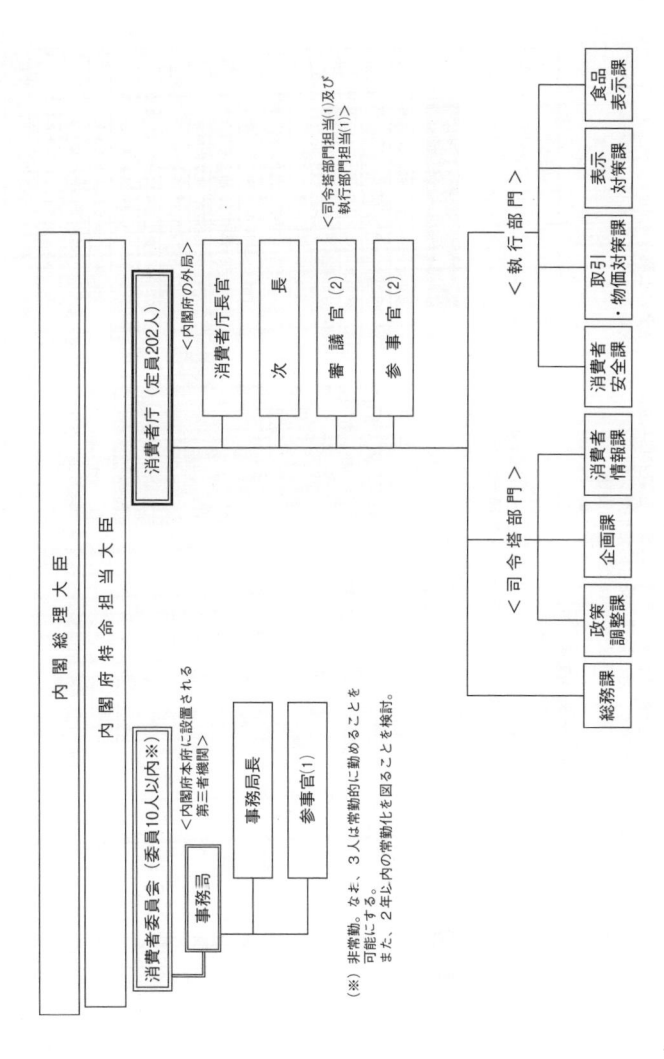

```
内閣総理大臣
  │
内閣府特命担当大臣
  │
  ├─ 消費者委員会（委員10人以内（※））
  │   <内閣府本府に設置される第三者機関>
  │   └─ 事務局
  │       ├─ 事務局長
  │       └─ 参事官(1)
  │
  └─ 消費者庁（定員202人）
      <内閣府の外局>
      ├─ 消費者庁長官
      ├─ 次長
      ├─ 審議官(2)
      └─ 参事官(2)
          <司令塔部門担当(1)及び執行部門担当(1)>

      <司令塔部門>
       総務課 ／ 政策調整課 ／ 企画課 ／ 消費者情報課

      <執行部門>
       消費者安全課 ／ 取引・物価対策課 ／ 表示対策課 ／ 食品表示課
```

（※）非常勤。なお、3人は常勤的に勤めることを可能にする。また、2年以内の常勤化を図ることを検討。

6 「経済危機対策」関連事業（地方消費者行政活性化）

- 地方消費者行政の一層の充実を図るため、平成20年度に都道府県に造成した基金に上積みする。
- 消費者教育・啓発、商品テスト、苦情処理委員会の活性化に関するメニューを追加するとともに、消費者庁創設に伴い増大する事務を円滑に実施するための体制整備を支援

消費者行政活性化のための基金の充実

総額110億円程度

消費者行政活性化基金（150億円） 20年度に都道府県に造成

上積み（150億円に上積みするための交付金を配分）

"集中育成・強化期間"（3年程度）で取組み直し

新たな支援メニュー

一元的相談窓口緊急整備事業
- 既に各都道府県に設置されている消費者行政活性化のための基金において消費者庁創設に伴い増大する業務に係る人件費を支援
- "集中育成・強化期間"においては消費生活相談員の処遇改善に積極的に取り組む地方公共団体には交付金を手厚く配分
以下のメニューを新たに追加

消費者教育・啓発活性化事業
- 教育委員会や学校との連携強化など消費者教育の推進・体制強化
- 出前講座の実施や、地域の消費者リーダーの養成 など

商品テスト強化事業
- 商品テスト機器の購入
- 商品テスト等の外部委託による実施 など

地方苦情処理委員会活性化事業
- 消費者に身近な裁判外紛争処理機関である苦情処理委員会の活性化
- 委員会の開催、調査費 など

（参考）従来のメニュー

- 消費生活センター機能強化事業（設置・拡充 等）
- 消費生活相談窓口スタートアップ事業
- 消費生活相談窓口の開設・機能強化
- 消費生活相談員養成事業
- 管内の消費生活相談を担う人材の養成
- 消費生活相談員レベルアップ事業
- 相談員への研修開催、研修参加支援
- 消費生活相談窓口高度化事業
- 高度・専門的な消費生活相談への対応力向上
- 広域的消費生活相談機能強化事業実施
- 市町村が連携して相談事業を強化
- 食品表示・安全分野の対応力を強化
- 地域独自の消費者行政活性化オリジナル事業の取組を支援

7 消費者庁及び消費者委員会設置法

平成21年6月5日法律第48号

目次
　第1章　総則（第1条）
　第2章　消費者庁の設置並びに任務及び所掌事務等
　　第1節　消費者庁の設置（第2条）
　　第2節　消費者庁の任務及び所掌事務等（第3条—第5条）
　第3章　消費者委員会（第6条—第14条）
　附則
　　　第1章　総則
　　（趣旨）
第1条　この法律は、消費者庁の設置並びに任務及びこれを達成するため必要となる明確な範囲の所掌事務を定めるとともに、消費者委員会の設置及び組織等を定めるものとする。
　　　第2章　消費者庁の設置並びに任務及び所掌事務等
　　　　第1節　消費者庁の設置
　　（設置）
第2条　内閣府設置法（平成11年法律第89号）第49条第3項の規定に基づいて、内閣府の外局として、消費者庁を設置する。
2　消費者庁の長は、消費者庁長官（以下「長官」という。）とする。
　　　　第2節　消費者庁の任務及び所掌事務等
　　（任務）
第3条　消費者庁は、消費者基本法（昭和43年法律第78号）第2条の消費者の権利の尊重及びその自立の支援その他の基本理念にのっとり、消費者が安心して安全で豊かな消費生活を営むことができる社会の実現に向けて、消費者の利益の擁護及び増進、商品及び役務の消費者による自主的かつ合理的な選択の確保並びに消費生活に密接に関連する物資の品質に関する表示に関する事務を行うことを任務とする。
　　（所掌事務）
第4条　消費者庁は、前条の任務を達成するため、次に掲げる事務（第6条第2項に規定する事務を除く。）をつかさどる。
　一　消費者の利益の擁護及び増進に関する基本的な政策の企画及び立案並びに推進に関すること。
　二　消費者の利益の擁護及び増進に関する関係行政機関の事務の調整に関するこ

と。
三　消費者の利益の擁護及び増進を図る上で必要な環境の整備に関する基本的な政策の企画及び立案並びに推進に関すること。
四　消費者安全法（平成21年法律第50号）の規定による消費者安全の確保に関すること。
五　宅地建物取引業法（昭和27年法律第176号）の規定による宅地建物取引業者の相手方等（同法第35条第1項第14号イに規定するものに限る。）の利益の保護に関すること。
六　旅行業法（昭和27年法律第239号）の規定による旅行者の利益の保護に関すること。
七　割賦販売法（昭和36年法律第159号）の規定による購入者等（同法第1条第1項に規定するものをいう。）の利益の保護に関すること。
八　消費生活用製品安全法（昭和48年法律第31号）第3章第2節の規定による重大製品事故に関する措置に関すること。
九　特定商取引に関する法律（昭和51年法律第57号）の規定による購入者等（同法第1条に規定するものをいう。）の利益の保護に関すること。
十　貸金業法（昭和58年法律第32号）の規定による個人である資金需要者等（同法第24条の6の3第3項に規定するものをいう。）の利益の保護に関すること。
十一　特定商品等の預託等取引契約に関する法律（昭和61年法律第62号）の規定による預託者の利益の保護に関すること。
十二　特定電子メールの送信の適正化等に関する法律（平成14年法律第26号）の規定による特定電子メールの受信をする者の利益の保護に関すること。
十三　食品安全基本法（平成15年法律第48号）第21条第1項に規定する基本的事項の策定並びに食品の安全性の確保に関する関係者相互間の情報及び意見の交換に関する関係行政機関の事務の調整に関すること。
十四　不当景品類及び不当表示防止法（昭和37年法律第134号）第2条第3項又は第4項に規定する景品類又は表示（第6条第2項第1号ハにおいて「景品類等」という。）の適正化による商品及び役務の消費者による自主的かつ合理的な選択の確保に関すること。
十五　食品衛生法（昭和22年法律第233号）第19条第1項（同法第62条第1項において準用する場合を含む。）に規定する表示についての基準に関すること。
十六　食品衛生法第20条（同法第62条第1項において準用する場合を含む。）に規定する虚偽の又は誇大な表示又は広告のされた同法第4条第1項、第2項、第4項若しくは第5項に規定する食品、添加物、器具若しくは容器包装又は同法第62条第1項に規定するおもちゃの取締りに関すること。
十七　農林物資の規格化及び品質表示の適正化に関する法律（昭和25年法律第175号）第19条の13第1項から第3項までに規定する基準に関すること。
十八　家庭用品品質表示法（昭和37年法律第104号）第3条第1項に規定する表示の標準となるべき事項に関すること。
十九　住宅の品質確保の促進等に関する法律（平成11年法律第81号）第2条第3項

に規定する日本住宅性能表示基準に関すること（個人である住宅購入者等（同条第４項に規定するものをいう。）の利益の保護に係るものに限る。）。
二十　健康増進法（平成14年法律第103号）第26条第１項に規定する特別用途表示、同法第31条第１項に規定する栄養表示基準及び同法第32条の２第１項に規定する表示に関すること。
二十一　物価に関する基本的な政策の企画及び立案並びに推進に関すること。
二十二　公益通報者（公益通報者保護法（平成16年法律第122号）第２条第２項に規定するものをいう。第６条第２項第１号ホにおいて同じ。）の保護に関する基本的な政策の企画及び立案並びに推進に関すること。
二十三　個人情報の保護に関する法律（平成15年法律第57号）第７条第１項に規定する個人情報の保護に関する基本方針の策定及び推進に関すること。
二十四　消費生活の動向に関する総合的な調査に関すること。
二十五　所掌事務に係る国際協力に関すること。
二十六　政令で定める文教研修施設において所掌事務に関する研修を行うこと。
二十七　前各号に掲げるもののほか、法律（法律に基づく命令を含む。）に基づき消費者庁に属させられた事務
　　（資料の提出要求等）
第５条　長官は、消費者庁の所掌事務を遂行するため必要があると認めるときは、関係行政機関の長に対し、資料の提出、説明その他必要な協力を求めることができる。
　　　　第３章　消費者委員会
　　（設置）
第６条　内閣府に、消費者委員会（以下この章において「委員会」という。）を置く。
２　委員会は、次に掲げる事務をつかさどる。
　一　次に掲げる重要事項に関し、自ら調査審議し、必要と認められる事項を内閣総理大臣、関係各大臣又は長官に建議すること。
　　イ　消費者の利益の擁護及び増進に関する基本的な政策に関する重要事項
　　ロ　消費者の利益の擁護及び増進を図る上で必要な環境の整備に関する基本的な政策に関する重要事項
　　ハ　景品類等の適正化による商品及び役務の消費者による自主的かつ合理的な選択の確保に関する重要事項
　　ニ　物価に関する基本的な政策に関する重要事項
　　ホ　公益通報者の保護に関する基本的な政策に関する重要事項
　　ヘ　個人情報の適正な取扱いの確保に関する重要事項
　　ト　消費生活の動向に関する総合的な調査に関する重要事項
　二　内閣総理大臣、関係各大臣又は長官の諮問に応じ、前号に規定する重要事項に関し、調査審議すること。
　三　消費者安全法第20条の規定により、内閣総理大臣に対し、必要な勧告をし、これに基づき講じた措置について報告を求めること。

第4章 関連資料

四 消費者基本法、消費者安全法（第20条を除く。）、割賦販売法、特定商取引に関する法律、特定商品等の預託等取引契約に関する法律、食品安全基本法、不当景品類及び不当表示防止法、食品衛生法、農林物資の規格化及び品質表示の適正化に関する法律、家庭用品品質表示法、住宅の品質確保の促進等に関する法律、国民生活安定緊急措置法（昭和48年法律第121号）及び個人情報の保護に関する法律の規定によりその権限に属させられた事項を処理すること。
　　　（職権の行使）
第7条　委員会の委員は、独立してその職権を行う。
　　　（資料の提出要求等）
第8条　委員会は、その所掌事務を遂行するため必要があると認めるときは、関係行政機関の長に対し、報告を求めることができるほか、資料の提出、意見の開陳、説明その他必要な協力を求めることができる。
　　　（組織）
第9条　委員会は、委員10人以内で組織する。
2　委員会に、特別の事項を調査審議させるため必要があるときは、臨時委員を置くことができる。
3　委員会に、専門の事項を調査させるため必要があるときは、専門委員を置くことができる。
　　　（委員等の任命）
第10条　委員及び臨時委員は、消費者が安心して安全で豊かな消費生活を営むことができる社会の実現に関して優れた識見を有する者のうちから、内閣総理大臣が任命する。
2　専門委員は、当該専門の事項に関して優れた識見を有する者のうちから、内閣総理大臣が任命する。
　　　（委員の任期等）
第11条　委員の任期は、2年とする。ただし、補欠の委員の任期は、前任者の残任期間とする。
2　委員は、再任されることができる。
3　臨時委員は、その者の任命に係る当該特別の事項に関する調査審議が終了したときは、解任されるものとする。
4　専門委員は、その者の任命に係る当該専門の事項に関する調査が終了したときは、解任されるものとする。
5　委員、臨時委員及び専門委員は、非常勤とする。
　　　（委員長）
第12条　委員会に、委員長を置き、委員の互選により選任する。
2　委員長は、会務を総理し、委員会を代表する。
3　委員長に事故があるときは、あらかじめその指名する委員が、その職務を代理する。
　　　（事務局）
第13条　委員会の事務を処理させるため、委員会に事務局を置く。

2 事務局に、事務局長のほか、所要の職員を置く。
3 事務局長は、委員長の命を受けて、局務を掌理する。
　　（政令への委任）
第14条　第6条から前条までに定めるもののほか、委員会に関し必要な事項は、政令で定める。
　　　附　　則
　　（施行期日）
1　この法律は、公布の日から起算して1年を超えない範囲内において政令で定める日から施行する。
　　（検討）
2　政府は、消費者委員会の委員について、この法律の施行後2年以内の常勤化を図ることを検討するものとする。
3　政府は、この法律、消費者庁及び消費者委員会設置法の施行に伴う関係法律の整備に関する法律（平成21年法律第49号）及び消費者安全法（以下「消費者庁関連3法」という。）の施行後3年以内に、消費者被害の発生又は拡大の状況、消費生活相談等に係る事務の遂行状況その他経済社会情勢等を勘案し、消費者の利益の擁護及び増進を図る観点から、消費者の利益の擁護及び増進に関する法律についての消費者庁の関与の在り方を見直すとともに、当該法律について消費者庁及び消費者委員会の所掌事務及び組織並びに独立行政法人国民生活センターの業務及び組織その他の消費者行政に係る体制の更なる整備を図る観点から検討を加え、必要な措置を講ずるものとする。
4　政府は、消費者庁関連3法の施行後3年以内に、消費生活センター（消費者安全法第10条第3項に規定する消費生活センターをいう。）の法制上の位置付け並びにその適正な配置及び人員の確保、消費生活相談員の待遇の改善その他の地方公共団体の消費者政策の実施に対し国が行う支援の在り方について所要の法改正を含む全般的な検討を加え、必要な措置を講ずるものとする。
5　政府は、消費者庁関連3法の施行後3年以内に、適格消費者団体（消費者契約法（平成12年法律第61号）第2条第4項に規定する適格消費者団体をいう。以下同じ。）による差止請求関係業務の遂行に必要な資金の確保その他の適格消費者団体に対する支援の在り方について見直しを行い、必要な措置を講ずるものとする。
6　政府は、消費者庁関連3法の施行後3年を目途として、加害者の財産の隠匿又は散逸の防止に関する制度を含め多数の消費者に被害を生じさせた者の不当な収益をはく奪し、被害者を救済するための制度について検討を加え、必要な措置を講ずるものとする。
　　　理　由
　消費者が安心して安全で豊かな消費生活を営むことができる社会の実現に向けて、消費者の利益の擁護及び増進、商品及び役務の消費者による自主的かつ合理的な選択の確保並びに消費生活に密接に関連する物資の品質に関する表示に関する事務を一体的に行わせるため、内閣府の外局として消費者庁を設置する必要がある。これが、この法律案を提出する理由である。

8 消費者安全法

平成21年6月5日法律第50号

目次
　第1章　総則（第1条―第5条）
　第2章　基本方針（第6条・第7条）
　第3章　消費生活相談等
　　第1節　消費生活相談等の事務の実施（第8条・第9条）
　　第2節　消費生活センターの設置等（第10条・第11条）
　第4章　消費者事故等に関する情報の集約等（第12条―第14条）
　第5章　消費者被害の発生又は拡大の防止のための措置（第15条―第22条）
　第6章　雑則（第23条―第26条）
　第7章　罰則（第27条―第30条）
　附則
　　　第1章　総則
　（目的）
第1条　この法律は、消費者の消費生活における被害を防止し、その安全を確保するため、内閣総理大臣による基本方針の策定について定めるとともに、都道府県及び市町村による消費生活相談等の事務の実施及び消費生活センターの設置、消費者事故等に関する情報の集約等、消費者被害の発生又は拡大の防止のための措置その他の措置を講ずることにより、関係法律による措置と相まって、消費者が安心して安全で豊かな消費生活を営むことができる社会の実現に寄与することを目的とする。
　（定義）
第2条　この法律において「消費者」とは、個人（商業、工業、金融業その他の事業を行う場合におけるものを除く。）をいう。
2　この法律において「事業者」とは、商業、工業、金融業その他の事業を行う者（個人にあっては、当該事業を行う場合におけるものに限る。）をいう。
3　この法律において「消費者安全の確保」とは、消費者の消費生活における被害を防止し、その安全を確保することをいう。
4　この法律において「消費安全性」とは、商品等（事業者がその事業として供給する商品若しくは製品又は事業者がその事業のために提供し、利用に供し、若しくは事業者がその事業として若しくはその事業のために提供する役務に使用する物品、施設若しくは工作物をいう。以下同じ。）又は役務（事業者がその事業として又はその事業のために提供するものに限る。以下同じ。）の特性、それらの通常予見さ

れる使用（飲食を含む。）又は利用（以下「使用等」という。）の形態その他の商品等又は役務に係る事情を考慮して、それらの消費者による使用等が行われる時においてそれらの通常有すべき安全性をいう。
5 この法律において「消費者事故等」とは、次に掲げる事故又は事態をいう。
一 事業者がその事業として供給する商品若しくは製品、事業者がその事業のために提供し若しくは利用に供する物品、施設若しくは工作物又は事業者がその事業として若しくはその事業のために提供する役務の消費者による使用等に伴い生じた事故であって、消費者の生命又は身体について政令で定める程度の被害が発生したもの（その事故に係る商品等又は役務が消費安全性を欠くことにより生じたものでないことが明らかであるものを除く。）
二 消費安全性を欠く商品等又は役務の消費者による使用等が行われた事態であって、前号に掲げる事故が発生するおそれがあるものとして政令で定める要件に該当するもの
三 前2号に掲げるもののほか、虚偽の又は誇大な広告その他の消費者の利益を不当に害し、又は消費者の自主的かつ合理的な選択を阻害するおそれがある行為であって政令で定めるものが事業者により行われた事態
6 この法律において「重大事故等」とは、次に掲げる事故又は事態をいう。
一 前項第1号に掲げる事故のうち、その被害が重大であるものとして政令で定める要件に該当するもの
二 前項第2号に掲げる事態のうち、前号に掲げる事故を発生させるおそれがあるものとして政令で定める要件に該当するもの
（基本理念）
第3条 消費者安全の確保に関する施策の推進は、専門的知見に基づき必要とされる措置の迅速かつ効率的な実施により、消費者事故等の発生及び消費者事故等による被害の拡大を防止することを旨として、行われなければならない。
2 消費者安全の確保に関する施策の推進は、事業者による適正な事業活動の確保に配慮しつつ、消費者の需要の高度化及び多様化その他の社会経済情勢の変化に適確に対応し、消費者の利便の増進に寄与することを旨として、行われなければならない。
3 消費者安全の確保に関する施策の推進は、国及び地方公共団体の緊密な連携の下、地方公共団体の自主性及び自立性が十分に発揮されるように行われなければならない。
（国及び地方公共団体の責務）
第4条 国及び地方公共団体は、前条に定める基本理念（以下この条において「基本理念」という。）にのっとり、消費者安全の確保に関する施策を総合的に策定し、及び実施する責務を有する。
2 国及び地方公共団体は、消費者安全の確保に関する施策の推進に当たっては、基本理念にのっとり、消費生活について専門的な知識及び経験を有する者の能力を活用するよう努めなければならない。
3 国及び地方公共団体は、消費者安全の確保に関する施策の推進に当たっては、基

本理念にのっとり、消費者事故等に関する情報の開示、消費者の意見を反映させるために必要な措置その他の措置を講ずることにより、その過程の透明性を確保するよう努めなければならない。
4 　国及び地方公共団体は、消費者安全の確保に関する施策の推進に当たっては、基本理念にのっとり、施策効果（当該施策に基づき実施し、又は実施しようとしている行政上の一連の行為が消費者の消費生活、社会経済及び行政運営に及ぼし、又は及ぼすことが見込まれる影響をいう。第 6 条第 2 項第 4 号において同じ。）の把握及びこれを基礎とする評価を行った上で、適時に、かつ、適切な方法により検討を加え、その結果に基づいて必要な措置を講ずるよう努めなければならない。
5 　国及び地方公共団体は、消費者安全の確保に関する施策の推進に当たっては、基本理念にのっとり、独立行政法人国民生活センター（以下「国民生活センター」という。）、第10条第 3 項に規定する消費生活センター、都道府県警察、消防機関（消防組織法（昭和22年法律第226号）第 9 条各号に掲げる機関をいう。）、保健所、病院、消費者団体その他の関係者の間の緊密な連携が図られるよう配慮しなければならない。
6 　国及び地方公共団体は、啓発活動、広報活動、消費生活に関する教育活動その他の活動を通じて、消費者安全の確保に関し、国民の理解を深め、かつ、その協力を得るよう努めなければならない。
　　（事業者等の努力）
第 5 条　事業者及びその団体は、消費者安全の確保に自ら努めるとともに、国及び地方公共団体が実施する消費者安全の確保に関する施策に協力するよう努めなければならない。
2 　消費者は、安心して安全で豊かな消費生活を営む上で自らが主体的かつ合理的に行動することが重要であることにかんがみ、事業者が供給し、及び提供する商品及び製品並びに役務の品質又は性能、事業者と締結すべき契約の内容その他の消費生活にかかわる事項に関して、必要な知識を修得し、及び必要な情報を収集するよう努めなければならない。
　　　第 2 章　基本方針
　　（基本方針の策定）
第 6 条　内閣総理大臣は、消費者安全の確保に関する基本的な方針（以下「基本方針」という。）を定めなければならない。
2 　基本方針においては、次に掲げる事項を定めるものとする。
　一　消費者安全の確保の意義に関する事項
　二　消費者安全の確保に関する施策に関する基本的事項
　三　他の法律（これに基づく命令を含む。以下同じ。）の規定に基づく消費者安全の確保に関する措置の実施についての関係行政機関との連携に関する基本的事項
　四　消費者安全の確保に関する施策の施策効果の把握及びこれを基礎とする評価に関する基本的事項
　五　前各号に掲げるもののほか、消費者安全の確保に関する重要事項
3 　基本方針は、消費者基本法（昭和43年法律第78号）第 9 条第 1 項に規定する消費

者基本計画との調和が保たれたものでなければならない。
4　内閣総理大臣は、基本方針を定めようとするときは、あらかじめ、消費者その他の関係者の意見を反映させるために必要な措置を講ずるとともに、関係行政機関の長に協議し、及び消費者委員会の意見を聴かなければならない。
5　内閣総理大臣は、基本方針を定めたときは、遅滞なく、これを公表しなければならない。
6　前２項の規定は、基本方針の変更について準用する。
　　（都道府県知事による提案）
第７条　都道府県知事は、消費者安全の確保に関する施策の推進に関して、内閣総理大臣に対し、次条第１項各号に掲げる事務の実施を通じて得られた知見に基づき、基本方針の変更についての提案（以下この条において「変更提案」という。）をすることができる。この場合においては、当該変更提案に係る基本方針の変更の案を添えなければならない。
2　内閣総理大臣は、変更提案がされた場合において、消費者委員会の意見を聴いて、当該変更提案を踏まえた基本方針の変更（変更提案に係る基本方針の変更の案の内容の全部又は一部を実現することとなる基本方針の変更をいう。次項において同じ。）をする必要があると認めるときは、遅滞なく、基本方針の変更をしなければならない。
3　内閣総理大臣は、変更提案がされた場合において、消費者委員会の意見を聴いて、当該変更提案を踏まえた基本方針の変更をする必要がないと認めるときは、遅滞なく、その旨及びその理由を当該変更提案をした都道府県知事に通知しなければならない。
　　第３章　消費生活相談等
　　　　第１節　消費生活相談等の事務の実施
　　（都道府県及び市町村による消費生活相談等の事務の実施）
第８条　都道府県は、次に掲げる事務を行うものとする。
　一　次項各号に掲げる市町村の事務の実施に関し、市町村相互間の連絡調整及び市町村に対する技術的援助を行うこと。
　二　消費者安全の確保に関し、主として次に掲げる事務を行うこと。
　　イ　事業者に対する消費者からの苦情に係る相談のうち、その対応に各市町村の区域を超えた広域的な見地を必要とするものに応じること。
　　ロ　事業者に対する消費者からの苦情の処理のためのあっせんのうち、その実施に各市町村の区域を超えた広域的な見地を必要とするものを行うこと。
　　ハ　消費者事故等の状況及び動向を把握するために必要な調査又は分析であって、専門的な知識及び技術を必要とするものを行うこと。
　　ニ　各市町村の区域を超えた広域的な見地から、消費者安全の確保のために必要な情報を収集し、及び住民に対し提供すること。
　三　市町村との間で消費者事故等の発生に関する情報を交換すること。
　四　前３号に掲げる事務に附帯する事務を行うこと。
2　市町村は、次に掲げる事務を行うものとする。

第4章 関連資料

一 消費者安全の確保に関し、事業者に対する消費者からの苦情に係る相談に応じること。
二 消費者安全の確保に関し、事業者に対する消費者からの苦情の処理のためのあっせんを行うこと。
三 消費者安全の確保のために必要な情報を収集し、及び住民に対し提供すること。
四 都道府県との間で消費者事故等の発生に関する情報を交換すること。
五 前各号に掲げる事務に附帯する事務を行うこと。
（国及び国民生活センターの援助）
第9条　国及び国民生活センターは、都道府県及び市町村に対し、前条第1項各号及び第2項各号に掲げる事務の実施に関し、情報の提供その他の必要な援助を行うものとする。
　　　第2節　消費生活センターの設置等
（消費生活センターの設置）
第10条　都道府県は、第8条第1項各号に掲げる事務を行うため、次に掲げる要件に該当する施設又は機関を設置しなければならない。
一　第8条第1項第2号イの相談について専門的な知識及び経験を有する者を同号イ及びロに掲げる事務に従事させるものであること。
二　第8条第1項各号に掲げる事務の効率的な実施のために適切な電子情報処理組織その他の設備を備えているものであること。
三　その他第8条第1項各号に掲げる事務を適切に行うために必要なものとして政令で定める基準に適合するものであること。
2　市町村は、必要に応じ、第8条第2項各号に掲げる事務を行うため、次に掲げる要件に該当する施設又は機関を設置するよう努めなければならない。
一　第8条第2項第1号の相談について専門的な知識及び経験を有する者を同号及び同項第2号に掲げる事務に従事させるものであること。
二　第8条第2項各号に掲げる事務の効率的な実施のために適切な電子情報処理組織その他の設備を備えているものであること。
三　その他第8条第2項各号に掲げる事務を適切に行うために必要なものとして政令で定める基準に適合するものであること。
3　都道府県知事又は市町村長は、第1項又は前項の施設又は機関（以下「消費生活センター」という。）を設置したときは、遅滞なく、その名称及び住所その他内閣府令で定める事項を公示しなければならない。
（消費生活センターの事務に従事する人材の確保等）
第11条　都道府県及び消費生活センターを設置する市町村は、消費生活センターに配置された相談員（前条第1項第1号又は第2項第1号に規定する者をいう。以下この条において同じ。）の適切な処遇、研修の実施、専任の職員の配置及び養成その他の措置を講じ、相談員その他の消費生活センターの事務に従事する人材の確保及び資質の向上を図るよう努めるものとする。
　　　第4章　消費者事故等に関する情報の集約等

（消費者事故等の発生に関する情報の通知）
第12条　行政機関の長、都道府県知事、市町村長及び国民生活センターの長は、重大事故等が発生した旨の情報を得たときは、直ちに、内閣総理大臣に対し、内閣府令で定めるところにより、その旨及び当該重大事故等の概要その他内閣府令で定める事項を通知しなければならない。
2　行政機関の長、都道府県知事、市町村長及び国民生活センターの長は、消費者事故等（重大事故等を除く。）が発生した旨の情報を得た場合であって、当該消費者事故等の態様、当該消費者事故等に係る商品等又は役務の特性その他当該消費者事故等に関する状況に照らし、当該消費者事故等による被害が拡大し、又は当該消費者事故等と同種若しくは類似の消費者事故等が発生するおそれがあると認めるときは、内閣総理大臣に対し、内閣府令で定めるところにより、当該消費者事故等が発生した旨及び当該消費者事故等の概要その他内閣府令で定める事項を通知するものとする。
3　前2項の規定は、その通知をすべき者が次の各号のいずれかに該当するときは、適用しない。
　一　次のイからニまでに掲げる者であって、それぞれイからニまでに定める者に対し、他の法律の規定により、当該消費者事故等の発生について通知し、又は報告しなければならないこととされているもの
　　イ　行政機関の長　内閣総理大臣
　　ロ　都道府県知事　行政機関の長
　　ハ　市町村長　行政機関の長又は都道府県知事
　　ニ　国民生活センターの長　行政機関の長
　二　前2項の規定により内閣総理大臣に対し消費者事故等の発生に係る通知をしなければならないこととされている他の者から当該消費者事故等の発生に関する情報を得た者（前号に該当する者を除く。）
　三　前2号に掲げる者に準ずるものとして内閣府令で定める者（前2号に該当する者を除く。）
4　第1項又は第2項の場合において、行政機関の長、都道府県知事、市町村長及び国民生活センターの長が、これらの規定による通知に代えて、内閣総理大臣及び当該通知をしなければならないこととされている者が電磁的方法（電子情報処理組織を使用する方法その他の情報通信の技術を利用する方法をいう。）を利用して同一の情報を閲覧することができる状態に置く措置であって内閣府令で定めるものを講じたときは、当該通知をしたものとみなす。
（消費者事故等に関する情報の集約及び分析等）
第13条　内閣総理大臣は、前条第1項又は第2項の規定による通知により得た情報その他消費者事故等に関する情報が消費者安全の確保を図るため有効に活用されるよう、迅速かつ適確に、当該情報の集約及び分析を行い、その結果を取りまとめるものとする。
2　内閣総理大臣は、前項の規定により取りまとめた結果を、関係行政機関、関係地方公共団体及び国民生活センターに提供するとともに、消費者委員会に報告するも

のとする。
3　内閣総理大臣は、第１項の規定により取りまとめた結果を公表しなければならない。
4　内閣総理大臣は、国会に対し、第１項の規定により取りまとめた結果を報告しなければならない。
　（資料の提供要求等）
第14条　内閣総理大臣は、前条第１項の規定による情報の集約及び分析並びにその結果の取りまとめを行うため必要があると認めるときは、関係行政機関の長、関係地方公共団体の長、国民生活センターの長その他の関係者に対し、資料の提供、意見の表明、消費者事故等の原因の究明のために必要な調査、分析又は検査の実施その他必要な協力を求めることができる。
2　内閣総理大臣は、消費者事故等の発生又は消費者事故等による被害の拡大の防止を図るため必要があると認めるときは、関係都道府県知事又は関係市町村長に対し、消費者事故等に関して必要な報告を求めることができる。
　　第5章　消費者被害の発生又は拡大の防止のための措置
　（消費者への注意喚起）
第15条　内閣総理大臣は、第12条第１項又は第２項の規定による通知を受けた場合その他消費者事故等の発生に関する情報を得た場合において、当該消費者事故等による被害の拡大又は当該消費者事故等と同種若しくは類似の消費者事故等の発生（以下「消費者被害の発生又は拡大」という。）の防止を図るため消費者の注意を喚起する必要があると認めるときは、当該消費者事故等の態様、当該消費者事故等による被害の状況その他の消費者被害の発生又は拡大の防止に資する情報を都道府県及び市町村に提供するとともに、これを公表するものとする。
2　内閣総理大臣は、前項の規定による公表をした場合においては、独立行政法人国民生活センター法（平成14年法律第123号）第44条第１項の規定によるほか、国民生活センターに対し、前項の消費者被害の発生又は拡大の防止に資する情報の消費者に対する提供に関し必要な措置をとることを求めることができる。
3　独立行政法人国民生活センター法第44条第２項の規定は、前項の場合について準用する。
　（他の法律の規定に基づく措置の実施に関する要求）
第16条　内閣総理大臣は、第12条第１項又は第２項の規定による通知を受けた場合その他消費者事故等の発生に関する情報を得た場合において、消費者被害の発生又は拡大の防止を図るために実施し得る他の法律の規定に基づく措置があり、かつ、消費者被害の発生又は拡大の防止を図るため、当該措置が速やかに実施されることが必要であると認めるときは、当該措置の実施に関する事務を所掌する大臣に対し、当該措置の速やかな実施を求めることができる。
2　内閣総理大臣は、前項の規定により同項の措置の速やかな実施を求めたときは、同項の大臣に対し、その措置の実施状況について報告を求めることができる。
　（事業者に対する勧告及び命令）
第17条　内閣総理大臣は、商品等又は役務が消費安全性を欠くことにより重大事故等

が発生した場合（当該重大事故等による被害の拡大又は当該重大事故等とその原因を同じくする重大事故等の発生（以下「重大消費者被害の発生又は拡大」という。）の防止を図るために実施し得る他の法律の規定に基づく措置がある場合を除く。）において、重大消費者被害の発生又は拡大の防止を図るため必要があると認めるときは、当該商品等（当該商品等が消費安全性を欠く原因となった部品、製造方法その他の事項を共通にする商品等を含む。以下この項において同じ。）又は役務を供給し、提供し、又は利用に供する事業者に対し、当該商品等又は役務につき、必要な点検、修理、改造、安全な使用方法の表示、役務の提供の方法の改善その他の必要な措置をとるべき旨を勧告することができる。

2　内閣総理大臣は、前項の規定による勧告を受けた事業者が、正当な理由がなくてその勧告に係る措置をとらなかった場合において、重大消費者被害の発生又は拡大の防止を図るため特に必要があると認めるときは、当該事業者に対し、その勧告に係る措置をとるべきことを命ずることができる。

3　内閣総理大臣は、重大消費者被害の発生又は拡大の防止を図るために他の法律の規定に基づく措置が実施し得るに至ったことその他の事由により前項の命令の必要がなくなったと認めるときは、同項の規定による命令を変更し、又は取り消すものとする。

4　内閣総理大臣は、第2項の規定による命令をしようとするとき又は前項の規定による命令の変更若しくは取消しをしようとするときは、あらかじめ、消費者委員会の意見を聴かなければならない。

5　内閣総理大臣は、第2項の規定による命令をしたとき又は第3項の規定による命令の変更若しくは取消しをしたときは、その旨を公表しなければならない。

（譲渡等の禁止又は制限）

第18条　内閣総理大臣は、商品等が消費安全性を欠くことにより重大事故等が発生し、かつ、当該重大事故等による被害が拡大し、又は当該重大事故等とその原因を同じくする重大事故等が発生する急迫した危険がある場合（重大消費者被害の発生又は拡大の防止を図るために実施し得る他の法律の規定に基づく措置がある場合を除く。）において、重大消費者被害の発生又は拡大を防止するため特に必要があると認めるときは、必要な限度において、6月以内の期間を定めて、当該商品等（当該商品等が消費安全性を欠く原因となった部品、製造方法その他の事項を共通にする商品等を含む。）を事業として又は事業のために譲渡し、引き渡し、又は役務に使用することを禁止し、又は制限することができる。

2　内閣総理大臣は、重大消費者被害の発生又は拡大の防止を図るために他の法律の規定に基づく措置が実施し得るに至ったことその他の事由により前項の禁止又は制限の必要がなくなったと認めるときは、同項の規定による禁止又は制限の全部又は一部を解除するものとする。

3　内閣総理大臣は、第1項の規定による禁止若しくは制限をしようとするとき又は前項の規定による禁止若しくは制限の全部若しくは一部の解除をしようとするときは、あらかじめ、消費者委員会の意見を聴かなければならない。

4　第1項の規定による禁止若しくは制限又は第2項の規定による禁止若しくは制限

の全部若しくは一部の解除は、内閣府令で定めるところにより、官報に告示して行う。
　（回収等の命令）
第19条　内閣総理大臣は、事業者が前条第1項の規定による禁止又は制限に違反した場合においては、当該事業者に対し、禁止又は制限に違反して譲渡し、又は引き渡した商品又は製品の回収を図ることその他当該商品等による重大消費者被害の発生又は拡大を防止するため必要な措置をとるべきことを命ずることができる。
　（消費者委員会の勧告等）
第20条　消費者委員会は、消費者、事業者、関係行政機関の長その他の者から得た情報その他の消費者事故等に関する情報を踏まえて必要があると認めるときは、内閣総理大臣に対し、消費者被害の発生又は拡大の防止に関し必要な勧告をすることができる。
2　消費者委員会は、前項の規定により勧告をしたときは、内閣総理大臣に対し、その勧告に基づき講じた措置について報告を求めることができる。
　（都道府県知事による要請）
第21条　都道府県知事は、当該都道府県の区域内における消費者被害の発生又は拡大の防止を図るため必要があると認めるときは、内閣総理大臣に対し、消費者安全の確保に関し必要な措置の実施を要請することができる。この場合においては、当該要請に係る措置の内容及びその理由を記載した書面を添えなければならない。
2　内閣総理大臣は、前項の規定による要請（以下この条において「措置要請」という。）を受けた場合において、消費者被害の発生又は拡大の防止を図るために実施し得る他の法律の規定に基づく措置があるときは、当該措置の実施に関する事務を所掌する大臣に同項の書面を回付しなければならない。
3　前項の規定による回付を受けた大臣は、内閣総理大臣に対し、当該措置要請に係る措置の内容の全部又は一部を実現することとなる措置を実施することとするときはその旨を、当該措置要請に係る措置の内容の全部又は一部を実現することとなる措置を実施する必要がないと認めるときはその旨及びその理由を、遅滞なく、通知しなければならない。
4　内閣総理大臣は、前項の規定による通知を受けたときは、その内容を、遅滞なく、当該措置要請をした都道府県知事に通知しなければならない。
　（報告、立入調査等）
第22条　内閣総理大臣は、この法律の施行に必要な限度において、事業者に対し、必要な報告を求め、その職員に、当該事業者の事務所、事業所その他その事業を行う場所に立ち入り、必要な調査若しくは質問をさせ、又は調査に必要な限度において当該事業者の供給する物品を集取させることができる。ただし、物品を集取させるときは、時価によってその対価を支払わなければならない。
2　前項の規定により立入調査、質問又は集取をする職員は、その身分を示す証明書を携帯し、関係者の請求があるときは、これを提示しなければならない。
3　第1項の規定による権限は、犯罪捜査のために認められたものと解釈してはならない。

第6章 雑則

（権限の委任）

第23条 内閣総理大臣は、前条第1項の規定による権限その他この法律の規定による権限（政令で定めるものを除く。）を消費者庁長官に委任する。

2 前項の規定により消費者庁長官に委任された前条第1項の規定による権限に属する事務の一部は、政令で定めるところにより、都道府県知事又は消費生活センターを置く市町村の長が行うこととすることができる。

（事務の区分）

第24条 前条第2項の規定により地方公共団体が処理することとされている事務は、地方自治法（昭和22年法律第67号）第2条第9項第1号に規定する第1号法定受託事務とする。

（内閣府令への委任）

第25条 この法律に定めるもののほか、この法律の実施のため必要な事項は、内閣府令で定める。

（経過措置）

第26条 この法律の規定に基づき命令を制定し、又は改廃する場合においては、その命令で、その制定又は改廃に伴い合理的に必要と判断される範囲内において、所要の経過措置（罰則に関する経過措置を含む。）を定めることができる。

第7章 罰則

第27条 次の各号のいずれかに該当する者は、3年以下の懲役若しくは300万円以下の罰金に処し、又はこれを併科する。

一 第18条第1項の規定による禁止又は制限に違反した者

二 第19条の規定による命令に違反した者

第28条 第17条第2項の規定による命令に違反した者は、1年以下の懲役若しくは100万円以下の罰金に処し、又はこれを併科する。

第29条 第22条第1項の規定による報告をせず、若しくは虚偽の報告をし、又は同項の規定による立入調査若しくは集取を拒み、妨げ、若しくは忌避し、若しくは質問に対して答弁をせず、若しくは虚偽の答弁をした者は、50万円以下の罰金に処する。

第30条 法人の代表者又は法人若しくは人の代理人、使用人その他の従業者が、その法人又は人の業務に関して、次の各号に掲げる規定の違反行為をしたときは、行為者を罰するほか、その法人に対して当該各号に定める罰金刑を、その人に対して各本条の罰金刑を科する。

一 第27条及び第28条 1億円以下の罰金刑

二 前条 同条の罰金刑

附 則

（施行期日）

1 この法律は、消費者庁及び消費者委員会設置法（平成21年法律第48号）の施行の日から施行する。

（検討）

2　政府は、この法律の施行後3年以内に、消費者被害の発生又は拡大の状況その他経済社会情勢等を勘案し、消費者の財産に対する重大な被害を含め重大事故等の範囲について検討を加え、必要な措置を講ずるものとする。
3　政府は、この法律の施行後5年を経過した場合において、前項に定める事項のほか、この法律の施行の状況について検討を加え、必要があると認めるときは、その結果に基づいて所要の措置を講ずるものとする。
　（地方自治法の一部改正）
4　地方自治法の一部を次のように改正する。
　別表第1に次のように加える。

| 消費者安全法（平成21年法律第50号） | 第23条第2項の規定により地方公共団体が処理することとされている事務 |

　　　　理　　由
　消費者の消費生活における被害を防止し、その安全を確保するため、内閣総理大臣による基本方針の策定、都道府県及び市町村による消費生活相談等の事務の実施及び消費生活センターの設置、消費者事故等に関する情報の集約等、消費者被害の発生又は拡大の防止のための措置その他の措置を講ずる必要がある。これが、この法律案を提出する理由である。

9 消費者庁及び消費者委員会設置法の施行に伴う関係法律の整備に関する法律

平成21年6月5日法律第49号

（国家行政組織法の一部改正）
第1条　国家行政組織法（昭和23年法律第120号）の一部を次のように改正する。
　　第23条中「98」を「97」に改める。
　（内閣府設置法の一部改正）
第2条　内閣府設置法（平成11年法律第89号）の一部を次のように改正する。
　　第3条第2項中「消費生活及び」を削り、「に関係する施策を中心とした国民生活の安定及び向上」を「の促進」に改め、「機能の確保」の下に「、消費者が安心して安全で豊かな消費生活を営むことができる社会の実現に向けた施策の推進」を加える。
　　第4条第1項第16号中「ための」を「上で必要な」に改め、同項第17号を同項第18号とし、同項第16号の次に次の1号を加える。
　　　十七　消費者基本法（昭和43年法律第78号）第2条の消費者の権利の尊重及びその自立の支援その他の基本理念の実現並びに消費者が安心して安全で豊かな消費生活を営むことができる社会の実現のための基本的な政策に関する事項
　　第4条第2項中「、自殺対策」を「並びに自殺対策」に改め、「並びに消費者の利益の擁護及び増進」を削り、同条第3項第27号の2中「第21条第1項に規定する基本的事項の策定、同法」及び「並びに食品の安全性の確保に関する関係者相互間の情報及び意見の交換に関する関係行政機関の事務の調整」を削り、同項第35号中「こと」の下に「（消費者庁の所掌に属するものを除く。）」を加え、同項第36号及び第37号を削り、同項第38号を同項第36号とし、同項第38号の2を削り、同項第39号を同項第37号とし、同項第40号から第43号までを2号ずつ繰り上げ、同項第43号の2を同項第42号とし、同項第44号を同項第43号とし、同項第45号を同項第44号とし、同項第46号を同項第45号とし、同項第46号の2を同項第46号とし、同項第46号の3を同項第46号の2とし、同項第61号を同項第62号とし、同項第60号の次に次の1号を加える。
　　　六十一　消費者庁及び消費者委員会設置法（平成21年法律第48号）第4条及び第6条第2項に規定する事務
　　第11条の次に次の1条を加える。
第11条の2　第4条第1項第16号及び第17号並びに第3項第27号の2及び第61号に掲げる事務については、第9条第1項の規定により特命担当大臣を置き、当該事務を掌理させるものとする。
　　第15条第2項及び第16条第2項中「及び金融庁」を「、金融庁及び消費者庁」に

改める。
　第37条第1項を削り、同項の表に次のように加え、同条第2項中「前項に定めるもののほか、」を削り、同項を同条第1項とし、同条第3項中「第1項に定めるもののほか、」を削り、同項の表に次のように加え、同項を同条第2項とする。

| 消費者委員会 | 消費者庁及び消費者委員会設置法 |

　第38条を次のように改める。
第38条　削除
　第44条第2項第4号中「経済産業大臣」の下に「(消費者庁の所掌に属する事務については、消費者庁長官とする。)」を加える。
　第64条の表に次のように加える。

| 消費者庁 | 消費者庁及び消費者委員会設置法 |

　第66条中「98」を「97」に改める。
　第68条第1項中「第37条第2項」を「第37条第1項」に改める。
　（厚生労働省設置法の一部改正）
第3条　厚生労働省設置法（平成11年法律第97号）の一部を次のように改正する。
　第4条第1項第17号、第38号及び第39号中「こと」の下に「(内閣府の所掌に属するものを除く。)」を加える。
　第18条第1項中「分掌する」を「分掌し、並びに消費者庁及び消費者委員会設置法（平成21年法律第48号）第4条各号に掲げる事務のうち法令の規定により地方厚生局に属させられた事務をつかさどる」に改め、同条第2項を同条第3項とし、同条第1項の次に次の1項を加える。
2　地方厚生局は、前項に規定する地方厚生局に属させられた事務については、消費者庁長官の指揮監督を受けるものとする。
　第19条中第3項を第4項とし、第2項を第3項とし、第1項の次に次の1項を加える。
2　前項に定めるもののほか、地方厚生支局は、消費者庁及び消費者委員会設置法第4条各号に掲げる事務のうち法令の規定により地方厚生支局に属させられた事務をつかさどる。
　第19条に次の1項を加える。
5　前条第2項の規定は、第2項に規定する地方厚生支局に属させられた事務について準用する。
　（農林水産省設置法の一部改正）
第4条　農林水産省設置法（平成11年法律第98号）の一部を次のように改正する。
　第4条第5号中「こと」の下に「(農林物資の品質に関する表示の基準の策定に関することを除く。)」を加える。
　（経済産業省設置法の一部改正）
第5条　経済産業省設置法（平成11年法律第99号）の一部を次のように改正する。
　第8条第1項中「、家庭用品品質表示法（昭和37年法律第104号）」を削る。
　第12条第2項中「分掌する」を「分掌し、並びに消費者庁及び消費者委員会設置

9 消費者庁及び消費者委員会設置法の施行に伴う関係法律の整備に関する法律

法(平成21年法律第48号)第4条各号に掲げる事務のうち法令の規定により経済産業局に属させられた事務をつかさどる」に改め、同条第4項を同条第5項とし、同条第3項の次に次の1項を加える。

4　経済産業局は、第2項に規定する経済産業局に属させられた事務については、消費者庁長官の指揮監督を受けるものとする。

(食品衛生法の一部改正)

第6条　食品衛生法(昭和22年法律第233号)の一部を次のように改正する。

第19条第1項中「厚生労働大臣は、公衆衛生の見地から、薬事・食品衛生審議会」を「内閣総理大臣は、一般消費者に対する食品、添加物、器具又は容器包装に関する公衆衛生上必要な情報の正確な伝達の見地から、消費者委員会」に改める。

第21条並びに第22条第1項及び第3項中「厚生労働大臣」の下に「及び内閣総理大臣」を加える。

第24条第4項中「厚生労働省令」を「厚生労働省令・内閣府令」に改め、「厚生労働大臣」の下に「及び内閣総理大臣」を加え、同条第5項中「厚生労働省令」を「厚生労働省令・内閣府令」に改める。

第28条第1項及び第4項中「厚生労働大臣」の下に「、内閣総理大臣」を加える。

第30条第1項中「厚生労働大臣」の下に「、内閣総理大臣」を加え、同条第2項及び第3項中「により、」の下に「その命じた」を加え、同条第4項中「前3項」を「前各項」に改め、同条第2項の次に次の1項を加える。

内閣総理大臣は、指針に従い、その命じた食品衛生監視員に食品、添加物、器具及び容器包装の表示又は広告に係る監視指導を行わせるものとする。

第54条中「、第18条第2項若しくは第20条」を「若しくは第18条第2項」に改め、同条に次の1項を加える。

内閣総理大臣又は都道府県知事は、営業者が第20条の規定に違反した場合においては、営業者若しくは当該職員にその食品、添加物、器具若しくは容器包装を廃棄させ、又はその他営業者に対し虚偽の若しくは誇大な表示若しくは広告による食品衛生上の危害を除去するために必要な処置をとることを命ずることができる。

第62条第1項中「並びに一般に」を「及び一般に」に改める。

第63条中「厚生労働大臣」の下に「、内閣総理大臣」を加える。

第64条第1項中「の規定により基準若しくは」を「に規定する基準若しくは」に改め、「、第19条第1項(第62条第1項において準用する場合を含む。)の規定により基準を定めようとするとき、第22条第1項に規定する指針を定め、若しくは変更しようとするとき」を削り、「第50条第1項の規定により」を「第50条第1項に規定する」に改め、同条に次の1項を加える。

第1項及び前項の規定は、内閣総理大臣が第19条第1項(第62条第1項において準用する場合を含む。)に規定する表示についての基準を定めようとするとき、並びに厚生労働大臣及び内閣総理大臣が指針を定め、又は変更しようとするときについて準用する。

第65条中「厚生労働大臣」の下に「、内閣総理大臣」を加え、同条の次に次の2条を加える。

第65条の2　第64条第1項本文に規定する場合には、厚生労働大臣は、あらかじめ、内閣総理大臣に協議しなければならない。

　内閣総理大臣は、第19条第1項（第62条第1項において準用する場合を含む。）に規定する表示についての基準を定めようとするときは、あらかじめ、厚生労働大臣に協議しなければならない。

　厚生労働大臣は、第11条第1項（第62条第1項及び第2項において準用する場合を含む。）又は第18条第1項（第62条第1項及び第3項において準用する場合を含む。）に規定する基準又は規格を定めたときその他必要があると認めるときは、内閣総理大臣に対し、第19条第1項（第62条第1項において準用する場合を含む。）に規定する表示についての基準を定めることを求めることができる。

第65条の3　厚生労働大臣及び内閣総理大臣は、飲食に起因する衛生上の危害の発生を防止するため、必要な情報交換を行うことその他相互の密接な連携の確保に努めるものとする。

第68条中「厚生労働大臣」の下に「（第54条第2項（第62条第1項及び第3項において準用する場合を含む。）の規定による処分に係るものにあつては、内閣総理大臣）」を加える。

第69条第1項中「。以下同じ」を削り、同条第2項中「第28条第1項」の下に「（第62条第1項及び第3項において準用する場合を含む。）」を、「第30条第2項」の下に「（第51条に規定する営業（飲食店営業その他販売の営業であつて、政令で定めるものに限る。）の許可に付随する監視指導に係る部分を除くものとし、第62条第1項及び第3項において準用する場合を含む。）」を、「第54条」の下に「（第62条第1項及び第3項において準用する場合を含む。）」を、「第59条第1項」の下に「（第62条第1項において準用する場合を含む。）」を加える。

第70条に次の1項を加える。

　内閣総理大臣は、この法律による権限（政令で定めるものを除く。）を消費者庁長官に委任する。

第71条第1項第3号中「第54条」を「第54条第1項（第62条第1項及び第3項において準用する場合を含む。）」に、「厚生労働大臣又は」を「厚生労働大臣若しくは」に、「）の命令」を「。以下この号において同じ。）の命令若しくは第54条第2項（第62条第1項及び第3項において準用する場合を含む。）の規定による内閣総理大臣若しくは都道府県知事の命令」に改める。

第73条第5号中「。以下同じ」及び「厚生労働大臣又は」を削り、「第56条の」を「第56条（第62条第1項及び第3項において準用する場合を含む。）の」に改める。

第75条第1号及び第2号中「第28条第1項」の下に「（第62条第1項及び第3項において準用する場合を含む。）」を加える。

　（農林物資の規格化及び品質表示の適正化に関する法律の一部改正）

第7条　農林物資の規格化及び品質表示の適正化に関する法律（昭和25年法律第175

9 消費者庁及び消費者委員会設置法の施行に伴う関係法律の整備に関する法律

号）の一部を次のように改正する。
　第19条の13第１項中「農林水産大臣」を「内閣総理大臣」に、「農林水産省令」を「内閣府令」に改め、同条第２項から第４項までの規定中「農林水産大臣」を「内閣総理大臣」に改め、同条第５項中「農林水産大臣」を「内閣総理大臣」に、「審議会」を「、農林水産大臣に協議するとともに、消費者委員会」に改め、同条第６項中「第13条第４項」を「同条第１項から第４項までの規定中「農林水産大臣」とあるのは「内閣総理大臣」と、同項に、「、「その」を「「その」に改め、「しなければ」と」の下に「、同条第５項中「農林水産省令」とあるのは「内閣府令」と」を加え、同項を同条第７項とし、同条第５項の次に次の１項を加える。
６　農林水産大臣は、第１項から第３項までの規定により品質に関する表示の基準が定められることにより、当該基準に係る農林物資の生産又は流通の改善が図られると認めるときは、内閣総理大臣に対し、当該基準の案を添えて、その策定を要請することができる。
　第19条の14第１項中「農林水産大臣は、」を削り、「ときは」の下に「、内閣総理大臣又は農林水産大臣（内閣府令・農林水産省令で定める表示の方法については、内閣総理大臣。次項において同じ。）は」を加え、同条第２項中「農林水産大臣は、」を削り、「ときは」の下に「、内閣総理大臣又は農林水産大臣は」を加え、同条第３項中「農林水産大臣」を「内閣総理大臣」に、「前２項の」を「第１項又は第２項の規定による」に改め、同項を同条第４項とし、同条第２項の次に次の１項を加える。
３　次の各号に掲げる大臣は、単独で前２項の規定による指示をしようとするときは、あらかじめ、その指示の内容について、それぞれ当該各号に定める大臣に通知するものとする。
　一　内閣総理大臣　農林水産大臣
　二　農林水産大臣　内閣総理大臣
　第19条の14に次の１項を加える。
５　農林水産大臣は、第１項又は第２項の規定による指示をした場合において、その指示を受けた者が、正当な理由がなくてその指示に係る措置をとらなかつたときは、内閣総理大臣に対し、前項の規定により、その者に対してその指示に係る措置をとるべきことを命ずることを要請することができる。
　第20条第２項中「、第19条の13第１項から第３項までの規定により品質に関する表示の基準が定められている農林物資の製造業者等」及び「、品質に関する表示」を削り、同条第４項中「又は第２項」を「から第３項まで」に改め、同項を同条第５項とし、同条第３項中「前２項」を「前３項」に改め、同項を同条第４項とし、同条第２項の次に次の１項を加える。
３　内閣総理大臣又は農林水産大臣（第19条の14第１項の内閣府令・農林水産省令で定める表示の方法に係る事項については、内閣総理大臣）は、この法律の施行に必要な限度において、第19条の13第１項から第３項までの規定により品質に関する表示の基準が定められている農林物資の製造業者等に対し、品質に関する表示に関し必要な報告を求め、又はその職員に、これらの者の工場、ほ場、店舗、

事務所、事業所若しくは倉庫その他の場所に立ち入り、品質に関する表示の状況若しくは農林物資、その原料、帳簿、書類その他の物件を検査させることができる。

第20条に次の1項を加える。

6　次の各号に掲げる大臣は、第3項の規定による権限を単独で行使したときは、速やかに、その結果をそれぞれ当該各号に定める大臣に通知するものとする。
一　内閣総理大臣　農林水産大臣
二　農林水産大臣　内閣総理大臣

第20条の2第2項中「、品質に関する表示」を削り、同条第5項中「又は第2項」を「から第3項まで」に、「前条第3項及び第4項」を「前条第4項及び第5項」に改め、同項を同条第7項とし、同条第4項中「又は第2項に規定する」を「から第3項までの規定による」に改め、同項を同条第5項とし、同項の次に次の1項を加える。

6　農林水産大臣は、第3項の規定による立入検査について前項の規定による報告を受けたときは、速やかに、その内容を内閣総理大臣に通知するものとする。

第20条の2第3項中「前2項」を「前3項」に改め、同項を同条第4項とし、同条第2項の次に次の1項を加える。

3　農林水産大臣は、前条第3項の規定によりその職員に立入検査を行わせることができる場合において必要があると認めるときは、センターに、同項に規定する者の工場、ほ場、店舗、事務所、事業所又は倉庫その他の場所に立ち入り、品質に関する表示の状況又は農林物資、その原料、帳簿、書類その他の物件を検査させることができる。

第20条の3中「又は第2項に規定する」を「から第3項までの規定による」に改める。

第21条第1項第2号中「農林物資の品質に関する表示又は」を削り、同条第2項中「前項に規定する」を「前項の規定による」に、「及び第19条の13から第19条の16まで」を「、第19条の15及び第19条の16」に改め、同条の次に次の2条を加える。

（内閣総理大臣又は農林水産大臣に対する申出）

第21条の2　何人も、農林物資の品質に関する表示が適正でないため一般消費者の利益が害されていると認めるときは、内閣府令・農林水産省令で定める手続に従い、その旨を内閣総理大臣又は農林水産大臣（当該農林物資の品質に関する表示が適正でないことが第19条の14第1項の内閣府令・農林水産省令で定める表示の方法のみに係るものである場合にあつては、内閣総理大臣。次項において同じ。）に申し出て適切な措置をとるべきことを求めることができる。

2　内閣総理大臣又は農林水産大臣は、前項の規定による申出があつたときは、必要な調査を行い、その申出の内容が事実であると認めるときは、第19条の13及び第19条の14に規定する措置その他の適切な措置をとらなければならない。

（内閣総理大臣への資料提供等）

第21条の3　内閣総理大臣は、農林物資の品質に関する表示の適正化を図るため必

9 消費者庁及び消費者委員会設置法の施行に伴う関係法律の整備に関する法律

　　　要があると認めるときは、農林水産大臣に対し、資料の提供、説明その他必要な協力を求めることができる。
　　第23条の見出しを「（権限の委任等）」に改め、同条第2項を同条第3項とし、同条第1項中「権限」の下に「及び前項の規定により消費者庁長官に委任された権限」を加え、同項を同条第2項とし、同条に第1項として次の1項を加える。
　　　内閣総理大臣は、この法律の規定による権限（政令で定めるものを除く。）を消費者庁長官に委任する。
　　第24条第8号中「第19条の14第3項」を「第19条の14第4項」に改める。
　　第27条第4号中「第20条第2項」の下に「若しくは第3項」を加え、「同項若しくは第20条の2第2項」を「同条第2項若しくは第3項若しくは第20条の2第2項若しくは第3項」に改める。
　（宅地建物取引業法の一部改正）
第8条　宅地建物取引業法（昭和27年法律第176号）の一部を次のように改正する。
　　第25条第2項中「相手方」の下に「の利益」を加える。
　　第33条の2ただし書中「1に」を「いずれかに」に改め、同条第1号中「国土交通省令」を「国土交通省令・内閣府令」に改める。
　　第34条の2第1項第7号中「国土交通省令」を「国土交通省令・内閣府令」に改める。
　　第35条第1項第5号、第6号、第11号及び第13号中「国土交通省令」を「国土交通省令・内閣府令」に改め、同項第14号中「相手方等」の下に「の利益」を加え、「国土交通省令」を「、次のイ又はロに掲げる場合の区分に応じ、それぞれ当該イ又はロに定める命令」に改め、同号に次のように加える。
　　　イ　事業を営む場合以外の場合において宅地又は建物を買い、又は借りようとする個人である宅地建物取引業者の相手方等の利益の保護に資する事項を定める場合　国土交通省令・内閣府令
　　　ロ　イに規定する事項以外の事項を定める場合　国土交通省令
　　第35条第3項ただし書及び第7号中「相手方」の下に「の利益」を加える。
　　第37条の2第1項中「国土交通省令」を「国土交通省令・内閣府令」に改める。
　　第41条第1項中「1に」を「いずれかに」に改め、同項ただし書中「相手方」の下に「の利益」を加え、同条第5項中「国土交通省令」を「国土交通省令・内閣府令」に改める。
　　第41条の2第1項ただし書中「相手方」の下に「の利益」を加え、同条第6項中「国土交通省令」を「国土交通省令・内閣府令」に改める。
　　第47条の2第3項中「であつて、」の下に「第35条第1項第14号イに規定する」を、「相手方等」の下に「の利益」を加え、「国土交通省令で定めるもの」を「国土交通省令・内閣府令で定めるもの及びその他の宅地建物取引業者の相手方等の利益の保護に欠けるものとして国土交通省令で定めるもの」に改める。
　　第56条第1項ただし書及び第61条中「買主」の下に「の利益」を加える。
　　第71条の次に次の1条を加える。
　　（内閣総理大臣との協議等）

第4章 関連資料

　第71条の2　国土交通大臣は、その免許を受けた宅地建物取引業者が第31条第1項、第32条から第34条まで、第34条の2第1項（第34条の3において準用する場合を含む。次項において同じ。）、第35条（第3項を除き、同条第4項及び第5項にあつては、同条第1項及び第2項に係る部分に限る。次項において同じ。）、第35条の2から第45条まで、第47条又は第47条の2の規定に違反した場合（当該宅地建物取引業者が、第35条第1項第14号イに規定する宅地建物取引業者の相手方等と契約を締結する場合に限る。）において、第65条第1項（第2号から第4号までを除く。）若しくは第2項（第1号及び第1号の2を除く。）又は第66条第1項（第1号から第8号までを除く。）の規定による処分をしようとするときは、あらかじめ、内閣総理大臣に協議しなければならない。
2　内閣総理大臣は、国土交通大臣の免許を受けた宅地建物取引業者の第35条第1項第14号イに規定する宅地建物取引業者の相手方等の利益の保護を図るため必要があると認めるときは、国土交通大臣に対し、前項に規定する処分（当該宅地建物取引業者が第31条第1項、第32条から第34条まで、第34条の2第1項、第35条から第45条まで、第47条又は第47条の2の規定に違反した場合（当該宅地建物取引業者が同号イに規定する宅地建物取引業者の相手方等と契約を締結する場合に限る。）におけるものに限る。）に関し、必要な意見を述べることができる。
　第72条第4項中「第1項」の下に「及び第2項」を加え、同項を同条第5項とし、同条第3項中「第1項」の下に「及び第2項」を加え、同項を同条第4項とし、同条第2項を同条第3項とし、同条第1項の次に次の1項を加える。
2　内閣総理大臣は、前条第2項の規定による意見を述べるため特に必要があると認めるときは、同項に規定する宅地建物取引業者に対して、その業務について必要な報告を求め、又はその職員に事務所その他その業務を行う場所に立ち入り、帳簿、書類その他業務に関係のある物件を検査させることができる。
　第72条に次の1項を加える。
6　内閣総理大臣は、第2項の規定による報告を求め、又は立入検査をしようとするときは、あらかじめ、国土交通大臣に協議しなければならない。
　第75条の2の次に次の1条を加える。
　　（内閣総理大臣への資料提供等）
第75条の3　内閣総理大臣は、国土交通大臣の免許を受けた宅地建物取引業者の第35条第1項第14号イに規定する宅地建物取引業者の相手方等の利益の保護を図るため必要があると認めるときは、国土交通大臣に対し、資料の提供、説明その他必要な協力を求めることができる。
　第78条の2に次の1項を加える。
2　この法律に規定する内閣総理大臣の権限（政令で定めるものを除く。）は、消費者庁長官に委任する。
　第83条第1項第5号中「若しくは第2項」を「から第3項まで」に改め、同項第6号中「第72条第1項」の下に「若しくは第2項」を加える。
　　（旅行業法の一部改正）
第9条　旅行業法（昭和27年法律第239号）の一部を次のように改正する。

9 消費者庁及び消費者委員会設置法の施行に伴う関係法律の整備に関する法律

　第12条の2第1項中「国土交通省令」を「国土交通省令・内閣府令」に改める。
　第12条の3中「観光庁長官」の下に「及び消費者庁長官」を加える。
　第12条の4及び第12条の5中「国土交通省令」を「国土交通省令・内閣府令」に改める。
　第12条の7中「、国土交通省令」を「、国土交通省令・内閣府令」に、「その他の国土交通省令」を「その他の国土交通省令・内閣府令」に改める。
　第12条の8中「国土交通省令」を「国土交通省令・内閣府令」に改める。
　第18条の3に次の3項を加える。
2　観光庁長官は、旅行業者等が第12条の2第3項、第12条の4第1項若しくは第2項、第12条の5第1項、第12条の7、第12条の8又は第13条第1項（第2号に掲げる行為のうち旅行者に対する行為に係る部分に限る。）の規定に違反した場合において、前項の規定による命令をしようとするときは、あらかじめ、消費者庁長官に協議しなければならない。
3　消費者庁長官は、旅行者の正当な利益の保護を図るため必要があると認めるときは、観光庁長官に対し、第1項の規定による命令（前項に規定する規定に違反した旅行業者等に対するものに限る。）に関し、必要な意見を述べることができる。
4　前2項の規定は、第24条の規定により、第1項に規定する観光庁長官の権限に属する事務を都道府県知事が行うこととされている場合には、適用しない。
　第19条第3項中「、前2項の場合に」を「前2項の規定による処分について、前条第2項から第4項までの規定は第1項の規定による処分について、それぞれ」に改める。
　第23条の2第1項及び第2項中「第18条の3」を「第18条の3第1項」に改める。
　第26条第1項中「、国土交通省令で定める手続に従い」を削り、同条第4項中「第2項」を「第3項及び第4項」に改め、同項を同条第6項とし、同条第3項中「前項」を「前2項」に改め、同項を同条第5項とし、同条第2項を同条第3項とし、同項の次に次の1項を加える。
4　消費者庁長官は、第18条の3第3項（第19条第3項において準用する場合を含む。）の規定による意見を述べるため特に必要があると認めるときは、その職員に第18条の3第3項に規定する旅行業者等の営業所若しくは事務所に立ち入り、帳簿書類その他の物件を検査し、又は関係者に質問させることができる。
　第26条第1項の次に次の1項を加える。
2　消費者庁長官は、第18条の3第3項（第19条第3項において準用する場合を含む。）の規定による意見を述べるため必要があると認めるときは、第18条の3第3項に規定する旅行業者等に、その業務に関し、報告をさせることができる。
　第26条に次の2項を加える。
7　消費者庁長官は、第2項の規定による報告をさせ、又は第4項の規定による立入検査をしようとするときは、あらかじめ、観光庁長官に協議しなければならない。

第4章 関連資料

　8　第1項及び第2項の規定による報告の手続並びに第5項の規定による証票の様式は、国土交通省令又は内閣府令で定める。

　第26条の次に次の1条を加える。

　（消費者庁長官への資料提供等）

第26条の2　消費者庁長官は、旅行者の正当な利益の保護を図るため必要があると認めるときは、観光庁長官に対し、資料の提供、説明その他必要な協力を求めることができる。

　第31条第16号中「第18条の3」を「第18条の3第1項」に改め、同条第17号中「第26条第1項」の下に「若しくは第2項」を加え、同条第18号中「第26条第2項」を「第26条第3項若しくは第4項」に改める。

（割賦販売法の一部改正）

第10条　割賦販売法（昭和36年法律第159号）の一部を次のように改正する。

　第2条第4項及び第5項中「及び第35条の3の3」を「、第35条の3の3、第41条及び第41条の2」に改める。

　第3条から第4条の2までの規定、第4条の3第1項並びに第4条の4第1項第1号及び第3号中「経済産業省令」を「経済産業省令・内閣府令」に改める。

　第15条第1項中「1に」を「いずれかに」に改め、同項第2号中「購入者」の下に「の利益」を加え、同項第4号中「行なおう」を「行おう」に改め、同項第5号中「経済産業省令」を「経済産業省令・内閣府令」に改める。

　第18条の2第3項及び第18条の5第4項中「法務省令、経済産業省令」を「法務省令・経済産業省令」に改める。

　第19条第3項中「経済産業省令」を「経済産業省令・内閣府令」に改める。

　第20条の2第1項中「1に」を「いずれかに」に改め、「購入者」の下に「の利益」を加え、同条に次の2項を加える。

　3　経済産業大臣は、許可割賦販売業者の前払式割賦販売に係る業務の運営が第1項第3号に該当する場合において、同項の規定による命令をしようとするときは、あらかじめ、内閣総理大臣に協議しなければならない。

　4　内閣総理大臣は、許可割賦販売業者の前払式割賦販売に係る業務の運営が第1項第3号に該当する場合において、購入者の利益を保護するため必要があると認めるときは、経済産業大臣に対し、同項の規定による命令に関し、必要な意見を述べることができる。

　第20条の4第3項及び第22条の2第2項中「法務省令、経済産業省令」を「法務省令・経済産業省令」に改める。

　第23条第3項中「前2項」を「第1項又は第2項」に改め、同項を同条第5項とし、同条第2項の次に次の2項を加える。

　3　経済産業大臣は、許可割賦販売業者が前項第4号の命令（当該許可割賦販売業者の前払式割賦販売に係る業務の運営が第20条の2第1項第3号に該当する場合におけるものに限る。次項及び第40条第2項において同じ。）に違反した場合において、前項の規定による処分をしようとするときは、あらかじめ、内閣総理大臣に協議しなければならない。

9 消費者庁及び消費者委員会設置法の施行に伴う関係法律の整備に関する法律

 4　内閣総理大臣は、許可割賦販売業者が第2項第4号の命令に違反した場合において、購入者の利益を保護するため必要があると認めるときは、経済産業大臣に対し、同項の規定による処分に関し、必要な意見を述べることができる。
　第29条第3項中「法務省令、経済産業省令」を「法務省令・経済産業省令」に改める。
　第29条の2、第29条の3、第29条の3の2第1項、第29条の3の3第1項第1号及び第3号、第30条、第30条の2、第30条の2の2第1項並びに第30条の2の3第1項第1号及び第3号中「経済産業省令」を「経済産業省令・内閣府令」に改める。
　第35条の3の3中「及び第20条の2第1項」を「並びに第20条の2第1項及び第4項」に、「第27条第1項」を「同条第4項中「購入者」とあるのは「購入者又は指定役務の提供を受ける者」と、第27条第1項」に改める。
　第36条の見出し中「消費経済審議会」を「消費経済審議会及び消費者委員会」に改め、同条中「、第2条第4項若しくは第5項、第4条の4第1項」及び「、第29条の3の3第1項、第30条の2の3第1項、第30条の4第4項第1号、第30条の5第2項」を削り、同条に次の1項を加える。
2　主務大臣は、第2条第4項若しくは第5項、第4条の4第1項、第29条の3の3第1項、第30条の2の3第1項、第30条の4第4項第1号又は第30条の5第2項に規定する政令の制定又は改廃の立案をしようとするときは、政令で定めるところにより、消費経済審議会及び消費者委員会に諮問しなければならない。
　第40条中第2項を第3項とし、第1項の次に次の1項を加える。
2　内閣総理大臣は、第20条の2第4項又は第23条第4項の規定により意見を述べるため必要があると認めるときは、その必要な限度において、政令で定めるところにより、その前払式割賦販売に係る業務の運営が第20条の2第1項第3号に該当する許可割賦販売業者又は第23条第2項第4号の命令に違反した許可割賦販売業者に対し、その営業に関し報告をさせることができる。
　第40条に次の2項を加える。
4　内閣総理大臣は、第35条の3の3において準用する第20条の2第4項又は第23条第4項の規定により意見を述べるため必要があると認めるときは、その必要な限度において、政令で定めるところにより、その前払式特定取引に係る業務の運営が第35条の3の3において準用する第20条の2第1項第3号に該当する第35条の3の2の許可を受けた者又は第35条の3の3において準用する第23条第2項第4号の命令（当該第35条の3の2の許可を受けた者の前払式特定取引に係る業務の運営が第35条の3の3において準用する第20条の2第1項第3号に該当する場合におけるものに限る。）に違反した第35条の3の2の許可を受けた者に対し、その営業に関し報告をさせることができる。
5　内閣総理大臣は、第2項又は前項の規定による報告の徴収をしようとするときは、あらかじめ、経済産業大臣に協議しなければならない。
　第41条第3項中「第1項」を「第1項及び第2項」に改め、同項を同条第4項とし、同条第2項中「前項」を「前2項」に改め、同項を同条第3項とし、同条第1

247

項の次に次の1項を加える。
2　内閣総理大臣は、前条第2項又は第4項に規定する場合において購入者又は指定役務の提供を受ける者の利益を保護するため特に必要があると認めるときは、その必要な限度において、その職員に、許可割賦販売業者又は第35条の3の2の許可を受けた者の本店その他の営業所に立ち入り、帳簿書類その他の物件を検査させることができる。
　第41条に次の1項を加える。
5　内閣総理大臣は、第2項の規定による立入検査をしようとするときは、あらかじめ、経済産業大臣に協議しなければならない。
　第41条の次に次の1条を加える。
　（内閣総理大臣への資料提供等）
第41条の2　内閣総理大臣は、購入者又は指定役務の提供を受ける者の利益の保護を図るため必要があると認めるときは、経済産業大臣に対し、資料の提供、説明その他必要な協力を求めることができる。
　第46条第4号中「第36条」を「第36条第1項」に改め、同条に次の1号を加える。
　　五　第36条第2項の規定による消費経済審議会及び消費者委員会への諮問に関する事項については、経済産業大臣、内閣総理大臣及び当該商品の流通を所掌する大臣、当該権利に係る施設若しくは役務の提供を行う事業を所管する大臣又は当該役務の提供を行う事業を所管する大臣
　第48条に次の1項を加える。
2　内閣総理大臣は、この法律による権限（政令で定めるものを除く。）を消費者庁長官に委任する。
　第53条第4号中「第40条」を「第40条第1項から第4項まで」に改め、同条第5号中「第41条第1項」の下に「又は第2項」を加える。
　（家庭用品品質表示法の一部改正）
第11条　家庭用品品質表示法（昭和37年法律第104号）の一部を次のように改正する。
　第2条第2項中「行なう」を「行う」に、「次条」を「次条第3項（同条第5項において準用する場合を含む。第4条第1項において同じ。）」に、「同条第1号」を「同条第1項第1号」に改める。
　第3条中「経済産業大臣」を「内閣総理大臣」に、「定め、これを告示する」を「定める」に改め、同条に次の4項を加える。
2　内閣総理大臣は、前項の規定により表示の標準となるべき事項を定めようとするときは、あらかじめ、経済産業大臣に協議しなければならない。
3　内閣総理大臣は、第1項の規定により表示の標準となるべき事項を定めたときは、遅滞なく、これを告示するものとする。
4　経済産業大臣は、第1項の規定により表示の標準となるべき事項が定められることにより、家庭用品の生産又は流通の改善が図られると認めるときは、内閣総理大臣に対して、当該事項の案を添えて、その策定を要請することができる。

9 消費者庁及び消費者委員会設置法の施行に伴う関係法律の整備に関する法律

5 前3項の規定は、第1項の規定により定めた表示の標準となるべき事項の変更について準用する。
　第4条第1項中「経済産業大臣は、前条」を「前条第3項」に、「同条第1号」を「同条第1項第1号」に、「同条の」を「同条第3項の」に、「同条第2号」を「同条第1項第2号」に、「があるときは」を「(以下「違反業者」と総称する。)があるときは、内閣総理大臣又は経済産業大臣（違反業者が販売業者（卸売業者を除く。）である場合にあつては、内閣総理大臣）は」に、「当該製造業者、販売業者又は表示業者」を「当該違反業者」に改め、同条第2項中「経済産業大臣」を「内閣総理大臣」に、「前項」を「第1項」に、「製造業者、販売業者又は表示業者」を「違反業者」に改め、同項を同条第3項とし、同条第1項の次に次の1項を加える。
2　次の各号に掲げる大臣は、単独で前項の規定による指示をしようとするときは、あらかじめ、その指示の内容について、それぞれ当該各号に定める大臣に通知するものとする。
　一　内閣総理大臣　経済産業大臣
　二　経済産業大臣　内閣総理大臣
　第4条に次の1項を加える。
4　経済産業大臣は、第1項の規定による指示をした場合において、その指示に従わない違反業者があるときは、内閣総理大臣に対し、前項の規定により、その旨を公表することを要請することができる。
　第5条から第7条までの規定中「経済産業大臣」を「内閣総理大臣」に、「経済産業省令」を「内閣府令」に改める。
　第8条第1項中「経済産業大臣」を「内閣総理大臣」に改め、同条第2項中「経済産業大臣」を「内閣総理大臣」に、「行なう」を「行う」に、「1に」を「いずれかに」に改め、同条第3項中「経済産業大臣」を「内閣総理大臣」に改め、同条第4項中「経済産業省令」を「内閣府令」に改める。
　第9条中「経済産業大臣」を「内閣総理大臣」に改め、同条の次に次の1条を加える。
　（命令の要請）
第9条の2　経済産業大臣は、第5条、第6条第1項又は第7条の規定による命令が行われることにより、家庭用品の生産又は流通の改善が図られると認めるときは、内閣総理大臣に対し、当該命令をすることを要請することができる。
　第10条の見出し中「経済産業大臣」を「内閣総理大臣又は経済産業大臣」に改め、同条第1項中「行なわれて」を「行われて」に、「経済産業大臣」を「内閣総理大臣又は経済産業大臣（当該家庭用品の品質に関する表示が販売業者（卸売業者を除く。）に係るものである場合にあつては、内閣総理大臣。次項において同じ。）」に改め、同条第2項中「経済産業大臣」を「内閣総理大臣又は経済産業大臣」に、「行ない」を「行い」に改める。
　第11条の見出し中「消費経済審議会」を「消費者委員会」に改め、同条中「経済産業大臣」を「内閣総理大臣」に、「第3条」を「第3条第1項若しくは第5項」

に改め、「定め」の下に「、若しくは変更し」を加え、「消費経済審議会」を「消費者委員会」に改める。

　第18条中「経済産業大臣」を「内閣総理大臣」に改める。

　第19条第1項中「経済産業大臣」を「内閣総理大臣又は経済産業大臣」に改め、「販売業者」の下に「(卸売業者に限る。)」を加え、同条第3項を削り、同条第2項中「前項」を「前2項」に改め、同項を同条第3項とし、同条第1項の次に次の1項を加える。

2　内閣総理大臣は、この法律の施行に必要な限度において、政令で定めるところにより、販売業者(卸売業者を除く。)から報告を徴し、又はその職員に、これらの者の工場、事業場、店舗、営業所、事務所若しくは倉庫に立ち入り、家庭用品、帳簿書類その他の物件を検査させることができる。

　第19条第4項から第6項までを削り、同条第7項中「第1項」の下に「又は第2項」を加え、同項を同条第4項とし、同条に次の1項を加える。

5　次の各号に掲げる大臣は、第1項又は第2項の規定による権限を単独で行使したときは、速やかに、その結果をそれぞれ当該各号に定める大臣に通知するものとする。
　一　内閣総理大臣　経済産業大臣
　二　経済産業大臣　内閣総理大臣

　第24条中「第19条の2」を「第21条」に改め、同条を第28条とし、第23条を第27条とする。

　第22条中「1に」を「いずれかに」に改め、同条第2号及び第3号中「第19条第1項」の下に「又は第2項」を加え、同条を第26条とし、第21条を第25条とする。

　第20条を削る。

　第19条の3中「この法律」を「前条第1項の規定により消費者庁長官に委任された権限及びこの法律」に改め、同条を第24条とする。

　第19条の2中「前条第3項」を「前条第1項」に改め、同条を第21条とし、同条の次に次の2条を加える。

　　(内閣総理大臣への資料提供等)

第22条　内閣総理大臣は、この法律の目的を達成するため必要があると認めるときは、経済産業大臣に対し、資料の提供、説明その他必要な協力を求めることができる。

　　(権限の委任)

第23条　内閣総理大臣は、この法律による権限(政令で定めるものを除く。)を消費者庁長官に委任する。

2　この法律の規定により経済産業大臣の権限に属する事項は、経済産業省令で定めるところにより、経済産業局長に行わせることができる。

　第19条の次に次の1条を加える。

　　(独立行政法人製品評価技術基盤機構による立入検査)

第20条　経済産業大臣は、前条第1項の規定によりその職員に立入検査を行わせることができる場合において必要があると認めるときは、独立行政法人製品評価技

9 消費者庁及び消費者委員会設置法の施行に伴う関係法律の整備に関する法律

術基盤機構（以下「機構」という。）に、同項の規定による立入検査を行わせることができる。
2 　経済産業大臣は、前項の規定により機構に立入検査を行わせる場合には、機構に対し、当該立入検査の場所その他必要な事項を示してこれを実施すべきことを指示するものとする。
3 　機構は、前項の指示に従つて第1項に規定する立入検査を行つたときは、その結果を経済産業大臣に報告しなければならない。
4 　経済産業大臣は、第1項に規定する立入検査について前項の規定による報告を受けたときは、速やかに、その内容を内閣総理大臣に通知するものとする。
5 　第1項の規定により立入検査をする機構の職員は、その身分を示す証明書を携帯し、関係人に提示しなければならない。

（不当景品類及び不当表示防止法の一部改正）
第12条　不当景品類及び不当表示防止法（昭和37年法律第134号）の一部を次のように改正する。
　　第1条中「私的独占の禁止及び公正取引の確保に関する法律（昭和22年法律第54号）の特例を定めることにより、公正な競争を確保し、もつて」を「一般消費者による自主的かつ合理的な選択を阻害するおそれのある行為の制限及び禁止について定めることにより、」に改める。
　　第2条第2項中「行なう」を「行う」に、「公正取引委員会」を「内閣総理大臣」に改め、同項を同条第4項とし、同条第1項中「附随して」を「付随して」に、「公正取引委員会」を「内閣総理大臣」に改め、同項を同条第3項とし、同条に第1項及び第2項として次の2項を加える。
　　　この法律で「事業者」とは、商業、工業、金融業その他の事業を行う者をいい、当該事業を行う者の利益のためにする行為を行う役員、従業員、代理人その他の者は、次項及び第11条の規定の適用については、これを当該事業者とみなす。
2 　この法律で「事業者団体」とは、事業者としての共通の利益を増進することを主たる目的とする2以上の事業者の結合体又はその連合体をいい、次に掲げる形態のものを含む。ただし、2以上の事業者の結合体又はその連合体であつて、資本又は構成事業者（事業者団体の構成員である事業者をいう。第20条において同じ。）の出資を有し、営利を目的として商業、工業、金融業その他の事業を営むことを主たる目的とし、かつ、現にその事業を営んでいるものを含まないものとする。
　一　2以上の事業者が社員（社員に準ずるものを含む。）である一般社団法人その他の社団
　二　2以上の事業者が理事又は管理人の任免、業務の執行又はその存立を支配している一般財団法人その他の財団
　三　2以上の事業者を組合員とする組合又は契約による2以上の事業者の結合体
　　第3条中「公正取引委員会」を「内閣総理大臣」に、「防止する」を「防止し、一般消費者による自主的かつ合理的な選択を確保する」に改める。

第4条第1項中「各号に掲げる」を「各号のいずれかに該当する」に改め、同項第1号中「競争関係にある」を「同種若しくは類似の商品若しくは役務を供給している」に、「ことにより」を「表示であつて」に、「公正な競争」を「一般消費者による自主的かつ合理的な選択」に、「表示」を「もの」に改め、同項第2号中「競争関係にある」を「同種若しくは類似の商品若しくは役務を供給している」に、「ため」を「表示であつて」に、「公正な競争」を「一般消費者による自主的かつ合理的な選択」に、「表示」を「もの」に改め、同項第3号中「公正な競争」を「一般消費者による自主的かつ合理的な選択」に、「公正取引委員会」を「内閣総理大臣」に改め、同条第2項中「公正取引委員会は、」を「内閣総理大臣は、事業者がした表示が」に、「該当する表示か」を「該当するか」に、「第6条第1項及び第2項」を「第6条」に改める。

第5条の見出し中「公聴会」を「公聴会等」に改め、同条第1項中「公正取引委員会は、第2条」を「内閣総理大臣は、第2条第3項若しくは第4項」に、「公正取引委員会規則」を「内閣府令」に、「ものとする」を「とともに、消費者委員会の意見を聴かなければならない」に改める。

第6条の見出しを「（措置命令）」に改め、同条第1項中「公正取引委員会」を「内閣総理大臣」に改め、「（以下「排除命令」という。）」を削り、「においても」の下に「、次に掲げる者に対し」を加え、同項に次の各号を加える。
一　当該違反行為をした事業者
二　当該違反行為をした事業者が法人である場合において、当該法人が合併により消滅したときにおける合併後存続し、又は合併により設立された法人
三　当該違反行為をした事業者が法人である場合において、当該法人から分割により当該違反行為に係る事業の全部又は一部を承継した法人
四　当該違反行為をした事業者から当該違反行為に係る事業の全部又は一部を譲り受けた事業者
第6条第2項及び第3項を削る。
第8条（見出しを含む。）中「公正取引委員会」を「内閣総理大臣」に改める。
第9条第3項中「第1項」を「第1項又は第2項」に改め、同項を同条第4項とし、同条第2項中「前項」を「前2項」に改め、「又は質問」を削り、同項を同条第3項とし、同条第1項中「報告をさせ」の下に「、若しくは帳簿書類その他の物件の提出を命じ」を加え、同項を同条第2項とし、同条に第1項として次の1項を加える。
　内閣総理大臣は、第6条の規定による命令を行うため必要があると認めるときは、当該事業者若しくはその者とその事業に関して関係のある事業者に対し、その業務若しくは財産に関して報告をさせ、若しくは帳簿書類その他の物件の提出を命じ、又はその職員に、当該事業者若しくはその者とその事業に関して関係のある事業者の事務所、事業所その他その事業を行う場所に立ち入り、帳簿書類その他の物件を検査させ、若しくは関係者に質問させることができる。
第10条及び第11条を削る。
第11条の2第1号及び第2号中「競争関係にある」を「同種若しくは類似の商品

9 消費者庁及び消費者委員会設置法の施行に伴う関係法律の整備に関する法律

若しくは役務を供給している」に改め、同条を第10条とする。
　第12条の見出しを「(協定又は規約)」に改め、同条第１項中「公正取引委員会規則」を「内閣府令」に改め、「について、」の下に「内閣総理大臣及び」を、「防止し、」の下に「一般消費者による自主的かつ合理的な選択及び事業者間の」を加え、同条第２項中「公正取引委員会」を「内閣総理大臣及び公正取引委員会」に改め、「(以下「公正競争規約」という。)」を削り、「各号に」を「各号のいずれにも」に、「前項の認定」を「同項の認定」に改め、同項第１号中「防止し、」の下に「一般消費者による自主的かつ合理的な選択及び事業者間の」を加え、同項第４号中「公正競争規約」を「当該協定若しくは規約」に改め、同条第３項中「公正取引委員会」を「内閣総理大臣及び公正取引委員会」に、「公正競争規約」を「協定又は規約」に改め、「前項各号」の下に「のいずれか」を加え、同条第４項中「公正取引委員会は」を「内閣総理大臣及び公正取引委員会は」に、「公正取引委員会規則」を「内閣府令」に改め、同条第５項中「私的独占の禁止及び公正取引の確保に関する法律」の下に「(昭和22年法律第54号)」を加え、「第８条の２第２項」を「同法第８条の２第２項」に、「公正競争規約及びこれ」を「協定又は規約及びこれら」に改め、同条第６項を削り、同条を第11条とし、同条の次に次の１条を加える。

　　(権限の委任)
第12条　内閣総理大臣は、この法律による権限（政令で定めるものを除く。）を消費者庁長官に委任する。
２　消費者庁長官は、政令で定めるところにより、前項の規定により委任された権限の一部を公正取引委員会に委任することができる。
３　公正取引委員会は、前項の規定により委任された権限を行使したときは、速やかに、その結果について消費者庁長官に報告するものとする。
　第13条を次のように改める。
　　(内閣府令への委任)
第13条　この法律に定めるもののほか、この法律を実施するため必要な事項は、内閣府令で定める。
　第14条の前の見出しを削り、同条を次のように改める。
　　(協議)
第14条　内閣総理大臣は、第11条第１項及び第４項並びに前条に規定する内閣府令（同条に規定する内閣府令にあつては、第11条第１項の協定又は規約について定めるものに限る。）を定めようとするときは、あらかじめ、公正取引委員会に協議しなければならない。
　第15条の前に見出しとして「(罰則)」を付し、同条を次のように改める。
第15条　第６条の規定による命令に違反した者は、２年以下の懲役又は300万円以下の罰金に処する。
２　前項の罪を犯した者には、情状により、懲役及び罰金を併科することができる。
　第17条を削る。

第16条中「第9条第1項」を「第9条第2項」に改め、「による報告」の下に「若しくは物件の提出」を、「虚偽の報告」の下に「若しくは虚偽の物件の提出」を加え、同条を第17条とする。
　第15条の次に次の1条を加える。
第16条　第9条第1項の規定による報告若しくは物件の提出をせず、若しくは虚偽の報告若しくは虚偽の物件の提出をし、又は同項の規定による検査を拒み、妨げ、若しくは忌避し、若しくは同項の規定による質問に対して答弁をせず、若しくは虚偽の答弁をした者は、1年以下の懲役又は300万円以下の罰金に処する。
　第18条第1項中「第15条又は第16条」を「次の各号に掲げる規定」に、「各本条の」を「当該各号に定める」に改め、同項に次の各号を加える。
　一　第15条第1項　3億円以下の罰金刑
　二　第16条又は前条　各本条の罰金刑
　第18条第2項中「第15条又は第16条」を「次の各号に掲げる規定」に、「各本条の」を「当該各号に定める」に改め、同項に次の各号を加える。
　一　第15条第1項　3億円以下の罰金刑
　二　第16条又は前条　各本条の罰金刑
　第18条第3項中「刑事訴訟法」の下に「（昭和23年法律第131号）」を加える。
　本則に次の2条を加える。
第19条　第15条第1項の違反があつた場合においては、その違反の計画を知り、その防止に必要な措置を講ぜず、又はその違反行為を知り、その是正に必要な措置を講じなかつた当該法人（当該法人で事業者団体に該当するものを除く。）の代表者に対しても、同項の罰金刑を科する。
第20条　第15条第1項の違反があつた場合においては、その違反の計画を知り、その防止に必要な措置を講ぜず、又はその違反行為を知り、その是正に必要な措置を講じなかつた当該事業者団体の理事その他の役員若しくは管理人又はその構成事業者（事業者の利益のためにする行為を行う役員、従業員、代理人その他の者が構成事業者である場合には、当該事業者を含む。）に対しても、それぞれ同項の罰金刑を科する。
2　前項の規定は、同項に規定する事業者団体の理事その他の役員若しくは管理人又はその構成事業者が法人その他の団体である場合においては、当該団体の理事その他の役員又は管理人に、これを適用する。
　（消費者基本法の一部改正）
第13条　消費者基本法（昭和43年法律第78号）の一部を次のように改正する。
　第27条第3項中「消費者基本計画の案を作成しようとするときは、国民生活審議会」を「次に掲げる場合には、消費者委員会」に改め、同項に次の各号を加える。
　一　消費者基本計画の案を作成しようとするとき。
　二　前項第2号の検証、評価及び監視について、それらの結果の取りまとめを行おうとするとき。
　第28条第3項を次のように改める。
3　委員は、次に掲げる者をもつて充てる。

9　消費者庁及び消費者委員会設置法の施行に伴う関係法律の整備に関する法律

　　一　内閣府設置法（平成11年法律第89号）第11条の２の規定により置かれた特命担当大臣
　　二　内閣官房長官、関係行政機関の長及び内閣府設置法第９条第１項に規定する特命担当大臣（前号の特命担当大臣を除く。）のうちから、内閣総理大臣が指定する者
　第29条の見出しを「（消費者委員会）」に改め、同条中「内閣府設置法第38条」を「消費者庁及び消費者委員会設置法（平成21年法律第48号）第６条」に、「国民生活審議会」を「消費者委員会」に改める。
　（消費生活用製品安全法の一部改正）
第14条　消費生活用製品安全法（昭和48年法律第31号）の一部を次のように改正する。
　　目次中
「第１節　情報の収集及び提供（第33条―第37条）
　第２節　危害の発生及び拡大を防止するための措置（第38条・第39条）」
を
「第１節　情報の収集及び提供の責務（第33条・第34条）
　第２節　重大製品事故の報告等（第35条―第37条）
　第３節　危害の発生及び拡大を防止するための措置（第38条・第39条）」
に改める。
　第３条に次の１項を加える。
２　主務大臣は、前項の規定により技術上の基準を定めようとするときは、あらかじめ、内閣総理大臣に協議しなければならない。これを変更しようとするときも、同様とする。
　第11条第１項中「第３条」を「第３条第１項」に改める。
　第16条第２項中「第36条第２項、第41条第４項」を「第36条第４項、第41条第５項から第７項まで」に改める。
　第３章第１節の節名を次のように改める。
　　　　第１節　情報の収集及び提供の責務
　第33条（見出しを含む。）中「主務大臣」を「内閣総理大臣及び主務大臣」に改める。
　第35条の見出し及び同条第１項中「主務大臣」を「内閣総理大臣」に改め、同条第２項中「主務省令」を「内閣府令」に改め、同条第３項中「主務大臣」を「内閣総理大臣」に改め、「ときは」の下に「、直ちに」を加え、同項を同条第４項とし、同条第２項の次に次の１項を加える。
３　内閣総理大臣は、第１項の規定による報告を受けたときは、直ちに、当該報告の内容について、主務大臣に通知するものとする。
　第36条の見出し中「主務大臣」を「内閣総理大臣」に改め、同条第１項中「主務大臣」を「内閣総理大臣」に、「同条第３項」を「同条第４項」に改め、同条第２項中「前項」を「第１項」に改め、同項を同条第４項とし、同条第１項の次に次の２項を加える。

2　内閣総理大臣は、前項の規定による公表をしようとするときは、あらかじめ、主務大臣に協議しなければならない。
3　内閣総理大臣及び主務大臣は、第１項の規定による公表につき、消費生活用製品の安全性に関する調査を行う必要があると認めるときは、共同して、これを行うものとする。
　第37条中「主務大臣」を「内閣総理大臣」に改め、同条に次の２項を加える。
2　内閣総理大臣は、前項の規定による命令をしようとするときは、あらかじめ、主務大臣に協議しなければならない。
3　主務大臣は、必要があると認めるときは、内閣総理大臣に対し、第１項の規定による命令をすることを要請することができる。
　第３章中第２節を第３節とする。
　第35条の前に次の節名を付する。
　　　　第２節　重大製品事故の報告等
　第40条に次の１項を加える。
3　内閣総理大臣は、前章第２節の規定を施行するため必要があると認めるときは、政令で定めるところにより、消費生活用製品の製造又は輸入の事業を行う者に対し、その業務の状況に関し報告をさせることができる。
　第41条第８項中「又は第２項」を「から第３項まで」に改め、同項を同条第12項とし、同条第７項中「第４項」を「第５項又は第７項」に改め、同項を同条第11項とし、同条第６項中「第４項」を「第５項又は第７項」に改め、同項を同条第９項とし、同項の次に次の１項を加える。
10　主務大臣は、第７項の規定により機構に立入検査を行わせた場合において、前項の規定による報告を受けたときは、その内容を内閣総理大臣に通知しなければならない。
　第41条第５項中「前項」を「第５項又は前項」に改め、同項を同条第８項とし、同条第４項を同条第５項とし、同項の次に次の２項を加える。
6　内閣総理大臣は、必要があると認めるときは、主務大臣に対し、機構に、第３項の規定による立入検査を行わせることを要請することができる。
7　主務大臣は、前項の規定による要請があつた場合において、機構の業務の遂行に支障がないと認めるときは、機構に、第３項の規定による立入検査を行わせるものとする。
　第41条第３項中「前２項」を「前３項」に改め、同項を同条第４項とし、同条第２項の次に次の１項を加える。
3　内閣総理大臣は、前章第２節の規定を施行するため必要があると認めるときは、その職員に、消費生活用製品の製造又は輸入の事業を行う者の事務所、工場、事業場、店舗又は倉庫に立ち入り、消費生活用製品、帳簿、書類その他の物件を検査させることができる。
　第42条第１項中「同条第４項」を「同条第５項若しくは第７項」に改め、同条第３中「第１項」の下に「又は第２項」を加え、同項を同条第４項とし、同条第２項中「前項の規定に基づく主務大臣」を「前２項の規定に基づく内閣総理大臣又は

9 消費者庁及び消費者委員会設置法の施行に伴う関係法律の整備に関する法律

主務大臣」に、「同項」を「前2項」に改め、同項を同条第3項とし、同条第1項の次に次の1項を加える。
2 内閣総理大臣は、前条第3項の規定によりその職員に立入検査をさせた場合において、その所在の場所において検査をさせ、又は検査を行わせることが著しく困難であると認められる消費生活用製品があつたときは、その所有者又は占有者に対し、期限を定めて、これを提出すべきことを命ずることができる。
　第43条中「第41条第4項」を「第41条第5項若しくは第7項」に改める。
　第52条の見出し中「主務大臣」を「内閣総理大臣等」に改め、同条第1項中「主務大臣」を「前章第2節の規定による重大製品事故に関する措置に関する事項については内閣総理大臣に、その他の事項については主務大臣」に改め、同条第2項中「主務大臣」を「内閣総理大臣又は主務大臣」に、「行ない」を「行い」に改める。
　第54条第1項第1号中「第3条」を「第3条第1項」に改め、同項第3号中「前章第1節」を「第33条」に、「及び提供」を「、前章第2節の規定による重大製品事故の報告等」に改め、同項第5号中「第40条」を「第40条第1項及び第2項」に改める。
　第55条中「この法律」を「次条第1項の規定により消費者庁長官に委任された権限及びこの法律」に改める。
　第56条を同条第2項とし、同条に第1項として次の1項を加える。
　　内閣総理大臣は、この法律による権限（政令で定めるものを除く。）を消費者庁長官に委任する。
　第58条第5号中「第37条」を「第37条第1項」に改める。
　第59条第8号中「又は第2項」を「から第3項まで」に改め、同条第9号中「第42条第1項」の下に「又は第2項」を加える。
　（有害物質を含有する家庭用品の規制に関する法律の一部改正）
第15条　有害物質を含有する家庭用品の規制に関する法律（昭和48年法律第112号）の一部を次のように改正する。
　　第4条第3項中「とともに、」の下に「消費者庁長官及び」を加える。
　（国民生活安定緊急措置法の一部改正）
第16条　国民生活安定緊急措置法（昭和48年法律第121号）の一部を次のように改正する。
　　第27条の見出し中「国民生活審議会」を「消費者委員会」に改め、同条第1項中「国民生活審議会（以下「審議会」という。）」を「消費者委員会」に改め、同条第2項中「審議会」を「消費者委員会」に改める。
　（特定商取引に関する法律の一部改正）
第17条　特定商取引に関する法律（昭和51年法律第57号）の一部を次のように改正する。
　　本則（第66条及び第67条を除く。）中「経済産業省令」を「主務省令」に、「経済産業大臣」を「主務大臣」に改める。
　　第64条の見出し中「消費経済審議会」を「消費者委員会及び消費経済審議会」に

第4章 関連資料

改め、同条中「消費経済審議会」を「政令で定めるところにより、消費者委員会及び消費経済審議会」に改める。

第66条第4項中「(通信販売電子メール広告受託事業者、連鎖販売取引電子メール広告受託事業者又は業務提供誘引販売取引電子メール広告受託事業者に係るものについては、経済産業大臣)」を削り、同条第6項中「、第1項から第3項までの規定中「主務大臣」とあるのは「経済産業大臣」と」を削り、「「通信販売電子メール広告受託事業者」を「、「通信販売電子メール広告受託事業者」に改め、同条第7項及び第8項中「読み替えて」を削る。

第67条第1項第1号から第3号までの規定中「については」の下に「、内閣総理大臣」を加え、同項第5号中「消費経済審議会」を「消費者委員会及び消費経済審議会」に改め、「については」の下に「、内閣総理大臣」を加え、同号を同項第6号とし、同項第4号中「については」の下に「、内閣総理大臣」を加え、同号を同項第5号とし、同項第3号の次に次の1号を加える。

四　通信販売電子メール広告受託事業者、連鎖販売取引電子メール広告受託事業者及び業務提供誘引販売取引電子メール広告受託事業者に関する事項、訪問販売協会及び通信販売協会に関する事項並びに第64条第2項の規定による消費者委員会及び消費経済審議会への諮問に関する事項については、内閣総理大臣及び経済産業大臣

第67条第2項中「前項第4号に定める主務大臣の」を「内閣総理大臣及び経済産業大臣が共同で」に改め、同項に次のただし書を加える。

ただし、第61条第1項に規定する主務省令については、第1項第5号に定める主務大臣の発する命令とする。

第67条中第2項を第3項とし、第1項の次に次の1項を加える。

2　内閣総理大臣は、この法律による権限(政令で定めるものを除く。)を消費者庁長官に委任する。

第69条に次の1項を加える。

2　消費者庁長官は、政令で定めるところにより、第67条第2項の規定により委任された権限の一部を経済産業局長に委任することができる。

(貸金業法の一部改正)

第18条　貸金業法(昭和58年法律第32号)の一部を次のように改正する。

目次中「第24条の6の11」を「第24条の6の12」に改める。

第24条の6の3に次の2項を加える。

2　内閣総理大臣は、その登録を受けた貸金業者が第12条の3第4項、第12条の6、第12条の7又は第13条から第22条までの規定(これらの規定に基づく命令の規定を含む。次項及び次条第3項において同じ。)に違反した場合(その違反行為に係る資金需要者等に個人(事業を営む場合におけるものを除く。次項、第24条の6の11第2項及び第44条の2第3項において同じ。)が含まれる場合に限る。)において、前項の規定による命令をしようとするときは、あらかじめ、消費者庁長官に協議しなければならない。

3　消費者庁長官は、個人である資金需要者等の利益の保護を図るため必要がある

9 消費者庁及消費者委員会設置法の施行に伴う関係法律の整備に関する法律

と認めるときは、内閣総理大臣に対し、第1項の規定による命令（内閣総理大臣の登録を受けた貸金業者が第12条の3第4項、第12条の6、第12条の7又は第13条から第22条までの規定に違反した場合に限る。）に関し、必要な意見を述べることができる。

第24条の6の4に次の1項を加える。

3　前条第2項及び第3項の規定は、第1項の規定による処分（内閣総理大臣の登録を受けた貸金業者が第12条の3第4項、第12条の6、第12条の7又は第13条から第22条までの規定に違反した場合に限る。）について準用する。

第2章第3節中第24条の6の11を第24条の6の12とする。

第24条の6の10の見出しを削り、同条の前に見出しとして「（報告徴収及び立入検査）」を付し、同条の次に次の1条を加える。

第24条の6の11　消費者庁長官は、第24条の6の3第3項（第24条の6の4第3項において準用する場合を含む。以下この項において同じ。）の規定による意見を述べるため必要があると認める場合には、第24条の6の3第3項に規定する貸金業者に対して、その業務に関し報告又は資料の提出を命ずることができる。

2　消費者庁長官は、前項に規定する場合において、個人である資金需要者等の利益の保護を図るため特に必要があると認めるときは、当該職員に、同項の貸金業者の営業所若しくは事務所に立ち入らせ、その業務に関して質問させ、又は帳簿書類その他の物件を検査させることができる。

3　前条第5項及び第6項の規定は、前項の規定による立入検査について準用する。

4　消費者庁長官は、第1項の規定による命令又は第2項の規定による立入検査をしようとするときは、あらかじめ、内閣総理大臣に協議しなければならない。

第44条の2の見出し中「財務大臣」を「財務大臣等」に改め、同条に次の1項を加える。

3　消費者庁長官は、個人である資金需要者等の利益の保護を図るため必要があると認めるときは、内閣総理大臣に対し、資料の提出、説明その他必要な協力を求めることができる。

第44条の3第3項中「第24条の6の4」を「第24条の6の4第1項若しくは第2項」に改める。

第48条第1項第8号の2中「第24条の6の3」を「第24条の6の3第1項」に改め、同項第8号の4中「又は第2項」を「若しくは第2項」に改め、「含む。）」の下に「又は第24条の6の11第1項」を加え、同項第8号の5中「又は第4項」を「若しくは第4項」に改め、「含む。）」の下に「又は第24条の6の11第2項」を加え、同項第8号の6中「第24条の6の11第3項」を「第24条の6の12第3項」に改める。

（特定商品等の預託等取引契約に関する法律の一部改正）

第19条　特定商品等の預託等取引契約に関する法律（昭和61年法律第62号）の一部を次のように改正する。

本則（第13条を除く。）中「経済産業省令」を「内閣府令」に、「主務大臣」を

第4章 関連資料

　　「内閣総理大臣」に改める。
　　　第11条の次に次の1条を加える。
　　　（消費者委員会への諮問）
　　第11条の2　内閣総理大臣は、第2条第1項第1号若しくは第2号若しくは第2項、第4条第1項若しくは第2項又は第10条第1項の政令の制定又は改廃の立案をしようとするときは、消費者委員会に諮問しなければならない。
　　　第13条を次のように改める。
　　　（内閣総理大臣への資料提供等）
　　第13条　内閣総理大臣は、この法律の目的を達成するため必要があると認めるときは、関係行政機関の長に対し、資料の提供、説明その他必要な協力を求めることができる。
　　　第13条の次に次の1条を加える。
　　　（権限の委任）
　　第13条の2　内閣総理大臣は、この法律による権限（政令で定めるものを除く。）を消費者庁長官に委任する。
　（住宅の品質確保の促進等に関する法律の一部改正）
第20条　住宅の品質確保の促進等に関する法律（平成11年法律第81号）の一部を次のように改正する。
　　目次中「・第4条」を「―第4条」に改める。
　　第2条に次の1項を加える。
　4　この法律において「住宅購入者等」とは、住宅の購入若しくは住宅の建設工事の注文をし、若しくはしようとする者又は購入され、若しくは建設された住宅に居住をし、若しくはしようとする者をいう。
　　第3条第1項中「国土交通大臣」の下に「及び内閣総理大臣」を加え、同項後段を削り、同条第2項中「及び評価方法基準」を削り、「定めなければ」を「定め、又は変更しなければ」に改め、同条第3項中「国土交通大臣は」を「国土交通大臣又は内閣総理大臣は、日本住宅性能表示基準を定め、又は変更しようとする場合において」に、「定めるべき」を「当該」に、「評価方法基準」を「その変更」に改め、同条第4項中「国土交通大臣」の下に「及び内閣総理大臣」を加え、「第1項の規定により」及び「及び評価方法基準」を削り、「定めよう」を「定め、又は変更しよう」に改め、「あらかじめ、」の下に「国土交通大臣にあっては」を、「議決を」の下に「、内閣総理大臣にあっては消費者委員会の議決を、それぞれ」を加え、同条第5項中「国土交通大臣」の下に「及び内閣総理大臣」を加え、「第1項の規定により」及び「及び評価方法基準」を削り、「定めた」を「定め、又は変更した」に改め、同条第6項を削る。
　　第3条の次に次の1条を加える。
　　　（評価方法基準）
　　第3条の2　国土交通大臣は、日本住宅性能表示基準を定める場合には、併せて、日本住宅性能表示基準に従って表示すべき住宅の性能に関する評価（評価のための検査を含む。以下同じ。）の方法の基準（以下「評価方法基準」という。）を定

9 消費者庁及び消費者委員会設置法の施行に伴う関係法律の整備に関する法律

めるものとする。
2 前条第2項から第5項までの規定は、評価方法基準について準用する。この場合において、同条第3項中「国土交通大臣又は内閣総理大臣」とあり、並びに同条第4項及び第5項中「国土交通大臣及び内閣総理大臣」とあるのは「国土交通大臣」と、同条第4項中「国土交通大臣にあっては社会資本整備審議会の議決を、内閣総理大臣にあっては消費者委員会の議決を、それぞれ」とあるのは「社会資本整備審議会の議決を」と読み替えるものとする。
3 内閣総理大臣は、個人である住宅購入者等の利益の保護を図るため必要があると認めるときは、国土交通大臣に対し、評価方法基準の策定又は変更に関し、必要な意見を述べることができる。

　第5条第1項及び第2項中「国土交通省令」を「国土交通省令・内閣府令」に改める。
　第98条の次に次の1条を加える。
　（内閣総理大臣への資料提供等）
第98条の2　内閣総理大臣は、住宅の性能に関する表示に関し、個人である住宅購入者等の利益の保護を図るため必要があると認めるときは、国土交通大臣に対し、資料の提供、説明その他必要な協力を求めることができる。
　第99条に次の1項を加える。
2　この法律に規定する内閣総理大臣の権限（政令で定めるものを除く。）は、消費者庁長官に委任する。
　（独立行政法人国立健康・栄養研究所法の一部改正）
第21条　独立行政法人国立健康・栄養研究所法（平成11年法律第180号）の一部を次のように改正する。
　第14条を次のように改める。
　（主務大臣等）
第14条　研究所に係る通則法における主務大臣は、次のとおりとする。
　一　役員及び職員並びに財務及び会計その他管理業務に関する事項については、厚生労働大臣
　二　第11条第2項第2号及び第3号に掲げる業務に関する事項については、厚生労働大臣及び内閣総理大臣
　三　第11条に規定する業務のうち前号に規定する業務以外のものに関する事項については、厚生労働大臣
2　研究所に係る通則法における主務省は、厚生労働省とする。
3　研究所に係る通則法における主務省令は、主務大臣の発する命令とする。
　（消費者契約法の一部改正）
第22条　消費者契約法（平成12年法律第61号）の一部を次のように改正する。
　目次中「第48条」を「第48条・第48条の2」に改める。
　第12条の2第1項中「第11条の2」を「第10条」に改める。
　第15条中第2項を削り、第3項を第2項とする。
　第23条第5項中「並びに」を「及び」に改め、「及び公正取引委員会」を削る。

第38条中「次の各号に掲げる者」を「警察庁長官」に、「それぞれ当該各号に定める」を「第13条第5項第3号、第4号又は第6号ハに該当する」に改め、同条各号を削る。

第43条第2項第2号中「第11条の2」を「第10条」に改める。

第4章中第48条の次に次の1条を加える。

（権限の委任）

第48条の2　内閣総理大臣は、前章の規定による権限（政令で定めるものを除く。）を消費者庁長官に委任する。

（特定電子メールの送信の適正化等に関する法律の一部改正）

第23条　特定電子メールの送信の適正化等に関する法律（平成14年法律第26号）の一部を次のように改正する。

第3条及び第4条中「総務省令」を「総務省令・内閣府令」に改める。

第7条中「総務大臣」を「総務大臣及び内閣総理大臣（架空電子メールアドレスをそのあて先とする電子メールの送信に係る場合にあっては、総務大臣）」に改める。

第8条の見出し中「総務大臣」を「総務大臣又は内閣総理大臣」に改め、同条第1項中「総務大臣」を「総務大臣又は内閣総理大臣」に改め、同条第3項中「総務大臣」を「総務大臣又は内閣総理大臣」に、「前2項」を「第1項」に、「申出があった」を「申出を受けた」に改め、同項を同条第4項とし、同条第2項を同条第3項とし、同条第1項の次に次の1項を加える。

2　次の各号に掲げる大臣は、前項の規定による申出を受けたとき（当該申出が総務大臣及び内閣総理大臣に対するものであるときを除く。）は、速やかに、その旨をそれぞれ当該各号に定める大臣に通知するものとする。

一　総務大臣　内閣総理大臣

二　内閣総理大臣　総務大臣

第8条に次の1項を加える。

5　総務大臣は、第3項の規定による申出を受けたときは、必要な調査を行い、その結果に基づき必要があると認めるときは、この法律に基づく措置その他適当な措置をとらなければならない。

第14条第1項中「総務大臣は」を「総務大臣及び内閣総理大臣は」に改め、同項第1号中「第8条第1項」の下に「の規定による総務大臣若しくは内閣総理大臣に対する申出」を加え、「第2項」を「同条第3項」に改め、同項第2号中「総務大臣」を「総務大臣又は内閣総理大臣」に、「第8条第3項」を「第8条第4項又は第5項」に改める。

第16条第1項中「総務大臣」を「総務大臣及び内閣総理大臣」に、「総務省令」を「総務省令・内閣府令」に改める。

第18条中「総務省令」を「総務省令・内閣府令」に改める。

第19条中「総務大臣」を「総務大臣及び内閣総理大臣」に改める。

第20条第1項中「総務大臣」を「総務大臣及び内閣総理大臣」に改め、同条第2項中「総務省令」を「総務省令・内閣府令」に改める。

9 消費者庁及び消費者委員会設置法の施行に伴う関係法律の整備に関する法律

　　　第21条中「総務省令」を「総務省令・内閣府令」に、「総務大臣」を「総務大臣及び内閣総理大臣」に改める。
　　　第22条第2項第3号及び第4号中「総務省令」を「総務省令・内閣府令」に改める。
　　　第23条から第25条までの規定中「総務大臣」を「総務大臣及び内閣総理大臣」に改める。
　　　第26条中「総務省令」を「総務省令・内閣府令」に改める。
　　　第27条中「総務大臣」を「総務大臣及び内閣総理大臣」に改める。
　　　第28条第1項中「総務大臣」を「総務大臣又は内閣総理大臣」に改め、同条第2項中「総務大臣」を「総務大臣及び内閣総理大臣」に改め、同条に次の1項を加える。
　　5　次の各号に掲げる大臣は、第1項の規定による権限を単独で行使したときは、速やかに、その結果をそれぞれ当該各号に定める大臣に通知するものとする。
　　　一　総務大臣　内閣総理大臣
　　　二　内閣総理大臣　総務大臣
　　　第31条の見出しを「(権限の委任等)」に改め、同条中「総務大臣の」を「総務大臣の権限及び前項の規定により消費者庁長官に委任された」に改め、同条を同条第2項とし、同条に第1項として次の1項を加える。
　　　　内閣総理大臣は、この法律の規定による権限(政令で定めるものを除く。)を消費者庁長官に委任する。
　　(健康増進法の一部改正)
第24条　健康増進法(平成14年法律第103号)の一部を次のように改正する。
　　　第26条第1項及び第2項中「厚生労働省令」を「内閣府令」に、「厚生労働大臣」を「内閣総理大臣」に改め、同条第3項及び第4項中「厚生労働大臣」を「内閣総理大臣」に改め、同条第5項中「厚生労働省令」を「内閣府令」に改め、同項を同条第6項とし、同条第4項の次に次の1項を加える。
　　5　内閣総理大臣は、第1項の許可をしようとするときは、あらかじめ、厚生労働大臣の意見を聴かなければならない。
　　　第26条に次の1項を加える。
　　7　内閣総理大臣は、第1項又は前項の内閣府令を制定し、又は改廃しようとするときは、あらかじめ、厚生労働大臣に協議しなければならない。
　　　第26条の2中「厚生労働省令」を「内閣府令」に、「厚生労働大臣」を「内閣総理大臣」に改める。
　　　第26条の4第1項中「厚生労働大臣」を「内閣総理大臣」に、「厚生労働省令」を「内閣府令」に改める。
　　　第26条の5第2項中「前2条」を「前3条」に改める。
　　　第26条の7中「厚生労働大臣」を「内閣総理大臣」に改める。
　　　第26条の8第1項中「厚生労働大臣」を「内閣総理大臣」に改め、同条第2項中「厚生労働省令」を「内閣府令」に改め、同条第3項中「厚生労働大臣」を「内閣総理大臣」に改める。

第26条の9中「厚生労働大臣」を「内閣総理大臣」に改める。
　第26条の10第2項第3号及び第4号中「厚生労働省令」を「内閣府令」に改める。
　第26条の12及び第26条の13中「厚生労働大臣」を「内閣総理大臣」に改める。
　第26条の14中「厚生労働省令」を「内閣府令」に改める。
　第26条の15第2項、第26条の16、第26条の17第1項、第26条の18並びに第27条第1項及び第5項中「厚生労働大臣」を「内閣総理大臣」に改める。
　第28条中「厚生労働大臣」を「内閣総理大臣」に改め、同条第1号中「第26条第5項」を「第26条第6項」に改める。
　第29条第1項中「厚生労働大臣」を「内閣総理大臣」に改め、同条第2項中「第5項まで」を「第7項まで」に、「厚生労働大臣」を「内閣総理大臣」に、「第26条第5項」を「第26条第6項」に改める。
　第30条の次に次の1条を加える。
　（食事摂取基準）
第30条の2　厚生労働大臣は、生涯にわたる国民の栄養摂取の改善に向けた自主的な努力を促進するため、国民健康・栄養調査その他の健康の保持増進に関する調査及び研究の成果を分析し、その分析の結果を踏まえ、食事による栄養摂取量の基準（以下この条において「食事摂取基準」という。）を定めるものとする。
2　食事摂取基準においては、次に掲げる事項を定めるものとする。
　一　国民がその健康の保持増進を図る上で摂取することが望ましい熱量に関する事項
　二　国民がその健康の保持増進を図る上で摂取することが望ましい次に掲げる栄養素の量に関する事項
　　イ　国民の栄養摂取の状況からみてその欠乏が国民の健康の保持増進に影響を与えているものとして厚生労働省令で定める栄養素
　　ロ　国民の栄養摂取の状況からみてその過剰な摂取が国民の健康の保持増進に影響を与えているものとして厚生労働省令で定める栄養素
3　厚生労働大臣は、食事摂取基準を定め、又は変更したときは、遅滞なく、これを公表するものとする。
　第31条第1項を次のように改める。
　　内閣総理大臣は、販売に供する食品（特別用途食品を除く。）につき、栄養表示（栄養成分（前条第2項第2号イ又はロの厚生労働省令で定める栄養素を含むものに限る。次項第1号において同じ。）又は熱量に関する表示をいう。以下同じ。）に関する基準（以下「栄養表示基準」という。）を定めるものとする。
　第31条第2項第2号中「栄養成分のうち、国民の栄養摂取の状況からみてその欠乏が国民の健康の保持増進に影響を与えているものとして厚生労働省令」を「前条第2項第2号イの厚生労働省令で定める栄養素を含む栄養成分であってその正確な情報を国民に伝達することが特に必要であるものとして内閣府令」に改め、「栄養表示食品」の下に「（本邦において販売に供する食品であって、栄養表示がされたもの（第29条第1項の承認を受けた食品を除く。）をいう。次号及び次条において

9 消費者庁及び消費者委員会設置法の施行に伴う関係法律の整備に関する法律

同じ。)」を加え、同項第3号中「栄養成分のうち、国民の栄養摂取の状況からみてその過剰な摂取が国民の健康の保持増進に影響を与えているものとして厚生労働省令」を「前条第2項第2号ロの厚生労働省令で定める栄養素を含む栄養成分であってその正確な情報を国民に伝達することが特に必要であるものとして内閣府令」に改め、同条第3項中「厚生労働大臣」を「内閣総理大臣」に、「定めた」を「定め、又は変更した」に改め、同項を同条第4項とし、同条第2項の次に次の1項を加える。

3　内閣総理大臣は、栄養表示基準を定め、若しくは変更しようとするとき、又は前項第2号若しくは第3号の内閣府令を制定し、若しくは改廃しようとするときは、あらかじめ、厚生労働大臣に協議しなければならない。

第31条の次に次の1条を加える。

（栄養表示基準の遵守義務）

第31条の2　販売に供する食品（特別用途食品を除く。）につき、栄養表示をしようとする者及び栄養表示食品を輸入する者は、栄養表示基準に従い、必要な表示をしなければならない。ただし、販売に供する食品（特別用途食品を除く。）の容器包装及びこれに添付する文書以外の物に栄養表示をする場合その他政令で定める場合は、この限りでない。

第32条第1項及び第2項中「厚生労働大臣」を「内閣総理大臣」に改める。

第32条の2中「厚生労働省令」を「内閣府令」に、「以下」を「次条第3項において」に改め、同条に次の1項を加える。

2　内閣総理大臣は、前項の内閣府令を制定し、又は改廃しようとするときは、あらかじめ、厚生労働大臣に協議しなければならない。

第32条の3第1項中「厚生労働大臣」を「内閣総理大臣」に、「前条」を「前条第1項」に改め、「保持増進」の下に「及び国民に対する正確な情報の伝達」を加え、同条第2項中「厚生労働大臣」を「内閣総理大臣」に改める。

第33条中「厚生労働大臣」を「内閣総理大臣」に改める。

第35条に次の3項を加える。

3　内閣総理大臣は、この法律による権限（政令で定めるものを除く。）を消費者庁長官に委任する。

4　消費者庁長官は、政令で定めるところにより、前項の規定により委任された権限の一部を地方厚生局長又は地方厚生支局長に委任することができる。

5　地方厚生局長又は地方厚生支局長は、前項の規定により委任された権限を行使したときは、その結果について消費者庁長官に報告するものとする。

（食品安全基本法の一部改正）

第25条　食品安全基本法（平成15年法律第48号）の一部を次のように改正する。

第21条第2項中「食品安全委員会」の下に「及び消費者委員会」を加える。

第23条第1項第8号を削る。

（個人情報の保護に関する法律の一部改正）

第26条　個人情報の保護に関する法律（平成15年法律第57号）の一部を次のように改正する。

第4章 関連資料

　　　第7条第3項中「国民生活審議会」を「消費者委員会」に改める。
　　（貸金業の規制等に関する法律等の一部を改正する法律の一部改正）
第27条　貸金業の規制等に関する法律等の一部を改正する法律（平成18年法律第115号）の一部を次のように改正する。
　　　第4条のうち貸金業法第24条の6の改正規定の次に次のように加える。
　　　　第24条の6の3第2項中「、第12条の7」を「から第12条の8まで」に、「第44条の2第3項」を「第44条第3項」に改め、同条第3項中「、第12条の7」を「から第12条の8まで」に改める。
　　　第4条のうち貸金業法第24条の6の4第1項第1号の改正規定中「を加える」を「を加え、同条第3項中「、第12条の7」を「から第12条の8まで」に改める」に改める。
　　（消費者契約法等の一部を改正する法律の一部改正）
第28条　消費者契約法等の一部を改正する法律（平成20年法律第29号）の一部を次のように改正する。
　　　第2条のうち、消費者契約法第12条の2第1項の改正規定中「第11条の2」を「第10条」に改め、同法第15条第2項の改正規定を次のように改める。
　　　　第15条第2項を同条第3項とし、同条第1項の次に次の1項を加える。
　　　2　内閣総理大臣は、第13条第1項の認定をしようとするときは、同条第3項第2号に規定する事由の有無について、経済産業大臣の意見を聴くものとする。
　　　第2条のうち消費者契約法第23条第5項の改正規定を次のように改める。
　　　　第23条第5項中「及び内閣総理大臣」を「並びに内閣総理大臣及び経済産業大臣」に改め、「他の適格消費者団体」の下に「及び経済産業大臣」を加える。
　　　第2条のうち消費者契約法第38条第1号の改正規定を次のように改める。
　　　　第38条中「警察庁長官」を「次の各号に掲げる者」に、「第13条第5項第3号、第4号又は第6号ハに該当する」を「それぞれ当該各号に定める」に改め、同条に次の各号を加える。
　　　　一　経済産業大臣　第13条第3項第2号に掲げる要件に適合しない事由又は第34条第1項第4号に掲げる事由
　　　　二　警察庁長官　第13条第5項第3号、第4号又は第6号ハに該当する事由
　　（特定商取引に関する法律及び割賦販売法の一部を改正する法律の一部改正）
第29条　特定商取引に関する法律及び割賦販売法の一部を改正する法律（平成20年法律第74号）の一部を次のように改正する。
　　　第2条中「経済産業省令」を「主務省令」に、「経済産業大臣」を「主務大臣」に改める。
　　　第2条のうち、特定商取引に関する法律第67条の改正規定中「同項第4号」を「同項第5号」に、「、同条第2項中「前項第4号」を「第1項第4号」に改め」を「、同条第3項を同条第4項とし、同条第2項中「権限（」の下に「消費者庁の所掌に係るものに限り、」を加え」に改め、同法第69条の改正規定中「第69条」を「第69条第2項中「第67条第2項」を「第67条第3項」に改め、同項を同条第3項とし、同条第1項の次に」に改める。

9 消費者庁及び消費者委員会設置法の施行に伴う関係法律の整備に関する法律

第3条のうち、割賦販売法第2条第3項第1号の改正規定中「第30条の5の2」の下に「、第30条の5の3」を、「準用する場合を含む。)」の下に「、第34条の2」を加え、「及び第35条の16」を「、第35条の16、第41条及び第41条の2」に改め、同条第5項及び第4項の改正規定中「及び第35条の3の3」を「、第35条の3の3」に、「及び第35条の3の62」を「、第35条の3の62」に改め、同法第30条の2から第30条の2の3までの改正規定中「経済産業省令」を「経済産業省令・内閣府令」に、「経済産業大臣」を「経済産業大臣及び内閣総理大臣」に改め、同法第30条の5の次に2条を加える改正規定中第30条の5の2及び第30条の5の3を次のように改める。

　（業務の運営に関する措置）
第30条の5の2　包括信用購入あつせん業者は、利用者又は購入者若しくは役務の提供を受ける者の利益の保護を図るため、経済産業省令・内閣府令で定めるところにより、その包括信用購入あつせんの業務に関して取得した利用者又は購入者若しくは役務の提供を受ける者に関する情報の適正な取扱い、その包括信用購入あつせんの業務を第三者に委託する場合における当該業務の適確な遂行及びその利用者又は購入者若しくは役務の提供を受ける者からの苦情の適切かつ迅速な処理のために必要な措置を講じなければならない。

　（改善命令）
第30条の5の3　経済産業大臣は、包括信用購入あつせん業者が前条、第35条の3の56から第35条の3の58まで又は第35条の3の59第1項の規定に違反していると認めるときは、その必要の限度において、当該包括信用購入あつせん業者に対し、包括信用購入あつせんに係る業務の運営を改善するため必要な措置をとるべきことを命ずることができる。
2　経済産業大臣は、包括信用購入あつせん業者が前条の規定に違反している場合において、前項の規定による命令をしようとするときは、あらかじめ、内閣総理大臣に協議しなければならない。
3　内閣総理大臣は、包括信用購入あつせん業者が前条の規定に違反している場合において、利用者又は購入者若しくは役務の提供を受ける者の利益を保護するため必要があると認めるときは、経済産業大臣に対し、第1項の規定による命令に関し、必要な意見を述べることができる。

第3条のうち、割賦販売法第34条の2第2項に1号を加える改正規定のうち同項第1号中「第30条の5の3」を「第30条の5の3第1項」に改める。

第3条のうち割賦販売法第34条の2第3項の改正規定を次のように改める。

　第34条の2第3項中「前2項」を「第1項又は第2項」に、「登録割賦購入あつせん業者」を「登録包括信用購入あつせん業者」に改め、同項を同条第5項とし、同条第2項の次に次の2項を加える。
3　経済産業大臣は、登録包括信用購入あつせん業者が前項第1号の命令（当該登録包括信用購入あつせん業者が第30条の5の2の規定に違反している場合におけるものに限る。次項及び第40条第4項において同じ。）に違反した場合において、前項の規定による処分をしようとするときは、あらかじめ、内閣総理

大臣に協議しなければならない。

　4　内閣総理大臣は、登録包括信用購入あつせん業者が第2項第1号の命令に違反した場合において、利用者又は購入者若しくは役務の提供を受ける者の利益を保護するため必要があると認めるときは、経済産業大臣に対し、同項の規定による処分に関し、必要な意見を述べることができる。

　第3条のうち割賦販売法第3章に3節を加える改正規定のうち、第35条の3の2から第35条の3の5まで及び第35条の3の8から第35条の3の11までの規定中「経済産業省令」を「経済産業省令・内閣府令」に改め、第35条の3の13から第35条の3の16までの規定中「経済産業省令」を「主務省令」に改め、第35条の3の20中「経済産業省令」を「経済産業省令・内閣府令」に改め、第35条の3の21を次のように改める。

　　（改善命令）
　第35条の3の21　経済産業大臣は、個別信用購入あつせん業者が第35条の3の5、第35条の3の7本文、第35条の3の10第4項、第35条の3の11第6項、前条、第35条の3の56から第35条の3の58まで又は第35条の3の59第1項の規定に違反していると認めるときは、その必要の限度において、当該個別信用購入あつせん業者に対し、個別信用購入あつせんに係る業務の運営を改善するため必要な措置をとるべきことを命ずることができる。
　2　経済産業大臣は、個別信用購入あつせん業者が第35条の3の5、第35条の3の7本文又は前条の規定に違反している場合において、前項の規定による命令をしようとするときは、あらかじめ、内閣総理大臣に協議しなければならない。
　3　内閣総理大臣は、個別信用購入あつせん業者が第35条の3の5、第35条の3の7本文又は前条の規定に違反している場合において、購入者又は役務の提供を受ける者の利益を保護するため必要があると認めるときは、経済産業大臣に対し、第1項の規定による命令に関し、必要な意見を述べることができる。

　第3条のうち割賦販売法第3章に3節を加える改正規定のうち、第35条の3の22第2項中「経済産業省令」を「経済産業省令・内閣府令」に改め、第35条の3の32を次のように改める。

　　（登録の取消し等）
　第35条の3の32　経済産業大臣は、登録個別信用購入あつせん業者が次の各号のいずれかに該当するときは、その登録を取り消さなければならない。
　一　第35条の3の26第1項第4号から第8号までのいずれかに該当することとなつたとき。
　二　不正の手段により第35条の3の23の登録（第35条の3の27第1項の登録の更新を含む。）を受けたとき。
　三　第35条の3の30の規定に違反したとき。
　2　経済産業大臣は、登録個別信用購入あつせん業者が次の各号のいずれかに該当するときは、その登録を取り消し、又は1年以内の期間を定めて、個別信用購入あつせんに係る業務の全部若しくは一部の停止を命ずることができる。

9 消費者庁及び消費者委員会設置法の施行に伴う関係法律の整備に関する法律

　　一　第35条の3の21第1項又は前条の規定による命令に違反したとき。
　　二　第35条の3の26第1項第2号の規定に該当することとなつたとき。
　　三　第35条の3の28第1項の規定による申請をせず、又は虚偽の申請をしたとき。
　3　経済産業大臣は、登録個別信用購入あつせん業者が前項第1号の命令（当該登録個別信用購入あつせん業者が第35条の3の5、第35条の3の7本文又は第35条の3の20の規定に違反している場合におけるものに限る。次項及び第40条第4項において同じ。）に違反した場合において、前項の規定による処分をしようとするときは、あらかじめ、内閣総理大臣に協議しなければならない。
　4　内閣総理大臣は、登録個別信用購入あつせん業者が第2項第1号の命令に違反した場合において、購入者又は役務の提供を受ける者の利益を保護するため必要があると認めるときは、経済産業大臣に対し、同項の規定による処分に関し、必要な意見を述べることができる。
　5　経済産業大臣は、第1項又は第2項の規定による処分をしたときは、遅滞なく、その理由を示して、その旨を当該処分に係る者に通知しなければならない。
　第3条のうち、割賦販売法第3章に3節を加える改正規定のうち第35条の3の60第4項第1号中「経済産業省令」を「主務省令」に改める。
　第3条のうち割賦販売法第36条の改正規定中「第36条」を「第36条第1項」に改め、「「第2条第4項若しくは第5項、第4条の4第1項」を「第2条第5項若しくは第6項」に、」、「、「第29条の3の3第1項、第30条の2の3第1項、第30条の4第4項第1号」を「第30条の4第4項」に」及び「、第35条の3の19第4項」を削り、「又は第40条第6項」を「若しくは第40条第9項」に改め、同改正規定の次に次のように加える。
　　第36条第2項中「第2条第4項若しくは第5項、第4条の4第1項、第29条の3の3第1項、第30条の2の3第1項、第30条の4第4項第1号又は第30条の5第2項」を「第2条第5項若しくは第6項、第30条の4第4項、第30条の5第2項又は第35条の3の19第4項」に改める。
　第3条のうち割賦販売法第40条の改正規定を次のように改める。
　　第40条第1項及び第2項中「営業」を「業務」に改め、同条第5項中「第2項又は前項の規定による報告の徴収をしようとするとき」を「第2項若しくは第6項の規定による報告の徴収をしようとするとき又は第4項の規定による報告若しくは帳簿、書類その他の物件の提出を命じようとするとき」に改め、同項を同条第13項とし、同条第4項中「第35条の3の3」を「第35条の3の62」に、「第35条の3の2」を「第35条の3の61」に、「営業」を「業務」に改め、同項を同条第6項とし、同項の次に次の6項を加える。
　7　経済産業大臣は、この法律の施行に必要な限度において、政令で定めるところにより、クレジットカード等購入あつせん業者又は立替払取次業者に対し、クレジットカード番号等の安全管理の状況に関し報告をさせることができる。
　8　経済産業大臣は、この法律の施行のため特に必要があると認めるときは、そ

の必要な限度において、政令で定めるところにより、包括信用購入あつせん業者から包括信用購入あつせんに係る業務の委託を受けた者に対し、その委託を受けた包括信用購入あつせんに係る業務に関し報告をさせることができる。
9 　経済産業大臣は、この法律の施行のため特に必要があると認めるときは、その必要な限度において、政令で定めるところにより、個別信用購入あつせん関係販売業者、個別信用購入あつせん関係役務提供事業者その他の個別信用購入あつせん業者と密接な関係を有する者として政令で定める者（次条第 5 項において「密接関係者」という。）に対し、当該個別信用購入あつせん業者の第35条の 3 の 5 及び第35条の 3 の 7 本文の規定の遵守の状況に関し参考となるべき報告又は帳簿、書類その他の資料の提出を命ずることができる。
10 　経済産業大臣は、特定信用情報提供等業務の適正な運営を確保するため必要があると認めるときは、指定信用情報機関に対し、その業務又は財産に関し報告又は帳簿、書類その他の物件の提出を命ずることができる。
11 　経済産業大臣は、特定信用情報提供等業務の適正な運営を確保するため特に必要があると認めるときは、その必要な限度において、加入包括信用購入あつせん業者、加入個別信用購入あつせん業者その他の指定信用情報機関を利用する者又は第35条の 3 の42各項の規定による委託を受けた者に対し、当該指定信用情報機関の業務又は財産に関し参考となるべき報告をさせることができる。
12 　経済産業大臣は、認定業務の適正な運営を確保するため必要があると認めるときは、認定割賦販売協会に対し、その業務又は財産に関し報告をさせることができる。
　第40条第 3 項中「、登録割賦購入あつせん業者」を削り、「第35条の 3 の 2 」を「第35条の 3 の61」に、「営業」を「業務」に改め、同項を同条第 5 項とし、同条第 2 項の次に次の 2 項を加える。
3 　経済産業大臣は、この法律の施行に必要な限度において、政令で定めるところにより、包括信用購入あつせん業者又は個別信用購入あつせん業者に対し、その業務に関し報告又は帳簿、書類その他の物件の提出を命ずることができる。
4 　内閣総理大臣は、第30条の 5 の 3 第 3 項若しくは第34条の 2 第 4 項又は第35条の 3 の21第 3 項若しくは第35条の 3 の32第 4 項の規定により意見を述べるため必要があると認めるときは、その必要な限度において、政令で定めるところにより、第30条の 5 の 2 の規定に違反し若しくは第34条の 2 第 2 項第 1 号の命令に違反した包括信用購入あつせん業者又は第35条の 3 の 5 、第35条の 3 の 7 本文若しくは第35条の 3 の20の規定に違反し若しくは第35条の 3 の32第 2 項第 1 号の命令に違反した個別信用購入あつせん業者に対し、その業務に関し報告又は帳簿、書類その他の物件の提出を命ずることができる。
　第 3 条のうち割賦販売法第41条の改正規定を次のように改める。
　第41条第 1 項中「登録割賦購入あつせん業者」を「包括信用購入あつせん業者、個別信用購入あつせん業者、指定信用情報機関」に、「第35条の 3 の 2 」を「第35条の 3 の61」に、「又は指定受託機関」を「、指定受託機関又は認定割賦

9 消費者庁及び消費者委員会設置法の施行に伴う関係法律の整備に関する法律

販売協会」に、「本店その他の営業所」を「営業所又は事務所」に、「帳簿書類その他の物件を検査させる」を「帳簿、書類その他の物件の検査をさせる」に改め、同条第2項中「又は第4項」を「、第4項又は第6項」に、「購入者又は指定役務の提供を受ける者」を「利用者又は購入者若しくは役務の提供を受ける者若しくは指定役務の提供を受ける者」に改め、「許可割賦販売業者」の下に「、包括信用購入あつせん業者、個別信用購入あつせん業者」を加え、「第35条の3の2」を「第35条の3の61」に、「本店その他の営業所」を「営業所又は事務所」に、「帳簿書類その他の物件を検査させる」を「帳簿、書類その他の物件の検査をさせる」に改め、同条第5項を同条第9項とし、同条第4項中「第1項及び第2項」を「第1項から第6項まで」に改め、同項を同条第8項とし、同条第3項中「前2項」を「前各項」に改め、同項を同条第7項とし、同条第2項の次に次の4項を加える。

3　経済産業大臣は、この法律の施行に必要な限度において、その職員に、クレジットカード等購入あつせん業者又は立替払取次業者の営業所又は事務所に立ち入り、帳簿、書類その他の物件の検査（クレジットカード番号等の安全管理の状況に係るものに限る。）をさせることができる。

4　経済産業大臣は、この法律の施行のため特に必要があると認めるときは、その必要な限度において、その職員に、包括信用購入あつせん業者から包括信用購入あつせんに係る業務の委託を受けた者の営業所又は事務所に立ち入り、帳簿、書類その他の物件の検査（その委託を受けた包括信用購入あつせんに係る業務に係るものに限る。）をさせることができる。

5　経済産業大臣は、この法律の施行のため特に必要があると認めるときは、その必要な限度において、その職員に、密接関係者の営業所又は事務所に立ち入り、帳簿、書類その他の物件の検査（個別信用購入あつせん業者の第35条の3の5及び第35条の3の7本文の規定の遵守の状況に係るものに限る。）をさせることができる。

6　経済産業大臣は、特定信用情報提供等業務の適正な運営を確保するため特に必要があると認めるときは、その必要な限度において、その職員に、加入包括信用購入あつせん業者、加入個別信用購入あつせん業者その他の指定信用情報機関を利用する者又は第35条の3の42各項の規定による委託を受けた者の営業所又は事務所に立ち入り、帳簿、書類その他の物件の検査（当該指定信用情報機関の業務又は財産に係るものに限る。）をさせることができる。

第3条のうち割賦販売法第41条の改正規定の次に次のように加える。

　第41条の2中「購入者又は指定役務の提供を受ける者」を「利用者又は購入者若しくは役務の提供を受ける者若しくは指定役務の提供を受ける者」に改める。

　第3条のうち割賦販売法第51条の次に5条を加える改正規定のうち、第51条の6第1号中「第30条の5の3」を「第30条の5の3第1項」に改め、同条第2号中「第35条の3の21」を「第35条の3の21第1項」に改める。

　第3条のうち割賦販売法第53条の改正規定中「第41条第1項」の下に「から第5項まで」を加え」を「又は第2項」を「から第6項まで」に改め」に、「「第40条」

を「第40条第1項、第3項から第5項まで、第8項若しくは第9項」を「から第4項まで」を「、第2項、第5項から第8項まで、第11項若しくは第12項」に、「第40条第2項又は第7項」を「第40条第3項、第4項又は第10項」に、「第40条第6項」を「第40条第9項」に改める。

第4条のうち、割賦販売法第30条の2に1項を加える改正規定中「経済産業省令」を「経済産業省令・内閣府令」に改め、同法第30条の5の3の改正規定中「第30条の5の3」を「第30条の5の3第1項」に改め、同改正規定の次に次のように加える。

第30条の5の3第2項及び第3項中「包括信用購入あつせん業者が」の下に「第30条の2第1項本文、第3項若しくは第4項、第30条の2の2本文又は」を加える。

第34条の2第3項中「当該登録包括信用購入あつせん業者が」の下に「第30条の2第1項本文、第3項若しくは第4項、第30条の2の2本文又は」を加える。

第4条のうち、割賦販売法第35条の3の3に1項を加える改正規定中「経済産業省令」を「経済産業省令・内閣府令」に改め、同法第35条の3の21の改正規定の次に次のように加える。

第35条の3の32第3項中「当該登録個別信用購入あつせん業者が」の下に「第35条の3の3第1項本文、第3項若しくは第4項、第35条の3の4本文、」を加える。

第40条第4項中「により、」の下に「第30条の2第1項本文、第3項若しくは第4項、第30条の2の2本文若しくは」を、「包括信用購入あつせん業者又は」の下に「第35条の3の3第1項本文、第3項若しくは第4項、第35条の3の4本文、」を加える。

附則第4条第11項中「第67条第1項第5号」を「第67条第1項第6号」に改め、「のために」の下に「、政令で定めるところにより、消費者委員会及び」を加え、同条第12項中「経済産業大臣」を「新特定商取引法第67条第1項第4号に定める主務大臣」に改め、「のために」の下に「、政令で定めるところにより、消費者委員会及び」を加える。

附則第5条第29項中「主務大臣」の下に「又は新割賦販売法第46条第5号に定める主務大臣」を加え、「第35条の3の19第4項、」を削り、「又は第40条第6項」を「若しくは第40条第9項」に改め、「政令」の下に「又は新割賦販売法第35条の3の19第4項に規定する政令」を、「消費経済審議会に」の下に「、又は政令で定めるところにより、消費経済審議会及び消費者委員会に」を加える。

　　　附　則
（施行期日）
第1条　この法律は、消費者庁及び消費者委員会設置法（平成21年法律第48号）の施行の日から施行する。ただし、次の各号に掲げる規定は、当該各号に定める日から施行する。
一　附則第9条の規定　この法律の公布の日
二　附則第14条の規定　この法律の公布の日又は行政不服審査法の施行に伴う関係

9 消費者庁及び消費者委員会設置法の施行に伴う関係法律の整備に関する法律

法律の整備等に関する法律（未）の公布の日のいずれか遅い日
三　附則第15条の規定　この法律の公布の日又は独立行政法人通則法の一部を改正する法律の施行に伴う関係法律の整備等に関する法律（未）の公布の日のいずれか遅い日
四　附則第16条の規定　この法律の公布の日又は米穀等の取引等に係る情報の記録及び産地情報の伝達に関する法律（平成21年法律第26号）の公布の日のいずれか遅い日
五　附則第17条の規定　この法律の公布の日又は公文書等の管理に関する法律（平成21年法律第66号）の公布の日のいずれか遅い日
六　附則第18条の規定　この法律の公布の日又は国家公務員法等の一部を改正する法律（未）の公布の日のいずれか遅い日
（内閣府設置法の一部改正に伴う調整規定）
第２条　この法律の施行の日（以下「施行日」という。）が国家公務員法等の一部を改正する法律（平成19年法律第108号）附則第１条第３号に掲げる規定の施行の日後である場合には、第２条のうち内閣府設置法第68条第１項の改正規定中「第68条第１項」とあるのは、「第67条第１項」とする。
（貸金業法の一部改正に伴う調整規定）
第３条　施行日が貸金業の規制等に関する法律等の一部を改正する法律附則第１条第３号に掲げる規定の施行の日前である場合には、第18条のうち貸金業法第48条第１項の改正規定中「第48条第１項第８号の２」とあるのは「第48条第８号の２」と、「同項第８号の４」とあるのは「同条第８号の４」と、「同項第８号の５」とあるのは「同条第８号の５」と、「同項第８号の６」とあるのは「同条第８号の６」とする。
２　前項に規定する場合において、貸金業の規制等に関する法律等の一部を改正する法律第３条のうち貸金業法目次の改正規定中「第24条の６の11」とあるのは、「第24条の６の12」とする。
（処分等に関する経過措置）
第４条　この法律の施行前にこの法律による改正前のそれぞれの法律（これに基づく命令を含む。以下「旧法令」という。）の規定によりされた免許、許可、認可、承認、指定その他の処分又は通知その他の行為は、法令に別段の定めがあるもののほか、この法律の施行後は、この法律による改正後のそれぞれの法律（これに基づく命令を含む。以下「新法令」という。）の相当規定によりされた免許、許可、認可、承認、指定その他の処分又は通知その他の行為とみなす。
２　この法律の施行の際に旧法令の規定によりされている免許の申請、届出その他の行為は、法令に別段の定めがあるもののほか、この法律の施行後は、新法令の相当規定によりされた免許の申請、届出その他の行為とみなす。
３　この法律の施行前に旧法令の規定により報告、届出、提出その他の手続をしなければならない事項で、この法律の施行日前にその手続がされていないものについては、法令に別段の定めがあるもののほか、この法律の施行後は、これを、新法令の相当規定によりその手続がされていないものとみなして、新法令の規定を適用す

る。
　（命令の効力に関する経過措置）
第5条　旧法令の規定により発せられた内閣府設置法第7条第3項の内閣府令又は国家行政組織法第12条第1項の省令は、法令に別段の定めがあるもののほか、この法律の施行後は、新法令の相当規定に基づいて発せられた相当の内閣府設置法第7条第3項の内閣府令又は国家行政組織法第12条第1項の省令としての効力を有するものとする。
　（不当景品類及び不当表示防止法の一部改正に伴う経過措置）
第6条　第12条の規定による改正前の不当景品類及び不当表示防止法（以下この条において「旧景品表示法」という。）第5条第1項又は第12条第1項若しくは第4項の規定により発せられた公正取引委員会規則は、第12条の規定による改正後の不当景品類及び不当表示防止法（以下この条において「新景品表示法」という。）第5条第1項又は第11条第1項若しくは第4項の規定により発せられた内閣府設置法第7条第3項の内閣府令としての効力を有するものとする。
2　施行日前に公正取引委員会がした旧景品表示法第3条の規定による制限又は禁止は、施行日に内閣総理大臣がした新景品表示法第3条の規定による制限又は禁止とみなす。
3　新景品表示法第6条の規定は、施行日前にされた旧景品表示法第3条の規定による制限若しくは禁止又は旧景品表示法第4条第1項の規定に違反する行為についても適用があるものとする。ただし、施行日前に旧景品表示法第6条第1項の規定による命令がされた場合における当該命令及び当該命令に係る違反行為に関する私的独占の禁止及び公正取引の確保に関する法律（昭和22年法律第54号）の規定の適用並びに当該命令についての不服の申立てについては、なお従前の例による。
4　この法律の施行の際に旧景品表示法第12条第1項の規定により認定を受けている協定又は規約は、施行日に新景品表示法第11条第1項の規定により内閣総理大臣及び公正取引委員会の認定を受けた協定又は規約とみなす。
5　施行日前に旧景品表示法第12条第1項又は第3項の規定により公正取引委員会がした処分についての不服の申立てについては、なお従前の例による。
　（住宅の品質確保の促進等に関する法律の一部改正に伴う経過措置）
第7条　この法律の施行前に第20条の規定による改正前の住宅の品質確保の促進等に関する法律第5条第1項の規定により交付された住宅性能評価書は、第20条の規定による改正後の住宅の品質確保の促進等に関する法律第5条第1項の規定により交付された住宅性能評価書とみなす。
　（罰則の適用に関する経過措置）
第8条　この法律の施行前にした行為及びこの法律の附則においてなお従前の例によることとされる場合におけるこの法律の施行後にした行為に対する罰則の適用については、なお従前の例による。
　（政令への委任）
第9条　附則第2条から前条までに定めるもののほか、この法律の施行に関し必要な経過措置（罰則に関する経過措置を含む。）は、政令で定める。

9 消費者庁及び消費者委員会設置法の施行に伴う関係法律の整備に関する法律

　（独立行政法人農林水産消費安全技術センター法の一部改正）
第10条　独立行政法人農林水産消費安全技術センター法（平成11年法律第183号）の一部を次のように改正する。
　　第10条第2項第1号中「並びに同法第20条の2第1項及び第2項」を「及び同法第20条の2第1項から第3項まで」に改める。
　（独立行政法人製品評価技術基盤機構法の一部改正）
第11条　独立行政法人製品評価技術基盤機構法（平成11年法律第204号）の一部を次のように改正する。
　　第11条第2項第6号中「及び第2項」を「から第3項まで」に改める。
　（独立行政法人国立印刷局法の一部改正）
第12条　独立行政法人国立印刷局法（平成14年法律第41号）の一部を次のように改正する。
　　第20条第2項中「第4条第3項第39号」を「第4条第3項第37号」に改める。
　（食育基本法の一部改正）
第13条　食育基本法（平成17年法律第63号）の一部を次のように改正する。
　　第29条第1項第1号中「第4条第1項第17号」を「第4条第1項第18号」に改める。
　　附則に次の3条を加える。
　（行政不服審査法の施行に伴う関係法律の整備等に関する法律の一部改正）
第14条　行政不服審査法の施行に伴う関係法律の整備等に関する法律の一部を次のように改正する。
　　第4条のうち内閣府設置法第37条第3項の表情報公開・個人情報保護審査会の項を削る改正規定中「第37条第3項」を「第37条第2項」に改める。
　　第9条を次のように改める。
　　第9条　削除
　（独立行政法人通則法の一部を改正する法律の施行に伴う関係法律の整備等に関する法律の一部改正）
第15条　独立行政法人通則法の一部を改正する法律の施行に伴う関係法律の整備等に関する法律の一部を次のように改正する。
　　第3条のうち内閣府設置法第37条第3項の表独立行政法人評価委員会の項を削る改正規定中「第37条第3項」を「第37条第2項」に改める。
　　第64条のうち独立行政法人国立健康・栄養研究所法第14条の改正規定を次のように改める。
　　　　第14条中第2項を削り、第3項を第2項とする。
　（米穀等の取引等に係る情報の記録及び産地情報の伝達に関する法律の一部改正）
第16条　米穀等の取引等に係る情報の記録及び産地情報の伝達に関する法律の一部を次のように改正する。
　　附則第6条（見出しを含む。）中「消費者庁設置法」を「消費者庁及び消費者委員会設置法」に改める。
　（公文書等の管理に関する法律の一部改正）

第4章 関連資料

第17条　公文書等の管理に関する法律の一部を次のように改正する。
　　附則第11条中「消費者庁設置法の施行に伴う関係法律の整備に関する法律」を「消費者庁及び消費者委員会設置法の施行に伴う関係法律の整備に関する法律」に改める。
　　（国家公務員法等の一部を改正する法律の一部改正）
第18条　国家公務員法等の一部を改正する法律の一部を次のように改正する。
　　附則第２条中「消費者庁設置法の施行に伴う関係法律の整備に関する法律」を「消費者庁及び消費者委員会設置法の施行に伴う関係法律の整備に関する法律」に改める。
　　　　　理　　由
　消費者庁及び消費者院会設置法の施行に伴い、内閣府設置法その他の行政組織に関する法律及び食品衛生法その他の関係法律について、所要の規定を整備する必要がある。これが、この法律案を提出する理由である。

10 消費者庁設置法案、消費者庁設置法の施行に伴う関係法律の整備に関する法律案及び消費者安全法案に対する附帯決議

〔平成21年4月16日　衆議院消費者問題に関する特別委員会〕

政府は、これらの法律の施行に当たり、次の事項について十分配慮すべきである。
1　消費者庁がその任務を遂行するに当たっては、消費者基本法第2条に定める消費者の権利の尊重及びその自立の支援その他の基本理念にのっとり行うことが明記された趣旨にかんがみ、消費者の権利尊重に万全を期すること。
2　消費者委員会は、自ら積極的に調査審議を行うとともに、内閣総理大臣等への勧告・建議を始め、その与えられた機能を積極的に行使し、消費者の利益の擁護及び増進のため、適切にその職務を遂行すること。
3　消費者庁及び消費者委員会は、消費者の利益の擁護及び増進のため、各々の独立性を堅持しつつ、適宜適切に協力して職務に当たること。
4　消費者委員会の委員長及び委員は、すべて民間から登用するものとし、その年齢・性別等の構成について十分配慮すること。
5　初代の消費者委員会の委員の3人について、常勤的に勤めることが可能になるように人選し、財政的な措置も行うこと。またその他の委員についても、委員としての職務に専念できるような人選を行うように努めるものとすること。
6　消費者委員会からの関係行政機関の長への報告徴求、資料の提出要求等に対しては、各行政機関は速やかに対応すること。また、関係行政機関の長は、その有する民間事業者に係る情報に関しても、個人情報や企業秘密、適正手続の確保に配慮しつつ、消費者委員会からの求めに対し、積極的に対応すること。
7　内閣総理大臣、関係行政機関の長等は、消費者委員会からの建議又は勧告に対して、迅速かつ誠実に対応すること。
8　消費者委員会の独立性を担保するため、その事務局については財政上の措置を含めた機能強化を図るとともに、その職員については専任とするよう努めること。また、事務局職員の任命に当たっては、多様な専門分野にわたる民間からの登用を行うとともに、同委員会の補佐に万全を図ること。
9　消費者被害に関する幅広い情報が確実に消費者庁に収集されるよう、関係省庁や地方自治体との連携を密にする等、体制を整備すること。
10　消費者庁に収集された情報の調査分析が機動的に行えるようタスクフォースの活用など事故調査のための仕組みを整備すること。
11　消費生活に関わる事故に関する情報は、国民の共有財産であるとの認識に基づき、消費者庁を含む関係省庁は、消費者事故等に関する情報について、個人情報保

護に配慮しつつ、十分な開示を行うこと。
12 消費者教育の推進に関しては、消費者基本法の基本理念及び消費者基本計画の基本的方向のもと、学校教育及び社会教育における施策を始めとしたあらゆる機会を活用しながら、全国におけるなお一層の推進体制の強化をはかること。
13 内閣総理大臣は、消費者事故等の発生に関する情報の集約及び分析の結果の公表に関しては、適時適切に、国会に対し報告しなければならないものとすること。
14 消費者行政に係る体制整備に当たっては、関係機関、特に独立行政法人国民生活センター、独立行政法人製品評価技術基盤機構、及び独立行政法人農林水産消費安全技術センターを始めとした商品検査機能を有する各機関の機能強化を図るとともに、消費者庁及び消費者委員会との連携強化のため必要な措置を講ずるものとすること。
15 各地の消費生活センターの相談員の聴取能力及び法律知識の水準向上を図るため、独立行政法人国民生活センターを中心とする教育・研修の充実を図ること。
16 地方公共団体における消費者行政の推進に関しては、今回の法改正の趣旨を周知徹底し、全国あまねく消費生活相談を受けることができ、消費者の安全・安心を確保する体制が確立するよう、万全を期すること。
17 相談員の待遇改善に関しては、今般拡充された地方交付税措置を活用しつつ、地方消費者行政活性化基金の運用に際しては、支援対象を集中育成・強化期間において増大する業務に係る人件費等に拡充するとともに、交付要綱等において処遇改善を図る地方公共団体への交付金の配分を手厚くすることを定めることにより、相談員の時給の引上げ、業務日数の増加による実質的常勤化、超過勤務並びに社会保険及び労働保険に関し法令に基づく適切な対応等を含め、地方公共団体における処遇改善の取組を促進すること。
18 消費生活センターについて、指定管理者制度や委託等を採用している地方公共団体においても、その受託機関における相談員の処遇については、各種誘導措置が講じられることにより、地方公共団体が自ら行う場合における相談員等と同様に処遇の改善が図られるよう万全を期するよう要請すること。
19 今後3年程度の集中育成・強化期間後の国による支援の在り方や、消費生活センターの設置、相談員の配置・処遇等の望ましい姿について、その工程表も含め消費者委員会で検討を行うこと。
20 消費者政策担当大臣が掌理する事務として、内閣府設置法第4条第1項に、消費者の権利の尊重及びその自立の支援その他の基本理念の実現並びに消費者が安心して安全で豊かな消費生活を営むことができる社会の実現のための基本的な政策に関する事項が明記された趣旨を十分尊重し、消費者政策担当大臣は、内閣府設置法第12条の勧告権の適切な行使も含め、関係行政機関の総合調整に万全を期すること。また、内閣総理大臣は、消費者政策担当大臣の権限行使が十分に果たされるよう行政各部を指揮監督すること。
21 消費者安全法第20条の趣旨にのっとり、内閣総理大臣は、消費者委員会からの勧告に対し、消費者の利益を増進するため、内閣一体となった取組が行われるよう、誠意をもって対応すること。

10 消費者庁設置法案、消費者庁設置法の施行に伴う関係法律の整備に関する法律案及び消費者安全法案に対する附帯決議（衆議院）

22 消費者被害の情報収集啓発を行う消費者団体に対し、関係する情報を提供するとともに、活動のための施設や資金の確保等の環境整備を図ること。
23 消費者庁関連3法の附則各項に規定された見直しに関する検討に際しては、消費者委員会の意見を十分に尊重し、所要の措置を講ずるものとすること。

11 消費者庁設置法案、消費者庁設置法の施行に伴う関係法律の整備に関する法律案及び消費者安全法案に対する附帯決議

(平成21年5月28日 参議院消費者問題に関する特別委員会)

　政府は、消費者庁関連3法の施行に当たり、消費者庁及び消費者委員会の創設が消費者基本法の基本理念を実現し、行政のパラダイム（価値規範）の転換を行うための真の拠点となるものであることにかんがみ、行政の意識改革を図るとともに、次の事項について万全を期すべきである。
1　消費者庁がその任務を遂行するに当たっては、消費者基本法第2条に定める消費者の権利の尊重及びその自立の支援その他の基本理念にのっとり行うことが明記された趣旨にかんがみ、消費者の権利尊重に万全を期すること。
2　消費者庁がその任務を十全に果たすことができるよう、消費者行政に関する幅広い専門性を持った職員を行政組織内外から登用し、消費者の視点を重視した配置を行うとともに、民間のノウハウの活用を図ること。また、政府全体において公務員に対する十分な消費者教育・研修を実施することにより消費者行政を担う人材の育成を行うとともに、各府省庁における消費者担当部局の強化を行うこと。
3　消費者委員会は、自ら積極的に調査審議を行うとともに、内閣総理大臣等への勧告・建議を始め、その与えられた機能を積極的に行使し、消費者の利益の擁護及び増進のため、適切にその職務を遂行すること。
4　消費者庁及び消費者委員会は、消費者の利益の擁護及び増進のため、各々の独立性を堅持しつつ、情報の共有を始めとして、適宜適切に協力して職務に当たること。
5　消費者の利益の擁護及び増進を図り、真に消費者、生活者が主役となる社会を実現するためには、消費者行政を担当する内閣府特命担当大臣が、消費者行政の司令塔である消費者庁及び消費者行政全般の監視機能を果たす消費者委員会双方の判断を総合的に勘案し、その掌理する事務を遂行することが極めて重要であることにかんがみ、消費者政策担当大臣の判断を補佐するスタッフの配置を行うこと。
6　消費者委員会の委員長及び委員は、すべて民間から登用するものとし、その年齢、性別、専門性等について十分配慮すること。また、委員の任命理由を明確化する等、説明責任を果たすよう努めること。
7　初代の消費者委員会の委員の3人について、常勤的に勤めることが可能になるように人選し、財政的な措置も行うこと。またその他の委員についても、委員としての職務に専念できるような人選を行うように努めるものとすること。
8　消費者委員会からの関係行政機関の長への報告徴求、資料の提出要求等に対して

11 消費者庁設置法案、消費者庁設置法の施行に伴う関係法律の整備に関する法律案及び消費者安全法案に対する附帯決議（参議院）

は、各行政機関は迅速かつ誠意をもって対応すること。関係行政機関の長は、その有する民間事業者に係る情報及びその所掌に係る民間事業者に関する情報についても必要に応じて収集・分析を行い、個人情報や企業秘密、適正手続の確保に配慮しつつ、消費者委員会からの求めに応じ、積極的な提供に努めること。

9　消費者委員会が個別具体的な事案に関して「勧告」を行うにあたっては、当該事案に関して的確な情報を得た上で、その必要性を踏まえたものとすること。消費者庁及び消費者委員会設置法第8条の「資料の提出要求等」の権限が、その情報収集のための法的担保として設けられているものであるが、事実上の情報収集の手段として、消費者や事業者等からの自発的な通報・提供という形で情報を得ること、消費者委員会の要請に対して事業者等が自ら進んでこれに協力する等の形で、消費者委員会が事情説明や資料提供等を受ける等の調査を行うことまで否定しているわけではないことに留意すること。

10　内閣総理大臣、関係行政機関の長等は、消費者委員会からの建議又は勧告に対して、迅速かつ誠実に対応すること。

11　消費者委員会が独立して消費者行政全般についての監視機能を十全に果たすことを担保するため、その事務局については財政上の措置を含めた機能強化を図るとともに、その職員については専任とするよう努めること。また、事務局職員の任命に当たっては、多様な専門分野にわたる民間からの登用を行うとともに、その所掌事務を行うために十分な人員を確保することにより、同委員会の補佐に万全を図ること。

12　消費者政策会議については、当委員会で行われた議論を十分踏まえ、消費者庁及び消費者委員会との関係を総合的に判断し、国会と連携を図りつつ存置を含めその在り方の見直しを検討すること。

　　また、次期の消費者基本計画の案の作成に当たって消費者政策会議は、本委員会を始めとする国会における議論及び消費者委員会の意見を尊重すること。

13　消費者被害に関する幅広い情報が確実に消費者庁に集約されるよう、その手続を明確化することにより、関係省庁や地方自治体との連携を密にする等、体制を整備すること。

14　消費者事故についての調査が、更なる消費者被害の発生又は拡大の防止に資するものであることにかんがみ、消費者庁に集約された情報の調査分析が機動的に行えるようタスクフォースを活用し、消費者事故等についての独立した調査機関の在り方について法制化を含めた検討を行うとともに、消費者庁及び事故の関係省庁、特定行政庁と警察、消防など関係機関は対等・協力の関係をお互いに確認し、事故原因の究明、再発防止対策の迅速化をはかること。なお、事故情報の一元化の体制整備に当たっては、児童や高齢者、妊産婦、障害者等の事故情報について特別な配慮をすること。

　　また、消費者庁に消費者事故等の原因究明について分析能力を有する人材を登用するとともに、その養成を行うこと。

15　消費生活に関わる事故に関する情報は、国民の共有財産であるとの認識に基づき、消費者庁を含む関係省庁は、消費者事故等に関する情報について、個人情報保

護に配慮しつつ、十分な開示を行うこと。
16 消費者教育の推進については、消費者庁が司令塔機能を果たし、消費者基本法の基本理念及び消費者基本計画の基本的方向のもと、消費者が自らの利益の擁護及び増進のため、多様な視点から物事をとらえる能力を身につけ、自主的かつ合理的な行動をすることができるよう、消費者庁と文部科学省が連携を図り、学校教育及び社会教育における施策を始めとしたあらゆる機会を活用しながら、財政措置を含め、全国におけるなお一層の推進体制の強化を図るとともに、消費者教育を担う人材の育成のための措置を講ずること。

また、消費者教育に関する法制の整備についての検討を行うこと。
17 内閣総理大臣は、消費者事故等の発生に関する情報の集約及び分析の結果に関しては、適時適切に、国会に対し報告しなければならないものとすること。

また、結果の公表は迅速に行うとともに、国民に対する十分な周知を行うことができるよう、その公表の在り方についても十分配慮すること。
18 消費者行政に係る体制整備に当たっては、関係機関、特に独立行政法人国民生活センター、独立行政法人製品評価技術基盤機構、及び独立行政法人農林水産消費安全技術センターを始めとした商品検査機能を有する各機関の機能強化を図るとともに、消費者庁及び消費者委員会、地方公共団体との連携強化のため必要な措置を講ずるものとすること。
19 聴取能力及び法律知識のみならず、あっせんや行政との連携能力等各地の消費生活センターの相談員にとって必要な能力の水準向上を図るため、教育・研修の機会の拡充等を始め、独立行政法人国民生活センターによる支援を強化すること。

また、国民生活センターに配置されている相談員について、その職務内容にふさわしい身分、待遇の改善に努めること。
20 地方公共団体における消費者行政の推進に関しては、消費者庁関連3法制定の趣旨を地方公共団体の長及び議会議長が参加するトップセミナーの実施等を通じて周知徹底し、全国あまねく消費生活相談を受けることができ、消費者の安全・安心を確保する体制が確立するよう、万全を期すること。
21 各地の消費生活センター等が、障害者、高齢者を含めたすべての消費者にとってアクセスしやすい一元的な消費者相談窓口として機能するよう、その認知度を高め、多様な相談受理体制の整備が行われるよう万全を期すること。
22 相談員の執務環境及び待遇に関する種々の問題点を改善するため、相談員制度の在り方について全般的な検討を行うとともに、地方公共団体における消費者行政の一層の充実を図るため、正規職員化を含め雇用の安定を促進するための必要な措置を早急に講じること。

また、その待遇改善に関しては、今般拡充された地方交付税措置が着実に活用されるよう地方公共団体に要請するとともに、地方消費者行政活性化基金の運用に際しては、支援対象を集中育成・強化期間において増大する業務に係る人件費等に拡充するとともに、交付要綱等において処遇改善を図る地方公共団体への交付金の配分を手厚くすることを定めることにより、相談員の時給の引上げ、超過勤務並びに社会保険及び労働保険に関し法令に基づく適切な対応等を含め、地方公共団体にお

11 消費者庁設置法案、消費者庁設置法の施行に伴う関係法律の整備に関する法律案及び消費者安全法案に対する附帯決議（参議院）

ける処遇改善を積極的に支援すること。
　なお、地方消費者行政活性化基金を真に地方消費者行政の需要を満たすものとするため、事業を支援するメニューの在り方等について地方公共団体の意見を踏まえるとともに、その弾力的な運用を行うこと。
23　消費生活センターについて、指定管理者制度や委託等を採用している地方公共団体においても、その受託機関における相談員の処遇については、各種誘導措置が講じられることにより、地方公共団体が自ら行う場合における相談員等と同様に処遇の改善が図られるよう万全を期するよう要請すること。
24　今後３年程度の集中育成・強化期間後の国による支援の在り方や、消費生活センターの設置、相談員の配置・処遇等の望ましい姿について、実態調査等を行うとともに、集中育成・強化期間の取組を踏まえ、その後も適切な対応が講じられるよう配意し、工程表も含め消費者委員会で検討すること。なお、検討に当たっては、広域的な設置を含め地域の実情に応じた消費生活センターの設置、ＰＩＯ―ＮＥＴの整備、相談員の資格の在り方についても十分配意すること。
25　消費者政策担当大臣が掌理する事務として、内閣府設置法第４条第１項に、消費者の権利の尊重及びその自立の支援その他の基本理念の実現並びに消費者が安心して安全で豊かな消費生活を営むことができる社会の実現のための基本的な政策に関する事項が明記された趣旨を十分尊重し、消費者政策担当大臣は、他の行政機関の個別政策を含めた基本的政策に関する事項についての内閣府設置法第12条の勧告権の適切な行使等、関係行政機関の総合調整に万全を期すること。また、内閣総理大臣は、消費者政策担当大臣の権限行使が十分に果たされるよう行政各部を指揮監督すること。
26　消費者安全法第20条の趣旨にのっとり、内閣総理大臣は、消費者委員会からの勧告に対し、消費者の利益の擁護及び増進のため、内閣一体となった取組が行われるよう、誠意をもって対応すること。
　また、内閣総理大臣は、消費者委員会から勧告を受けたときは、当該勧告の実施に関する事務を所掌する大臣に対し、適切な対応を行うこと。
27　消費者の利益の擁護及び増進に関する法律の消費者庁の関与の在り方を検討する際には、公益通報の窓口の消費者庁への一元化、表示、取引、安全の分野における横断的な新法の制定を含めた検討を行うこと。
28　多重債務対策を消費者庁の重要な任務と位置付け、消費者庁の関与やそのために必要な体制を含め、内閣一体としての取組が可能となるよう検討を行うこと。
29　適格消費者団体を始め、消費者被害の情報収集、消費者への啓発等を行う消費者団体に対し、関係する情報を提供するとともに、活動のための施設や資金の確保等の支援のあり方について検討を行い、必要な措置を講ずること。
30　地方公共団体の消費者行政の実施に対し国が行う支援の在り方について所要の法改正を含む全般的な検討を加えるに当たっては、消費者、生活者が主役となる社会を実現する国民本位の行政への転換を目指す消費者庁設置の趣旨にかんがみ、国と地方の役割分担など消費者行政の在り方についても併せて検討すること。
31　加害者の財産の隠匿又は散逸の防止に関する制度を含め多数の消費者に被害を生

じさせた者の不当な収益をはく奪し、被害者を救済するための制度の検討に当たっては、いわゆる父権訴訟、適格消費者団体による損害賠償等団体訴訟制度、課徴金制度等の活用を含めた幅広い検討を行うこと。
32 消費者庁関連3法にかかる政令及び内閣府令の制定に当たっては、本委員会における議論を十分に尊重するとともに、消費者団体を始めとする国民各層の意見を広く反映させるため、丁寧な意見募集及び集約の在り方に配意すること。
33 消費者庁関連3法の附則各項に規定された見直しに関する検討に際しては、消費者委員会による実質的な審議結果を踏まえた意見を十分に尊重し、所要の措置を講ずるものとすること。
34 食品や製品による国境を越えた消費者被害が増加している状況にかんがみ、OECD消費者政策委員会の活動や、食の安全における近隣諸国や貿易相手国との連携を始めとした、消費者安全を確保するための国際連携を強化するとともに、その体制の更なる充実が図られるよう取り組むこと。

　右決議する。

12 消費者安全法施行令

平成21年8月14日政令第220号

　内閣は、消費者安全法（平成21年法律第50号）第2条第5項各号及び第6項各号、第10条第1項第3号及び第2項第3号並びに第23条の規定に基づき、この政令を制定する。
　（消費者の生命又は身体について被害が発生した事故が消費者事故等に該当することとなる被害の程度）
第1条　消費者安全法（以下「法」という。）第2条第5項第1号の政令で定める被害の程度は、次の各号のいずれかに該当する被害の程度とする。
　一　死亡
　二　負傷又は疾病であって、これらの治療に要する期間が1日以上であるもの（当該治療のため通常医療施設における治療の必要がないと認められる軽度のものを除く。）
　三　一酸化炭素その他の内閣府令で定める物質による中毒
　（消費安全性を欠く商品等又は役務の使用等が行われた事態が消費者事故等に該当することとなる要件）
第2条　法第2条第5項第2号の政令で定める要件は、次の各号のいずれかに該当することとする。
　一　当該商品等又は当該役務が、法律（これに基づく命令を含む。以下同じ。）の規定に基づき事業者が商品等又は役務をこれに適合するものとしなければならないこととされている消費者の生命又は身体の安全の確保のための商品等又は役務に関する基準に適合していなかったこと。
　二　前号に掲げるもののほか、当該商品等又は当該役務の使用等において、物品（飲食の用に供するものを除く。）、施設又は工作物に、破損、故障、汚染若しくは変質その他の劣化又は過熱、異常音その他の異常が生じていたこと。
　三　第1号に掲げるもののほか、当該商品等又は当該役務の使用等において、物品（飲食の用に供するものに限る。以下この号において同じ。）が腐敗し、変敗し、不潔となり若しくは病原体により汚染されており、又は物品に有毒な若しくは有害な物質が含まれ若しくは付着し、異物が混入され若しくは添加され、若しくは異臭、その容器若しくは包装の破損その他の異常が生じていたこと。
　四　前3号に掲げるもののほか、当該商品等又は当該役務の使用等において、消費者に窒息その他その生命又は身体に対する著しい危険が生じたこと。

（消費者の利益を不当に害する等のおそれがある行為）
第3条　法第2条第5項第3号の政令で定める行為は、次に掲げる行為とする。
一　商品等又は役務について、虚偽の又は誇大な広告又は表示をすること。
二　消費者との間の契約（事業として締結するものに限る。以下この条において同じ。）に関し、その締結について消費者を勧誘するに際して、又は消費者による当該契約の申込みの撤回、解除若しくは解約を妨げるため、次のイからニまでのいずれかに該当する行為をすること。
　　イ　当該契約に関する事項であって、消費者の当該契約を締結するかどうか又は当該契約の解除若しくは解約をするかどうかについての判断に通常影響を及ぼすものについて、故意に事実を告げず、又は不実のことを告げること。
　　ロ　当該契約の目的となる商品、製品、役務、権利その他のものに関し、将来におけるその価額、将来において消費者が受け取る金額、その使用等により将来において生ずる効用その他の事項であって将来における変動が不確実なものについて断定的判断を提供すること。
　　ハ　消費者が事業者に対し、消費者の住居又は消費者が業務を行っている場所から退去すべき旨の意思を示したにもかかわらず、それらの場所から退去しないこと。
　　ニ　消費者が事業者に対し、当該契約の締結について勧誘し、又は消費者が当該契約の申込みの撤回、解除若しくは解約をしようとしている場所から退去する旨の意思を示したにもかかわらず、その場所から消費者を退去させないこと。
三　前号に掲げるもののほか、消費者との間の契約の締結若しくは履行又は消費者による当該契約の申込みの撤回、解除若しくは解約に関し、消費者を欺き、又は威迫して困惑させること。
四　次のイ又はロのいずれかに該当する契約を締結し、又は当該契約の締結について消費者を勧誘すること。
　　イ　消費者契約法（平成12年法律第61号）第4条第1項から第3項までの規定その他の消費者と事業者との間の契約の申込み又はその承諾の意思表示の取消しに関する法律の規定であって消費者の利益の保護に係るものとして内閣府令で定めるものによって消費者が当該契約の申込み又はその承諾の意思表示を取り消すことができることとされる契約
　　ロ　消費者契約法第8条第1項、第9条又は第10条の規定その他の消費者と事業者との間の契約の条項の効力に関する法律の規定であって消費者の利益の保護に係るものとして内閣府令で定めるものによって無効とされる契約の条項を含む契約
五　消費者との間の契約に基づく債務又は当該契約の解除若しくは解約によって生ずる債務の全部又は一部の履行を正当な理由なく、拒否し、又は著しく遅延させること。
六　不当景品類及び不当表示防止法（昭和37年法律第134号）第3条の規定に違反して景品類を提供すること。
七　前各号に掲げるもののほか、消費者との間の契約の締結若しくは履行又は消費

者による当該契約の申込みの撤回、解除若しくは解約に係る事業者の行為の規制に関する法律の規定であって、消費者の利益の保護に係るものとして内閣府令で定めるものに違反する行為をすること。
（消費者の生命又は身体について被害が発生した事故が重大事故等に該当することとなる要件）
第4条　法第2条第6項第1号の政令で定める要件は、消費者の生命又は身体について次の各号のいずれかに該当する程度の被害が発生したこととする。
　一　死亡
　二　負傷又は疾病であって、これらの治療に要する期間が30日以上であるもの又はこれらが治ったとき（その症状が固定したときを含む。）において内閣府令で定める程度の身体の障害が存するもの
　三　一酸化炭素その他の内閣府令で定める物質による中毒
（消費安全性を欠く商品等又は役務の使用等が行われた事態が重大事故等に該当することとなる要件）
第5条　法第2条第6項第2号の政令で定める要件は、次の各号のいずれかに該当することとする。
　一　第2条第1号に該当し、かつ、次のイ又はロのいずれかに該当すること。
　　イ　当該商品等又は当該役務の使用等において、物品（飲食の用に供するものを除く。）、施設又は工作物の消費安全性を確保する上で重要な部分に、破損、故障、汚染又は変質その他の劣化が生じていたこと。
　　ロ　当該商品等又は当該役務の使用等において、物品（飲食の用に供するものに限る。）に、毒物及び劇物取締法（昭和25年法律第303号）第2条第1項に規定する毒物若しくは同条第2項に規定する劇物、薬事法（昭和35年法律第145号）第44条第1項に規定する毒薬若しくは同条第2項に規定する劇薬又はこれらと同等の毒性若しくは劇性を有する物質が含まれ又は付着していたこと。
　二　前号に掲げるもののほか、当該商品等又は当該役務の使用等において、消費者に窒息その他その生命若しくは身体に対する著しい危険が生じ、又は火災その他の著しく異常な事態が生じたこと。
（都道府県が設置する消費生活センターの基準）
第6条　法第10条第1項第3号の政令で定める基準は、法第8条第1項第2号イ及びロに掲げる事務を1週間につき4日以上行うことができるものであることとする。
（市町村が設置する消費生活センターの基準）
第7条　法第10条第2項第3号の政令で定める基準は、法第8条第2項第1号及び第2号に掲げる事務を1週間につき4日以上行うことができるものであることとする。
（消費者庁長官に委任されない権限）
第8条　法第23条第1項の政令で定める権限は、法第6条第1項並びに同条第4項及び第5項（これらの規定を同条第6項において準用する場合を含む。）、第7条、第13条第4項、第14条第1項（関係行政機関の長（国務大臣であるものに限る。）に対する協力の求めに係る部分に限る。）、第16条、第17条第2項から第5項まで並び

に第18条から第21条までの規定による権限とする。
　（都道府県知事又は消費生活センターを置く市町村の長が行うこととすることができる事務等）
第９条　法第23条第２項の規定により都道府県知事又は消費生活センターを置く市町村の長（以下この条において「知事等」という。）が行うこととすることができる事務は、法第22条第１項の規定により、当該都道府県又は市町村の区域内に事務所、事業所その他その事業を行う場所が所在する事業者に対し、報告を求め、当該場所の立入調査及び質問をし、並びに物品を集取する事務の全部又は一部とする。
２　消費者庁長官は、法第23条第２項の規定により、前項に規定する事務を知事等が行うこととする場合には、当該知事等が行うこととする事務の内容を明らかにして、当該知事等がその事務を行うこととすることについて、あらかじめ、当該知事等の同意を求めなければならない。
３　知事等は、前項の規定により消費者庁長官から同意を求められたときは、その内容について同意をするかどうかを決定し、その旨を消費者庁長官に通知するものとする。
４　消費者庁長官は、法第23条第２項の規定により第１項に規定する事務を知事等が行うこととした場合においては、直ちに、その旨及び当該知事等が行うこととする事務の内容を官報で告示しなければならない。
５　知事等は、法第23条第２項の規定により第１項に規定する事務を行ったときは、消費者庁長官に対し、その旨及びその内容を報告するものとする。
６　消費者庁長官は、法第23条第２項の規定により第１項に規定する事務を知事等が行うこととなった場合においても、自ら当該事務を行うことができるものとする。
７　第２項から第４項までの規定は、消費者庁長官が法第23条第２項の規定により知事等が行うこととした事務の内容を変更し、又は当該事務を知事等が行わないこととする場合について準用する。
　　　　附　則
　（施行期日）
１　この政令は、法の施行の日（平成21年９月１日）から施行する。
　（公益通報者保護法別表第８号の法律を定める政令の一部改正）
２　公益通報者保護法別表第８号の法律を定める政令（平成17年政令第146号）の一部を次のように改正する。
　　　第423号を第424号とし、第422号の次に次の１号を加える。
　423　消費者安全法（平成21年法律第50号）

これからこうなる
消費者行政
―消費者庁の仕組みと所管法令のポイント―

2009年9月15日	初版発行	
2009年12月3日	再版発行	

編 著　村　千鶴子

発 行　株式会社ぎょうせい

本社　東京都中央区銀座 7-4-12（〒104-0061）
本部　東京都江東区新木場 1-18-11（〒136-8575）
電話　編集　03-6892-6508
　　　営業　03-6892-6666
フリーコール　0120-953-431
URL：http://www.gyosei.co.jp

印刷　ぎょうせいデジタル㈱
※乱丁・落丁本はおとりかえいたします。
©2009 Printed in Japan
ISBN978-4-324-08584-4
(5107409-00-000)
〔略号：消費者行政〕